“十四五”职业教育国家规划教材

旅游市场营销策划

第三版

主　编◎李学芝　宋素红
副主编◎王一鸣　王馨慧　李海梅　王建宇
参　编◎李胜艳
主　审◎李永臣

中国旅游出版社

第三版前言

《旅游市场营销策划》自2017年首次出版以来，受到广大师生的普遍欢迎，并陆续入选教育部“十三五”“十四五”职业教育国家规划教材。此次修订，主要体现在以下四个方面：

一是顺应数字化发展趋势，增加了二维码在内的教学内容数字化呈现方式，便于读者通过扫二维码方式获取相关知识链接及教学资源。

二是替换了书稿中过于陈旧的案例，并且注重文字、图片、音视频等内容的系统设计和有机结合。

三是结合行业实践，体现旅游业现代化的要求。

四是补充完善了社会主义核心价值观的内容。增加了绪论，绪论内容主要包括：深刻认识党的二十大胜利召开的伟大意义，提升新时代大学生政治站位；深刻把握党的二十大主题，激发新时代大学生爱国热情；深入学习领悟过去五年工作和新时代十年伟大变革的重大意义，增强新时代大学生民族自豪感；深刻领会“两个结合”是推进马克思主义中国化时代化的根本途径，加强新时代大学生弘扬中华优秀传统文化教育；牢牢把握全面建设社会主义现代化国家开局起步的战略部署，指引新时代大学生守正创新促发展；深入把握党的二十大关于文化和旅游工作的部署要求，推动文旅融合高质量发展；深刻把握团结奋斗的新时代要求，为文旅行业培养高素质人才。

由于作者水平有限，不足之处在所难免，敬请广大读者批评指正！

编者

2023年9月

第二版前言

2020年年初，突如其来的新冠疫情对全球旅游行业产生了很大冲击。一年多来，通过旅游业界的积极探索与共同努力，开创了旅游新业态和服务新模式，实名制登记、景区智慧化管理、云旅游、跨界卖货等成为旅游企业抢滩的“新大陆”。随着旅游市场的变化和新时期我国高职高专教育教学改革对新型专业教材的需求，并且，结合“十三五”职业教育国家规划教材的新要求，编写组对《旅游市场营销策划》教材进行第二版修订。

在此次教材的修订中，依照“原理先行、案例同步、实训到位”的原则，来展开第二版教材内容的修订。

修订版由河北旅游职业学院李学芝、宋素红主编，胡健歆、田争参编，李永臣主审，河北石油职业技术大学王一鸣、承德应用技术职业学院王馨慧担任副主编。具体分工如下：任务一由王馨慧编写，任务二由王一鸣编写，任务三由胡健歆编写，任务四由宋素红编写，任务五由田争编写。各任务后的策划案例和书后的三个“附录”由李学芝编写。全书最后由李学芝总纂定稿。

编者

2021年3月

前 言

近年来，旅游业作为国民经济战略性支柱产业，在调结构、稳增长、促消费、惠民生等方面发挥着越来越重要的作用，已经成为经济社会发展的“加速器”、生态文明建设的“催化剂”、对外合作交流的“压舱石”，综合性产业地位日益凸显。因此旅游市场营销策划的研究在发展我国旅游事业、促进经济发展、培养旅游人才的过程中显得十分必要。

《旅游市场营销策划》的编写是在旅游业迅速发展的基础上，基于旅游业涉及的“食、住、行、游、购、娱”六个重要方面，结合高职院校的人才培养目标，将教材内容设计为旅游景区营销策划、旅游酒店企业营销策划、旅游交通企业营销策划、旅行社营销策划以及旅游目的地营销策划五大任务。全书内容简明，设计新颖，案例丰富，融通俗性、可读性、应用性于一体，既有严谨的旅游市场营销策划前沿理论和鲜明典型的案例，又有切实可行的实训任务，从而可以帮助旅游类、营销类专业的学生提高营销策划的能力。教材特色如下：

1. 任务驱动，案例教学

教材在体例上采取任务驱动模式，根据学习目标，布置学习任务，通过案例导入，介绍与完成学习任务相关的理论知识，然后实施任务、评价任务，最后介绍典型策划案例。

2. 实践性强，能力培养

在每个学习任务中，都要求学生选择1～2家旅游企业作为实习单位，通过划分实训小组进行实地调研，撰写相应的旅游营销有关策划方案，提高学生的组织、沟通、协调、合作、创新和策划能力。

3. 形式多样，内容丰富

教材以旅游企业营销活动中面临的实际问题作为切入点来设定学习任务，将最新、最有代表性的成果运用于教材中，促使学生主动学习，达到“做中学”“学中做”的目的。

本教材由河北旅游职业学院李学芝、宋素红、沈春美、李永臣主编，李永臣主审。具体分工如下：任务一、任务四由沈春美编写；任务二、任务五由宋素红编写；任务三由李永臣编写；各任务后的策划案例和书后的三个“附录”由李学芝编写。全书最后由李学芝总纂定稿。

本书可作为高职高专院校旅游管理专业及相关专业的全国通用教材，也可供企业在职人员培训使用。

本教材的内容框架和具体学时分配方案建议如下：

学习任务	总学时（小时）	学时分配（小时）	
		理论	实践
旅游景区营销策划	20	14	6
旅游酒店企业营销策划	16	10	6
旅游交通企业营销策划	8	6	2
旅行社营销策划	10	6	4
旅游目的地营销策划	10	6	4
合计	64	42	22

在编写过程中，我们借鉴和参考了大量国内外的相关著作、教材及网络资料；同时也得到了承德避暑山庄等单位的大力支持。在此，谨向所有相关作者与单位表示诚挚的感谢。由于编者水平有限，加上时间仓促，书中疏漏和错误之处在所难免，敬请读者朋友不吝赐教。

编者

2017 年 1 月

目录
CONTENTS

绪 论

党的二十大是在全党全国各族人民迈上全面建设社会主义现代化国家新征程、向第二个百年奋斗目标进军的关键时刻召开的一次十分重要的大会，是一次高举旗帜、凝聚力量、团结奋进的大会。党的二十大在政治上、理论上、实践上取得了一系列重大成果，就新时代新征程党和国家事业发展制定了大政方针和战略部署，是我们党团结带领人民全面建设社会主义现代化国家、全面推进中华民族伟大复兴的政治宣言和行动纲领，对于全党全国各族人民更加紧密团结在以习近平同志为核心的党中央周围，万众一心、接续奋斗，在新时代新征程夺取中国特色社会主义新的伟大胜利，具有极其重大而深远的意义。学习贯彻党的二十大精神，习近平总书记强调的“五个牢牢把握”是最精准的解读、最权威的辅导。要从战略和全局高度完整、准确、全面理解把握党的二十大精神，增强学习贯彻的政治自觉、思想自觉、行动自觉，为实现党的二十大确定的目标任务不懈奋斗。

一、深刻认识党的二十大胜利召开的伟大意义，提升新时代大学生政治站位

党的二十大担负起全党的重托和人民的期待，从战略全局深刻阐述了新时代坚持和发展中国特色社会主义的一系列重大理论和实践问题，科学谋划了未来一个时期党和国家事业发展的目标任务和大政方针，在党和国家历史上具有重大而深远的意义。

（一）这是中国共产党在百年辉煌成就和十年伟大变革的高起点上创造新时代更大荣光的大会

中国共产党在百年历程中共召开了十九次全国代表大会。党的二十大是我们党在建党百年后召开的首次全国代表大会，也是在新时代十年伟大变革的时间坐标上召开的全国代表大会，具有特别的里程碑意义。

（二）这是推进实践基础上的理论创新、开辟马克思主义中国化时代化新境界的大会

马克思主义中国化时代化既是马克思主义的自身要求，又是中国共产党坚持和发展

马克思主义的必然路径。中国共产党为什么能，中国特色社会主义为什么好，归根到底是马克思主义行，是中国化时代化的马克思主义行。党的二十大深刻阐述了习近平新时代中国特色社会主义思想的科学内涵和精神实质，深入阐释了开辟马克思主义中国化时代化新境界的重大命题并提出了明确要求，具有重大理论意义。

（三）这是谋划全面建设社会主义现代化国家、以中国式现代化全面推进中华民族伟大复兴的大会

现代化是各国人民的共同期待和目标。百年来，我们党团结带领人民进行的一切奋斗、一切牺牲、一切创造，就是为了把我国建设成为现代化强国，实现中华民族伟大复兴。在新中国成立特别是改革开放以来的长期探索和实践基础上，经过党的十八大以来在理论和实践上的创新突破，我们党成功推进和拓展了中国式现代化，创造了人类文明新形态。党的二十大明确提出以中国式现代化全面推进中华民族伟大复兴的使命任务，精辟论述了中国式现代化的中国特色、本质要求和重大原则，深刻阐释了中国式现代化的历史渊源、理论逻辑、实践特征和战略部署，大大深化了我们党关于中国式现代化的理论和实践。

（四）这是致力于推动构建人类命运共同体、携手开创人类更加美好未来的大会

当前，世界之变、时代之变、历史之变正以前所未有的方式展开，人类社会面临前所未有的挑战。世界又一次站在历史的十字路口，何去何从取决于各国人民的抉择。党的二十大深刻把握世界大势和时代潮流，宣示中国在变局、乱局中促进世界和平与发展、推动构建人类命运共同体的政策主张和坚定决心，为共创人类更加美好的未来注入强大信心和力量。

（五）这是推动解决大党独有难题、以党的自我革命引领社会革命的大会

全面建设社会主义现代化国家、全面推进中华民族伟大复兴，关键在党。党的二十大明确提出：我们党作为世界上最大的马克思主义执政党，要始终赢得人民拥护、巩固长期执政地位，必须时刻保持解决大党独有难题的清醒和坚定。

二、深刻把握党的二十大主题，激发新时代大学生爱国热情

党的二十大的主题，正是我们党对这些事关党和国家事业继往开来、事关中国特色社会主义前途命运、事关中华民族伟大复兴战略性问题的明确宣示，是大会的灵魂。习近平总书记在党的二十大报告中，开宗明义指出大会的主题：“高举中国特色社会主义伟大旗帜，全面贯彻新时代中国特色社会主义思想，弘扬伟大建党精神，自信自强、守正创新，踔厉奋发、勇毅前行，为全面建设社会主义现代化国家、全面推进中华民族伟大复兴而团结奋斗。”这一主题明确宣示了我们党在新征程上带领人民举什么旗、走什

么路、以什么样的精神状态、朝着什么样的目标继续前进等重大问题。《中国共产党第二十次全国代表大会关于十九届中央委员会报告的决议》指出：“报告阐明的大会主题是大会的灵魂，是党和国家事业发展的总纲。”学习理解党的二十大精神，必须把握这一“灵魂”，抓住这一“总纲”。大会主题中的六个关键词语值得我们高度重视。

（一）旗帜

新时代新征程党高举的旗帜就是“中国特色社会主义伟大旗帜”。大会主题写入这一根本要求，既体现了中国特色社会主义历史演进的连续性、继承性，又体现了新时代党坚持和发展中国特色社会主义的坚定性、恒久性。

（二）思想

大会主题所指示的“全面贯彻新时代中国特色社会主义思想”，就是要求在新时代新征程必须全面贯彻习近平新时代中国特色社会主义思想。党的二十大报告对此作出全面部署。

（三）精神

继在庆祝中国共产党成立100周年大会上习近平总书记提出并号召继承发扬伟大建党精神后，党的二十大主题写入了“弘扬伟大建党精神”的要求，新修改的党章载入了伟大建党精神“坚持真理、坚守理想，践行初心、担当使命，不怕牺牲、英勇斗争，对党忠诚、不负人民”的内涵，这是党在自己最高权力机关及最高章程上的庄严宣示，明确回答了党以什么样的精神状态走好新的赶考之路的重大问题，不仅是贯穿大会报告的重要红线，也是今后党的全部理论和实践的重要遵循。

（四）现代化

“现代化”即“全面建设社会主义现代化国家”。这一重要主题彰显了当前和今后一个时期党的中心任务。党的二十大庄严宣告：“从现在起，中国共产党的中心任务就是团结带领全国各族人民全面建成社会主义现代化强国、实现第二个百年奋斗目标，以中国式现代化全面推进中华民族伟大复兴。”“中国式现代化”成为这次大会的重要标识。

（五）复兴

在党的二十大主题中，前后用了三个“全面”，即“全面贯彻新时代中国特色社会主义思想”“全面建设社会主义现代化国家”“全面推进中华民族伟大复兴”。第一个“全面”规定了新时代党的创新科学理论的指导地位，第二个“全面”规定了新时代新征程的中心任务，第三个“全面”规定了党在新时代新征程的奋斗目标。大会主题中的前两个“全面”，以及报告全文使用的其他一百多个“全面”，都是为了实现“全面推进中华民族伟大复兴”这一根本目标。

（六）团结奋斗

“团结奋斗”是党的二十大主题的鲜明特色。除了在主题中要求“为全面建设社会主义现代化国家、全面推进中华民族伟大复兴而团结奋斗”外，“团结奋斗”一词还体现在党的二十大报告的标题、导语、正文、结束语各个部分。报告全文共使用7次“团结奋斗”、27次“团结”，突出表达了这次大会的主基调。

三、深入学习领悟过去五年工作和新时代十年伟大变革的重大意义，增强新时代大学生民族自豪感

过去五年和新时代以来的十年，在党和国家发展进程中极不寻常、极不平凡。习近平总书记在党的二十大报告中全面回顾总结了过去五年的工作和新时代十年的伟大变革，深刻指出新时代十年的伟大变革，在党史、新中国史、改革开放史、社会主义发展史、中华民族发展史上具有里程碑意义。学习宣传、贯彻落实党的二十大精神，必须深入学习领悟过去五年工作和新时代十年伟大变革的重大意义，坚定历史自信、增强历史主动，自觉在思想上政治上行动上同以习近平同志为核心的党中央保持高度一致。

党的二十大报告在总结党的十九大以来五年工作基础上，用“三件大事”、三个“历史性胜利”高度概括新时代十年走过的极不寻常、极不平凡的奋斗历程，从16个方面全面回顾党和国家事业发展取得的举世瞩目的重大成就，从4个方面总结提炼新时代十年伟大变革的里程碑意义。新时代十年的伟大变革，充分证明中国特色社会主义道路不仅走得对、走得通，而且走得稳、走得好。

四、深刻领会“两个结合”是推进马克思主义中国化时代化的根本途径，加强新时代大学生弘扬中华优秀传统文化教育

党的二十大报告提出，中国共产党为什么能，中国特色社会主义为什么好，归根到底是马克思主义行，是中国化时代化的马克思主义行。100多年来，我们党洞察时代大势，把握历史主动，进行艰辛探索，坚持解放思想和实事求是相统一、培元固本和守正创新相统一，把马克思主义基本原理同中国具体实际相结合、同中华优秀传统文化相结合，不断推进理论创新、进行理论创造，不断推进马克思主义中国化时代化，带领中国人民不懈奋斗，中华民族迎来了从站起来、富起来到强起来的伟大飞跃，实现中华民族伟大复兴进入了不可逆转的历史进程。

马克思主义理论不是教条，而是行动指南。习近平总书记在党的二十大报告中指出：“我们坚持以马克思主义为指导，是要运用其科学的世界观和方法论解决中国的问题，而不是要背诵和重复其具体结论和词句，更不能把马克思主义当成一成不变的教条。”坚持和发展马克思主义，必须同中国具体实际相结合。100多年来，我们党把坚持马克思主义和发展马克思主义统一起来，既始终坚持马克思主义基本原理不动摇，又根据中国革命、建设、改革实际，创造性地解决自己的问题，不断开辟马克思主义中国化

时代化新境界。坚持和发展马克思主义，必须同中华优秀传统文化相结合。只有植根本国、本民族历史文化沃土，马克思主义真理之树才能根深叶茂。中华优秀传统文化源远流长、博大精深，是中华文明的智慧结晶，其中蕴含的天下为公、民为邦本、为政以德、革故鼎新、任人唯贤、天人合一、自强不息、厚德载物、讲信修睦、亲仁善邻等，是中国人民在长期生产生活中积累的宇宙观、天下观、社会观、道德观的重要体现，同科学社会主义核心价值观主张具有高度契合性。中国共产党之所以能够领导人民成功走出中国式现代化道路、创造人类文明新形态，很重要的一个原因就在于植根中华文化沃土，不断推进马克思主义中国化时代化，推动中华优秀传统文化创造性转化、创新性发展。

五、牢牢把握全面建设社会主义现代化国家开局起步的战略部署，指引新时代大学生守正创新促发展

党的二十大站在党和国家事业发展的制高点，科学谋划了未来五年乃至更长时期党和国家事业发展的目标任务和大政方针，发出了全面建设社会主义现代化国家、全面推进中华民族伟大复兴的动员令。

“全面建成社会主义现代化强国，总的战略安排是分两步走：从二〇二〇年到二〇三五年基本实现社会主义现代化；从二〇三五年到本世纪中叶把我国建成富强民主文明和谐美丽的社会主义现代化强国。”党的二十大对全面建成社会主义现代化强国两步走战略安排进行了宏观展望，又围绕统筹推进“五位一体”总体布局、协调推进“四个全面”战略布局，从 11 个方面对未来五年工作作出全面部署，全面构建了推进社会主义现代化建设的实践体系。特别是把教育科技人才、全面依法治国、维护国家安全和社会稳定单列部分进行具体安排，充分体现了抓关键、补短板、防风险的战略考量，是党中央基于新的战略机遇、新的战略任务、新的战略阶段、新的战略要求、新的战略环境做出的科学判断和战略安排，必将引领全党全国各族人民有效应对世界之变、时代之变、历史之变，推动全面建设社会主义现代化国家开好局、起好步。

六、深入把握党的二十大关于文化和旅游工作的部署要求，推动文旅融合高质量发展

党的二十大作出推进文化自信自强、铸就社会主义文化新辉煌的重大战略部署，要准确把握社会主义文化建设的指导思想和原则目标、战略重点和主要任务以及中国立场和时代要求。

（一）要准确把握社会主义文化建设的指导思想和原则目标

报告指出：“全面建设社会主义现代化国家，必须坚持中国特色社会主义文化发展道路，增强文化自信，围绕举旗帜、聚民心、育新人、兴文化、展形象建设社会主义文化强国，发展面向现代化、面向世界、面向未来的，民族的科学的大众的社会主义文

化，激发全民族文化创新创造活力，增强实现中华民族伟大复兴的精神力量。”报告明确提出了社会主义文化建设的根本指导思想、基本原则和奋斗目标，坚持为人民服务、为社会主义服务，以社会主义核心价值观为引领，发展社会主义先进文化，弘扬革命文化，传承中华优秀传统文化，满足人民日益增长的精神文化需求，巩固全党全国各族人民团结奋斗的共同思想基础，不断提升国家文化软实力和中华文化影响力。

（二）要准确把握社会主义文化建设的战略重点和主要任务

党的二十大报告提出了建设具有强大凝聚力和引领力的社会主义意识形态、广泛践行社会主义核心价值观、提高全社会文明程度、繁荣发展文化事业和文化产业、增强中华文明传播力影响力五个方面的战略任务，准确把握、全面落实好这些战略重点和主要任务，对于推进文化自信自强，铸就社会主义文化新辉煌具有重要基础支撑作用。

（三）要准确把握社会主义文化建设的中国立场和时代要求

党的二十大报告指出：“中华优秀传统文化源远流长、博大精深，是中华文明的智慧结晶。”要把马克思主义基本原理与中华优秀传统文化相结合，不断推进马克思主义中国化，增强中华文明的传播力和影响力。

（四）以文塑旅、以旅彰文、推进文化和旅游深度融合发展

党的二十大报告明确提出：“加大文物和文化遗产保护力度，加强城乡建设中历史文化保护传承，建好用好国家文化公园。坚持以文塑旅、以旅彰文，推进文化和旅游深度融合发展。”这些重要论述，为文旅行业把握新发展阶段，贯彻新发展理念，构建新发展格局，推动高质量发展点明了方向，指明了路径，是未来 5 年乃至更长一段时间内文旅行业融合发展实践的根本遵循和行动指南，对文旅行业实现理念重构和实践创新具有非常重要的现实指导意义。

七、深刻把握团结奋斗的新时代要求，为文旅行业培养高素质人才

在党的二十大上，习近平总书记宣示新时代新征程党的使命任务，发出了全面建设社会主义现代化国家、全面推进中华民族伟大复兴的动员令。从现在起，中国共产党的中心任务就是团结带领全国各族人民全面建成社会主义现代化强国、实现第二个百年奋斗目标，以中国式现代化全面推进中华民族伟大复兴。

美好的蓝图需要埋头苦干、团结奋斗才能变为现实。习近平总书记的铿锵宣示充满信心和力量——“党用伟大奋斗创造了百年伟业，也一定能用新的伟大奋斗创造新的伟业”。让我们更加紧密地团结在以习近平同志为核心的党中央周围，全面贯彻习近平新时代中国特色社会主义思想，坚定信心、同心同德，埋头苦干、奋勇前进，深入贯彻落实党的二十大精神和党中央决策部署，为全面建设社会主义现代化国家、全面推进中华

民族伟大复兴而团结奋斗，在新的赶考之路上向历史和人民交出新的优异答卷！

相关链接 1

关于党的二十大报告，必须知道的“关键词”

2022 年 10 月 16 日，中国共产党第二十次全国代表大会开幕，习近平代表第十九届中央委员会向大会作报告。一起学习报告里的这些“关键词”。

【大会的主题】

大会的主题是：高举中国特色社会主义伟大旗帜，全面贯彻新时代中国特色社会主义思想，弘扬伟大建党精神，自信自强、守正创新，踔厉奋发、勇毅前行，为全面建设社会主义现代化国家、全面推进中华民族伟大复兴而团结奋斗。

【三个“务必”】

中国共产党已走过百年奋斗历程。我们党立志于中华民族千秋伟业，致力于人类和平与发展崇高事业，责任无比重大，使命无上光荣。全党同志务必不忘初心、牢记使命，务必谦虚谨慎、艰苦奋斗，务必敢于斗争、善于斗争，坚定历史自信，增强历史主动，谱写新时代中国特色社会主义更加绚丽的华章。

【极不寻常、极不平凡的五年】

党的十九大以来的五年，是极不寻常、极不平凡的五年。党中央统筹中华民族伟大复兴战略全局和世界百年未有之大变局，就党和国家事业发展作出重大战略部署，团结带领全党全军全国各族人民有效应对严峻复杂的国际形势和接踵而至的巨大风险挑战，以奋发有为的精神把新时代中国特色社会主义不断推向前进。

【三件大事】

十年来，我们经历了对党和人民事业具有重大现实意义和深远历史意义的三件大事：一是迎来中国共产党成立一百周年，二是中国特色社会主义进入新时代，三是完成脱贫攻坚、全面建成小康社会的历史任务，实现第一个百年奋斗目标。

【新时代十年的伟大变革】

新时代十年的伟大变革，在党史、新中国史、改革开放史、社会主义发展史、中华民族发展史上具有里程碑意义。

【归根到底是两个“行”】

实践告诉我们，中国共产党为什么能，中国特色社会主义为什么好，归根到底是马克思主义行，是中国化时代化的马克思主义行。拥有马克思主义科学理论指导是我们党坚定信仰信念、把握历史主动的根本所在。

【中国共产党的中心任务】

从现在起，中国共产党的中心任务就是团结带领全国各族人民全面建成社会主义现代化强国、实现第二个百年奋斗目标，以中国式现代化全面推进中华民族伟大复兴。

【中国式现代化】

中国式现代化，是中国共产党领导的社会主义现代化，既有各国现代化的共同特征，更有基于自己国情的中国特色。

——中国式现代化是人口规模巨大的现代化。

——中国式现代化是全体人民共同富裕的现代化。

——中国式现代化是物质文明和精神文明相协调的现代化。

——中国式现代化是人与自然和谐共生的现代化。

——中国式现代化是走和平发展道路的现代化。

中国式现代化的本质要求是：坚持中国共产党领导，坚持中国特色社会主义，实现高质量发展，发展全过程人民民主，丰富人民精神世界，实现全体人民共同富裕，促进人与自然和谐共生，推动构建人类命运共同体，创造人类文明新形态。

【全面建设社会主义现代化国家开局起步的关键时期】

未来五年是全面建设社会主义现代化国家开局起步的关键时期。

【五个“坚持”】

我国发展进入战略机遇和风险挑战并存、不确定难预料因素增多的时期，各种“黑天鹅”“灰犀牛”事件随时可能发生。我们必须增强忧患意识，坚持底线思维，做到居安思危、未雨绸缪，准备经受风高浪急甚至惊涛骇浪的重大考验。前进道路上，必须牢牢把握以下重大原则。

——坚持和加强党的全面领导。

——坚持中国特色社会主义道路。

——坚持以人民为中心的发展思想。

——坚持深化改革开放。

——坚持发扬斗争精神。

【加快构建新发展格局】

必须完整、准确、全面贯彻新发展理念，坚持社会主义市场经济改革方向，坚持高水平对外开放，加快构建以国内大循环为主体、国内国际双循环相互促进的新发展格局。

【发展经济着力点】

坚持把发展经济的着力点放在实体经济上，推进新型工业化，加快建设制造强国、质量强国、航天强国、交通强国、网络强国、数字中国。

【实施科教兴国战略】

必须坚持科技是第一生产力、人才是第一资源、创新是第一动力，深入实施科教兴国战略、人才强国战略、创新驱动发展战略，开辟发展新领域新赛道，不断塑造发展新动能新优势。

坚持创新在我国现代化建设全局中的核心地位。完善党中央对科技工作统一领导的体制，健全新型举国体制，强化国家战略科技力量，优化配置创新资源，提升国家创新体系整体效能。

【全过程人民民主】

全过程人民民主是社会主义民主政治的本质属性，是最广泛、最真实、最管用的民主。必须坚定不移走中国特色社会主义政治发展道路，坚持党的领导、人民当家作主、依法治国有机统一。

【全面依法治国】

全面依法治国是国家治理的一场深刻革命，关系党执政兴国，关系人民幸福安康，关系党和国家长治久安。必须更好发挥法治固根本、稳预期、利长远的保障作用，在法治轨道上全面建设社会主义现代化国家。

【文化自信自强】

全面建设社会主义现代化国家，必须坚持中国特色社会主义文化发展道路，增强文化自信，围绕举旗帜、聚民心、育新人、兴文化、展形象建设社会主义文化强国，发展面向现代化、面向世界、面向未来的，民族的科学的大众的社会主义文化，激发全民族文化创新创造活力，增强实现中华民族伟大复兴的精神力量。

【为民造福】

治国有常，利民为本。为民造福是立党为公、执政为民的本质要求。必须坚持在发展中保障和改善民生，鼓励共同奋斗创造美好生活，不断实现人民对美好生活的向往。

【完善分配制度】

坚持按劳分配为主体、多种分配方式并存，构建初次分配、再分配、第三次分配协调配套的制度体系。努力提高居民收入在国民收入分配中的比重，提高劳动报酬在初次分配中的比重。坚持多劳多得，鼓励勤劳致富，促进机会公平，增加低收入者收入，扩大中等收入群体。规范收入分配秩序，规范财富积累机制，保护合法收入，调节过高收入，取缔非法收入。

【推动绿色发展】

大自然是人类赖以生存发展的基本条件。尊重自然、顺应自然、保护自然，是全面建设社会主义现代化国家的内在要求。必须牢固树立和践行绿水青山就是金山银山的理念，站在人与自然和谐共生的高度谋划发展。

【总体国家安全观】

国家安全是民族复兴的根基，社会稳定是国家强盛的前提。必须坚定不移贯彻总体国家安全观，把维护国家安全贯穿党和国家工作各方面全过程，确保国家安全和社会稳定。

【新安全格局】

我们要坚持以人民安全为宗旨、以政治安全为根本、以经济安全为基础、以军事科技文化社会安全为保障、以促进国际安全为依托，统筹外部安全和内部安全、国土安全和国民安全、传统安全和非传统安全、自身安全和共同安全，统筹维护和塑造国家安全，夯实国家安全和社会稳定基层基础，完善参与全球安全治理机制，建设更高水平的平安中国，以新安全格局保障新发展格局。

【开创国防和军队现代化新局面】

实现建军一百年奋斗目标，开创国防和军队现代化新局面。

如期实现建军一百年奋斗目标，加快把人民军队建成世界一流军队，是全面建设社会主义现代化国家的战略要求。必须贯彻新时代党的强军思想，贯彻新时代军事战略方针，坚持党对人民军队的绝对领导，坚持政治建军、改革强军、科技强军、人才强军、依法治军，坚持边斗争、边备战、边建设，坚持机械化信息化智能化融合发展，加快军事理论现代化、军队组织形态现代化、军事人员现代化、武器装备现代化，提高捍卫国家主权、安全、发展利益战略能力，有效履行新时代人民军队使命任务。

【坚持和完善“一国两制”，推进祖国统一】

“一国两制”是中国特色社会主义的伟大创举，是香港、澳门回归后保持长期繁荣稳定的最佳制度安排，必须长期坚持。

坚持贯彻新时代党解决台湾问题的总体方略，牢牢把握两岸关系主导权和主动权，坚定不移推进祖国统一大业。

解决台湾问题是中国人自己的事，要由中国人来决定。我们坚持以最大诚意、尽最大努力争取和平统一的前景，但决不承诺放弃使用武力，保留采取一切必要措施的选项，这针对的是外部势力干涉和极少数“台独”分裂分子及其分裂活动，绝非针对广大台湾同胞。国家统一、民族复兴的历史车轮滚滚向前，祖国完全统一一定要实现，也一定能够实现！

【人类命运共同体】

中国提出了全球发展倡议、全球安全倡议，愿同国际社会一道努力落实。我们真诚呼吁，世界各国弘扬和平、发展、公平、正义、民主、自由的全人类共同价值，促进各国人民相知相亲，尊重世界文明多样性，以文明交流超越文明隔阂、文明互鉴超越文明冲突、文明共存超越文明优越，共同应对各种全球性挑战。中国人民愿同世界人民携手开创人类更加美好的未来。

【新时代党的建设新的伟大工程】

全面建设社会主义现代化国家、全面推进中华民族伟大复兴，关键在党。我们党作为世界上最大的马克思主义执政党，要始终赢得人民拥护、巩固长期执政地位，必须时刻保持解决大党独有难题的清醒和坚定。全党必须牢记，全面从严治党永远在路上，党的自我革命永远在路上，决不能有松劲歇脚、疲劳厌战的情绪，必须持之以恒推进全面从严治党，深入推进新时代党的建设新的伟大工程，以党的自我革命引领社会革命。

【五个“必由之路”】

全党必须牢记，坚持党的全面领导是坚持和发展中国特色社会主义的必由之路，中国特色社会主义是实现中华民族伟大复兴的必由之路，团结奋斗是中国人民创造历史伟业的必由之路，贯彻新发展理念是新时代我国发展壮大的必由之路，全面从严治党是党永葆生机活力、走好新的赶考之路的必由之路。

【战略性工作】

青年强，则国家强。当代中国青年生逢其时，施展才干的舞台无比广阔，实现梦想的前景无比光明。全党要把青年工作作为战略性工作来抓，用党的科学理论武装青年，用党的初心使命感召青年，做青年朋友的知心人、青年工作的热心人、青年群众的引路人。

资料来源：人民网·中国共产党新闻网.

相关链接 2

9 个重要表述，带你理解高质量

习近平在党的二十大报告中提出，必须完整、准确、全面贯彻新发展理念，坚持社会主义市场经济改革方向，坚持高水平对外开放，加快构建以国内大循环为主体、国内国际双循环相互促进的新发展格局。

中国式现代化

报告原文

在新中国成立特别是改革开放以来长期探索和实践基础上，经过十八大以来在理论和实践上的创新突破，我们党成功推进和拓展了中国式现代化。

中国式现代化，是中国共产党领导的社会主义现代化，既有各国现代化的共同特征，更有基于自己国情的中国特色。

高水平社会主义市场经济体制

报告原文

构建高水平社会主义市场经济体制。坚持和完善社会主义基本经济制度，毫不动摇巩固和发展公有制经济，毫不动摇鼓励、支持、引导非公有制经济发展，充分发挥市场在资源配置中的决定性作用，更好发挥政府作用。

现代化产业体系

报告原文

建设现代化产业体系。坚持把发展经济的着力点放在实体经济上，推进新型工业化，加快建设制造强国、质量强国、航天强国、交通强国、网络强国、数字中国。

乡村振兴

报告原文

全面推进乡村振兴。坚持农业农村优先发展，坚持城乡融合发展，畅通城乡要素流动。扎实推动乡村产业、人才、文化、生态、组织振兴。全方位夯实粮食安全根基，牢牢守住十八亿亩耕地红线。深化农村土地制度改革，赋予农民更加充分的财产权益。保障进城落户农民合法土地权益，鼓励依法自愿有偿转让。

区域协调发展

报告原文

促进区域协调发展。深入实施区域协调发展战略、区域重大战略、主体功能区战略、新型城镇化战略，优化重大生产力布局，构建优势互补、高质量发展的区域经济布局和国土空间体系。

高水平对外开放

报告原文

推进高水平对外开放。稳步扩大规则、规制、管理、标准等制度型开放。加快建设贸易强国。营造市场化、法治化、国际化一流营商环境。推动共建“一带一路”高质量发展。有序推进人民币国际化。深度参与全球产业分工和合作，维护多元稳定的国际经济格局和经贸关系。

新领域新赛道

报告原文

必须坚持科技是第一生产力、人才是第一资源、创新是第一动力，深入实施科教兴国战略、人才强国战略、创新驱动发展战略，开辟发展新领域新赛道，不断塑造发展新动能新优势。

共同富裕

报告原文

我们要实现好、维护好、发展好最广大人民根本利益，紧紧抓住人民最关心最直接最现实的利益问题，坚持尽力而为、量力而行，深入群众、深入基层，采取更多惠民生、暖民心举措，着力解决好人民群众急难愁盼问题，健全基本公共服务体系，提高公共服务水平，增强均衡性和可及性，扎实推进共同富裕。

和谐共生

报告原文

大自然是人类赖以生存发展的基本条件。尊重自然、顺应自然、保护自然，是全面建设社会主义现代化国家的内在要求。必须牢固树立和践行绿水青山就是金山银山的理念，站在人与自然和谐共生的高度谋划发展。

资料来源：http：//finance. people. com. cn/n1/2022/1018/c1004 – 32547280. html.

相关链接3

高举中国特色社会主义伟大旗帜
为全面建设社会主义现代化国家而团结奋斗
——在中国共产党第二十次全国代表大会上的报告（节选）

八、推进文化自信自强，铸就社会主义文化新辉煌

全面建设社会主义现代化国家，必须坚持中国特色社会主义文化发展道路，增强文化自信，围绕举旗帜、聚民心、育新人、兴文化、展形象建设社会主义文化强国，发展面向现代化、面向世界、面向未来的，民族的科学的大众的社会主义文化，激发全民族文化创新创造活力，增强实现中华民族伟大复兴的精神力量。

我们要坚持马克思主义在意识形态领域指导地位的根本制度，坚持为人民服务、为社会主义服务，坚持百花齐放、百家争鸣，坚持创造性转化、创新性发展，以社会主义核心价值观为引领，发展社会主义先进文化，弘扬革命文化，传承中华优秀传统文化，满足人民日益增长的精神文化需求，巩固全党全国各族人民团结奋斗的共同思想基础，不断提升国家文化软实力和中华文化影响力。

（一）建设具有强大凝聚力和引领力的社会主义意识形态

意识形态工作是为国家立心、为民族立魂的工作。牢牢掌握党对意识形态工作领导权，全面落实意识形态工作责任制，巩固壮大奋进新时代的主流思想舆论。健全用党的创新理论武装全党、教育人民、指导实践工作体系。加强全媒体传播体系建设，塑造主流舆论新格局。健全网络综合治理体系，推动形成良好网络生态。

（二）广泛践行社会主义核心价值观

社会主义核心价值观是凝聚人心、汇聚民力的强大力量。弘扬以伟大建党精神为源头的中国共产党人精神谱系，用好红色资源，深入开展社会主义核心价值观宣传教育，深化爱国主义、集体主义、社会主义教育，着力培养担当民族复兴大任的时代新人。推动理想信念教育常态化制度化，持续抓好党史、新中国史、改革开放史、社会主义发展史宣传教育，引导人民知史爱党、知史爱国，不断坚定中国特色社会主义共同理想。用社会主义核心价值观铸魂育人，完善思想政治工作体系，推进大中小学思想政治教育一体化建设。坚持依法治国和以德治国相结合，把社会主义核心价值观融入法治建设、融入社会发展、融入日常生活。

（三）提高全社会文明程度

实施公民道德建设工程，弘扬中华传统美德，加强家庭家教家风建设，加强和改进未成年人思想道德建设，推动明大德、守公德、严私德，提高人民道德水准和文明素养。统筹推动文明培育、文明实践、文明创建，推进城乡精神文明建设融合发展，在全社会弘扬劳动精神、奋斗精神、奉献精神、创造精神、勤俭节约精神，培育时代新风新貌。加强国家科普能力建设，深化全民阅读活动。完善志愿服务制度和工作体系。弘扬诚信文化，健全诚信建设长效机制。发挥党和国家功勋荣誉表彰的精神引领、典型示范作用，推动全社会见贤思齐、崇尚英雄、争做先锋。

（四）繁荣发展文化事业和文化产业

坚持以人民为中心的创作导向，推出更多增强人民精神力量的优秀作品，培育造就大批德艺双馨的文学艺术家和规模宏大的文化文艺人才队伍。坚持把社会效益放在首位、社会效益和经济效益相统一，深化文化体制改革，完善文化经济政策。实施国家文化数字化战略，健全现代公共文化服务体系，创新实施文化惠民工程。健全现代文化产业体系和市场体系，实施重大文化产业项目带动战略。加大文物和文化遗产保护力度，加强城乡建设中历史文化保护传承，建好用好国家文化公园。坚持以文塑旅、以旅彰文，推进文化和旅游深度融合发展。广泛开展全民健身活动，加强青少年体育工作，促进群众体育和竞技体育全面发展，加快建设体育强国。

（五）增强中华文明传播力影响力

坚守中华文化立场，提炼展示中华文明的精神标识和文化精髓，加快构建中国话语和中国叙事体系，讲好中国故事、传播好中国声音，展现可信、可爱、可敬的中国形象。加强国际传播能力建设，全面提升国际传播效能，形成同我国综合国力和国际地位相匹配的国际话语权。深化文明交流互鉴，推动中华文化更好走向世界。

资料来源：http：//www. gov. cn/xinwen/2022 -10/25/content_ 5721685. htm.

任务一

旅游景区营销策划

【学习目标】

● 知识目标

1. 熟悉旅游景区市场营销环境因素及SWOT分析方法；
2. 了解旅游景区STP策划的内容及程序；
3. 掌握景区产品策划的概念、原则及方法；
4. 掌握旅游景区定价的影响因素、定价方法及定价策略；
5. 掌握旅游景区产品推广策划及主题活动策划的方法。

● 技能目标

1. 旅游景区STP策划的技能；
2. 旅游景区产品策划的技能；
3. 旅游景区定价策划的技能；
4. 旅游景区产品推广策划的技能；
5. 旅游景区主题活动策划的技能。

【任务布置】

1. 旅游景区促销策划；
2. 撰写旅游景区营销策划方案。

【案例导入】

“景区＋互联网”——景区营销思维方式

旅游景区的经营管理什么是最重要的事？链景旅行陶铭先生表示：对于大部分景区来说，做好营销推广才是最重要的事。

在移动互联网的今天，除了传统的渠道以外，更重要的是注重互联网的营销。根据携程、马蜂窝、途牛、去哪儿等国内在线旅游服务巨头发布的权威数据显示：如今40岁以下游客在选择目的地旅行时，主要是通过查询目的地及景区信息来决策，虽然有一些景区的大部分游客是旅行社提供的，但是很多旅行社（地接社）的游客是来自互联网的OTA（携程、途牛、去哪儿、同程）。

链景旅行陶铭先生表示：在移动互联网时代，景区营销出现了三个新特征。

第一，景区宣传的故事化。就像大家看到阿里巴巴就会想到马云，看到华为就会想起任正非，看到万达广场就会想到王健林。相信很多人看到华为的任正非在机场拎包等出租车的场景照片出现在各种网站上，不会想到这是背后团队精心策划的结果。因此，通过品牌人格化更容易传播和被记住，所以景区在营销的时候应该把历史人物典故或者游客亲身体验景区的游记放到各大网站上，游客更喜欢阅读这样的内容。

第二，借助互联网意见领袖（也叫网络红人）的传播。意见领袖写的游记以及点评比直接广告更有公信力，随着各大OTA在线旅游服务商和职业旅游达人的深度合作，旅游达人拍摄的旅游照片，撰写的旅游攻略成为“80后”“90后”年轻主力大军出游选择旅游目的地的重要参考。聪明的景区营销宣传推广团队已经开始在各大OTA网站进行布局，在未来的3~5年，这种投资会有立竿见影的效果。

第三，口碑传播。景区通过互联网在线服务游客（景点讲解、景区地图导览、外语翻译、信息查询），提升旅行体验，游客在微信朋友圈分享的景区旅行体验比电视台广告更有影响力。携程、去哪儿、链景旅行、喜马拉雅、马蜂窝等在线旅游服务提供的旅游资源为出行游客带来很大的方便，同时这些服务资源的点击量、收听率也成为影响游客选择旅游目的地的重要参考。

在国内通过营销推广成功的景区典型代表有昆明市西游洞，该景区原名为“新桥洞”，是一个非常普通的景点，在新掌门人上任后植入西游记文化做了大量营销推广，现在每年有超50万游客，年净利润在5000万元人民币左右。

海南“呀诺达”景区在开发之前是一座荒山，开始也只投资了2000多万元建设，通过营销推广大力发展，赚钱以后滚动投资建设，现在是国家5A级景区，每年接待游客量在230万人，二次消费收入接近50%。

当然，有人会说景区的经营通过多维度配合才能成功，例如：北京远郊区开业不到两年的“古北水镇”平时每天在1万人左右，节假日在3万~5万人。该景区IDG和中青旅投资了45亿元，掌门人是浙江乌镇景区总裁陈向宏，他是在丽江古城、凤凰古镇以及自己经营多年的乌镇经验基础上打造的古北水镇，显然他的成功是一种必然。但是，目前绝大部分景区没有这样的资源与条件，经营首选重点是通过营销推广和服务获得游客增长，再不断完善景区不足来取得成功。

链景旅行陶铭先生针对景区开出了良药方。

第一，景区在互联网上的品牌定位。重点是对景区品牌的亮点进行提炼和包装，如不能追溯历史，就要思考如何“无中生有”，让客人觉得不虚此行。景区品牌形象深度挖掘，核心是找到唯一和第一。例如：提到洛阳，想到的就是牡丹，提到哈尔滨，想到的就是冰雕。“桂林山水甲天下”这个定位，相信去过九寨沟和张家界的游客肯定不同意，但是每年仍然为桂林带来了1000多万游客。

第二，景区宣传故事内容。上传到多家旅游相关互联网平台上，覆盖6亿多用户。陶铭先生说现在很多景区也生产景区故事和游记宣传内容，只是放到自己的微博和微信公众账号上，各位摸摸自己的良心，说说自家的微博和微信公众账号上有多少粉丝。

例如，湖北的神农架曾经做过一期《寻找神农架野人》的报道，吸引了大批观众的眼球，很多人在观看之后也不知道神农架到底有没有野人存在，但是都记住了神农架景区这个地方。

第三，景区的互联网在线服务，根据游客需求分为游前、游中、游后。

游前做好营销推广，重点是信息查询与门票预订。

游中为游客提升服务，重点是通过线上提供景点讲解、景区导览、外语翻译。在景区内设定几个特色的拍照点，一个小雕塑、一个花园、一个餐厅的外景都是拍摄的好地点，有超过30%以上的人会把拍摄的照片分享出去，在关键景点植入景区主视觉很重要。

游后口碑运营维护，重视旅游相关网络各平台的维护运营（信息的维护、形象的维护、口碑的维护），对景区进行最大限度的优质宣传。

第四，多元化创收体系，重视门票产品的组合设计和借势营销，以及景区二次消费（文创产品、特产），通过互联网平台面对6亿的移动互联网用户，让用户足不出户就可以复购产品，这不仅可以增加景区收益，更能为用户提供便利。

链景旅行陶铭先生表示：“随着移动互联网人数的持续增加，旅游人群的低龄化，旅游人群严重依赖于移动、PC端的旅游信息，移动互联网营销宣传的优势在于低成本、宣传受众面广，而且长期持续地享受宣传收益，通过互联网构建景区品牌形象提升知名度和服务，才能从根本上为景区带来游客增量并提高二次消费收入，互联网一体化运营已经成为景区掌门人重中之重的事情。”

资料来源：中国旅游新闻网，http：//www. cntour2. com/viewnews/2016/11/04/zKTa4o1gg2Dk8N7eeSS40. shtml. 2016－11－04.

问题：

（1）“景区＋互联网”时代，景区营销出现哪些新特征？

（2）移动互联网时代，景区应该采取何种营销策划方式？

相关理论知识

每个景区在建设之初，都有它的特色与定位，把景区的文化特色通过不同的故事传递给不同人群。几年前，景区的营销推广在思维方式上主要是通过电视台宣传、平面媒体广告及旅行社渠道等方式，随着互联网时代的发展，游客呈现出新的消费特征，景区进行营销策划应凸显新的方式。

旅游景区是旅游业的核心要素，是旅游产品的主体成分，是旅游消费的吸引中心，是旅游消费者的旅游目的地，旅游活动的各个要素均可以在旅游景区部分或全部得以实现，因而，旅游景区的营销过程是一个相对复杂的过程，它是通过旅游市场分析、准确确定目标市场及旅游产品组合策划等为旅游消费者提供满意的产品和服务的过程。

旅游景区营销策划就是要对旅游景区内部环境予以准确的分析，并在有效运用景区资源的基础上，对一定时间内的旅游景区营销活动的目标、战略以及实施方案与具体措施进行设计和谋划。

旅游景区营销策划的程序：

第一，旅游景区市场机会分析。包括营销信息调研、营销环境分析、旅游消费者分析、主要竞争对手分析、SWOT分析等。

第二，研究和选择旅游景区目标市场。包括景区营销目标、景区市场细分、景区目标市场选择及景区市场定位。

第三，确定旅游景区市场营销策略。包括旅游景区开发策略、景区价格策略、景区渠道策略、景区促销策略等。

第四，策划旅游景区行动方案。主要是策划旅游景区主题活动方案，包括活动的主题、活动时间、活动地点、活动内容（过程）、活动预算等。

第五，策划方案的实施与评价。包括旅游景区营销策划案的组织、实施、控制、效果评价。

一、景区市场分析

目前，旅游行业机遇与挑战并存，旅游企业在发展过程中既受到外部环境的影响，又与自身的实力有重大关系。旅游景区的营销活动离不开一定的市场环境，这些市场环境给旅游景区带来的可能是机会也可能是威胁，或者两者兼具。旅游景区管理者应该正确认识环境机会与环境威胁，并通过营销努力主动适应并加以利用。旅游景区营销成败的关键，就是要不断适应瞬息万变的市场环境，分析各种影响景区营销的因素，发现并利用有利于景区发展的机会，避开不利的市场威胁，时刻关注市场营销环境的变化。

（一）景区市场营销环境概述

旅游景区市场营销环境是指与旅游景区市场营销活动相关的一切外部因素与条件。旅游景区市场营销环境由微观环境和宏观环境构成。旅游景区营销环境具有系统性、客观性、差异性、动态性和不可控性的特点。

1. 景区市场营销微观环境

景区市场营销微观环境是指与旅游景区的营销活动直接相关的各种参与者，直接影响和制约旅游景区的市场营销活动，通常被称为直接营销环境。景区营销微观环境因素和一般旅游企业微观环境因素既有相同之处，又有其本身的特殊之处。它包括：景区本身、各级（各类）旅行社、旅游交通、旅游酒店、金融机构、旅游竞争者、市场营销服务机构、旅游消费者和社会公众。

（1）旅游景区内部环境。旅游景区内部环境是旅游市场营销的可控环境，旅游景区中的各种活动和部门构成了旅游景区营销环境的第一微观要素。所有旅游景区在进行正常的经营活动时，都必须有一个完整的管理系统来执行各项管理职能。这个管理系统由市场营销管理部门、各职能部门及最高管理层组成。这个系统要求旅游景区各部门必须处理好该企业内部环境问题，工作协调一致，相互沟通，这有助于满足旅游消费者的需求，取得旅游景区市场营销的成功，实现旅游景区总体目标。

（2）旅游供应商。旅游供应商是指向旅游景区提供生产旅游产品或旅游服务所需各种旅游资源的企业或个人。旅游景区应选择那些信誉良好、货源充足、价格合理、交货及时、经营规范的供应商，与他们建立和保持良好的合作关系。

（3）旅游中介企业。旅游中介企业是指协助旅游景区促销、销售和经销其产品给最终购买者的机构，包括旅游中间商、旅游营销服务商以及金融中介组织等。旅游景区应在其经营过程中与这些营销中介建立起相对稳定的协作关系，以提高景区的营销能力。

①旅游中间商。旅游中间商是指在旅游生产者与旅游消费者之间，参与旅游产品的销售业务，促使买卖行为发生的集体或个人。包括旅游经销商、旅游代理商、旅游批发商、旅游零售商、旅游交通运输企业，营销服务机构和金融中间商等。在选择过程中，要注意中间商人员素质、劳务费用、履行职业效果和对中间商的可控制程度。

②旅游营销服务商。旅游营销服务商是指为旅游景区提供营销服务的各种机构，包括广告公司、营销调研公司、营销咨询公司、传播媒介公司等。

③金融中介组织。金融中介组织是指协助企业融资或分担货物购销储运风险的机构，包括银行、信托投资公司、保险公司、证券公司等。旅游企业应与金融中介机构保持良好的关系，保障融资信贷业务的稳定和渠道的通畅。

（4）旅游消费者。旅游消费者是景区的目标市场，也是营销活动的出发点和归宿。景区的一切营销活动都应以满足旅游消费者的需要为中心。旅游消费者是旅游营销活动的最基本、最直接的环境因素。我国各景区面对的旅游消费市场主要有团体旅游者市场、个体旅游者市场、旅游中间商市场、非营利组织市场、政府市场和国际旅游客源市场。

（5）竞争者。在竞争激烈的旅游行业，旅游景区只有准确认识竞争者，才能做到知己知彼，百战不殆。

（6）旅游市场营销公众。旅游市场营销公众是指对旅游景区实现目标有现实或潜在影响的群体和个人，旅游景区的生存和发展依赖良好的公众关系和社会环境。主要包括政府公众、金融公众、媒介公众、群众团体、地方公众、内部公众和一般公众等。

【同步思考1－1】

请结合实例思考旅游市场营销公众对旅游企业的发展有怎样的影响。

2. 景区市场营销宏观环境

景区市场营销宏观环境是指影响和制约旅游景区市场营销活动的社会性力量与因素。主要以微观环境为媒介间接影响和制约旅游景区的营销活动，被称为间接营销环境，主要包括人口、经济、政治法律、自然、科技、社会文化六大环境因素。

景区在开展营销活动时和一般旅游企业一样，同样会受到人口因素、经济因素、政治法律因素、科技因素、自然因素和社会文化因素等宏观环境因素的影响和制约，为此景区营销应随着环境的变化，及时调整营销策略，抓住各种有利的机会，开发景区产品，以满足不同旅游消费者的需要。

（1）人口环境。人口环境决定旅游市场的规模和景区的经营方向，对人口环境的考察是旅游企业把握需求动态的关键。人口环境包括人口数量、人口分布和人口结构等方面的内容。

一是人口数量。在经济条件一定的情况下，人口的数量决定着旅游市场的规模和容量，人口数量与市场容量和消费需求通常成正比。

二是人口结构。人口结构决定着产品结构、消费结构和产品需求状况。人口结构主要可以从自然结构和社会结构两个方面来分析。自然结构主要包括人的性别、年龄等因素；社会结构主要包括人的文化素质、职业、民族和家庭等因素。

三是人口分布。人口分布是指人口在不同地区的密集程度。人口分布不均决定了市场位置、市场大小、消费者的消费习惯和市场需求特性的不同，从而影响旅游动机和旅游行为的差异。

（2）经济环境。一个国家或地区的经济条件、经济运行状况和发展趋势会直接或间接影响旅游者的收入水平和社会购买力，刺激人们对外出旅游、餐饮、娱乐、购物、住宿等产品和服务的消费，从而决定了现实市场中购买力水平的高低。经济环境因素主要包括经济发展阶段、国民经济运行状况、收入及消费结构等。

一是经济发展阶段。美国经济学家罗斯托认为，一国经济发展的阶段可以划分为："传统社会阶段、经济起飞前阶段、经济起飞阶段、经济成熟阶段、生活高消费阶段、追求高质量生活阶段"六个阶段。每个阶段的经济发展状况都会对社会旅游需求起到直接或间接的制约作用，进而对旅游企业的营销活动产生很大影响。

二是国民经济运行状况。客源国国民经济运行状况既可以直接影响该国国民收入的高低，还可以影响到客源国的经济政策，任何经济政策的变动都将客观地影响到旅游企业的各种营销活动。

三是收入及消费结构。社会购买力是构成旅游市场需求和影响旅游市场规模的重要因素，它主要受居民的收入、货币汇率、旅游消费者的储蓄和信用、旅游消费者支出模式等因素影响。

【知识链接 1－1】

恩格尔系数

德国统计学家恩格尔的著名理论——恩格尔定律指出：随着家庭收入的增加，用于食物支出在总支出中的比重会下降，用于住房和家庭日常费用比重基本保持不变，而用于娱乐、保健、教育和旅游等方面的支出比重则会上升。

恩格尔系数＝食物的支出金额/消费的总支出金额×100%

恩格尔系数是指根据恩格尔定律得出来的比例数。一般地，国际上用恩格尔系数来确定一个国家居民的富裕程度，恩格尔系数越小，表明人们的生活越富裕。同时，也可用恩格尔系数来反映一个国家所处的经济状态，并以此为依据来判断当地居民潜在购买力的大小。联合国确定的标准为：

恩格尔系数≥59%，为贫困状态；50%～59%，为度日状态；40%～50%，为小康水平；20%～40%，为富裕状态；20%以下，为最富裕状态。

旅游企业从恩格尔系数的大小中可以了解到旅游市场的发展潜力，预估旅游消费者的消费水平和变化趋势等。

资料来源：百度百科，http：//baike. baidu. com/view/28093. htm? fr = aladdin 2014－12－10.

（3）政治法律环境。

一是政治环境。是指旅游景区市场营销活动的外部政治形势和状况，主要包括一个国家（或地区）的政治制度、政治体制、政治局势、政府在旅游企业营销方面的方针政策等因素。景区在开展营销活动时一定要认真考察目标市场的政治稳定性、政权更迭的频繁性和政策的连续性，种族、民族、宗教、文化的冲突，以及暴力恐怖活动、示威事件的多少等多方面因素，求稳、避险、应变。

二是法律环境。法律环境指国家或地方政府颁布的各项法律、法规和条例等。景区既要保证自身严格依法管理和经营，也要运用法律手段保障自身的权益。

2020年新冠疫情防控期间，文化和旅游部资源开发司发布《关于做好2020年国庆节、中秋节假期旅游景区开放管理工作的通知》：旅游景区要按照《旅游景区恢复开放疫情防控措施指南（2020年9月修订版）》要求，在切实做好新冠肺炎疫情常态化防控前提下，有序推进秋冬季旅游景区开放管理，接待游客量不超过最大承载量的75%；各地要按照“能约尽约”的原则，推动全国5A级旅游景区和重点4A级旅游景区严格落实分时预约制度，切实提升旅游景区服务管理水平。

（4）自然环境。自然环境是人类最基本的活动空间和物质来源，自然环境对旅游景区营销的影响主要反映在自然资源日趋短缺、环境污染日益严重和许多国家对自然资源管理的干预日益加强三个方面。为了使整个社会平衡、健康、稳定地向前发展，景区在开展营销活动时要注重“绿色旅游营销”“生态旅游”“永续旅游”等，树立现代营销观念，保护自然环境。

（5）科技环境。科学技术是现代生产力中最活跃和最具决定性的因素，它直接影响景区的产品开发、设计、销售、服务和管理，影响旅游者的消费方式、消费结构和涉足的地理范围。

（6）社会文化环境。社会文化环境是指一定社会范围内的民族特征、语言文字、风俗习惯、宗教信仰、教育水平、行为规范、伦理道德、社会活动等因素的总和。

一是文化环境。文化环境是由一些影响社会的基本价值观、认知、偏好及行为的机构和其他势力构成，具体包括一定的态度和看法、价值观念、道德规范、行为方式及世代相传的风俗习惯等。文化作为一种社会氛围和意识形态，会影响旅游消费者的消费喜好、消费行为和购买行为。旅游本身就是一种文化活动，景区开展旅游营销活动要以文化为先导，在旅游产品设计、营销广告创意、营销方案制订和实施等方面都要适应当地的文化传统和宗教信仰。

【知识链接1－2】

关注文化环境，尊重宗教信仰

旅游消费者在游览寺庙时要注意以下禁忌：

一忌称呼不当。对寺庙的僧人应尊称为“大师”“法师”，对道士应尊称为“道长”，对住持僧应尊称为“长老”“方丈”“禅师”。对藏传佛教寺庙中的僧人应尊称“喇嘛”，即“上师”之意。

二忌礼节失当。与僧人见面的行礼方式为双手合十，微微低头，或单手竖掌于胸前，头略低，忌用握手、拥抱、摸僧人头部等不当之礼节。

三忌谈吐不当。与僧人、道人交谈，不应提及杀戮之辞、婚配之事，以及食用腥荤之言，以免引起僧人反感。

四忌行为举止失当。游览寺庙时不可大声喧哗、指点议论、妄加嘲讽或随便乱走，不可乱动寺庙之物，尤忌乱摸乱刻神像、随意拍照。如遇佛事活动，应静立默视或悄然离开。同时也要照看好自己的孩子，以免因孩子无知而做出失礼的事。

资料来源：考试周刊，http：//www. kszk. com. cn，2009－08－29.

二是社会环境。社会因素对旅游者购买行为具有深远的影响。社会因素除了国家、地区、阶级、阶层、种族、民族以外，还有参照群体、家庭、社会角色等因素。这些因素会影响人们的消费行为模式和购买行为。

（二）旅游景区营销环境（SWOT）分析

延伸阅读（1－1）
云南丽江出台多项举措
推动旅游市场复苏

1. SWOT 分析法

SWOT 分析法是被广泛运用的一种“机会—风险”分析法。SWOT 是英语单词 Strength（优势），Weakness（劣势），Opportunity（机会）和 Threat（威胁）的首字母缩写。优势是指景区所拥有的市场或产品以及其他在市场竞争中所具有的内在强项，具体包括：有利的竞争态势、充足的财政来源、良好的景区形象、技术力量、景区产品质量、市场份额、成本优势、广告攻势等。劣势则是指不如竞争对手的那些内部因素，具体包括：旅游设备老化、管理混乱、缺少关键技术、研究开发落后、资金短缺、经营不善、旅游产品老化、竞争力差等。机会是旅游景区的外部因素，具体包括：旅游新产品、新市场、新需求、有利于景区发展的新政策、旅游竞争对手失误等。威胁也是旅游景区的外部因素，具体包括：新的竞争对手、替代产品增多、市场紧缩、行业政策变化、经济衰退、游客偏好改变、突发事件等。SW 是指旅游企业本身所具有的优势和劣势。机会一般是指有利于本企业快速发展的外部因素，威胁则指不利于企业经营的外部风险，OT 是指来自旅游企业外部的机会和威胁。

2. SWOT 战略分析及选择

在对景区进行 SWOT 分析时，应分析景区内部环境，列出景区目前所具有的长处和弱点；分析景区外部环境，列出对于景区来说外部环境中存在的发展机会和威胁，最后进行组合分析，根据每种外部环境和内部条件的组合，制定出相应的应对策略。如图 1－1 所示。

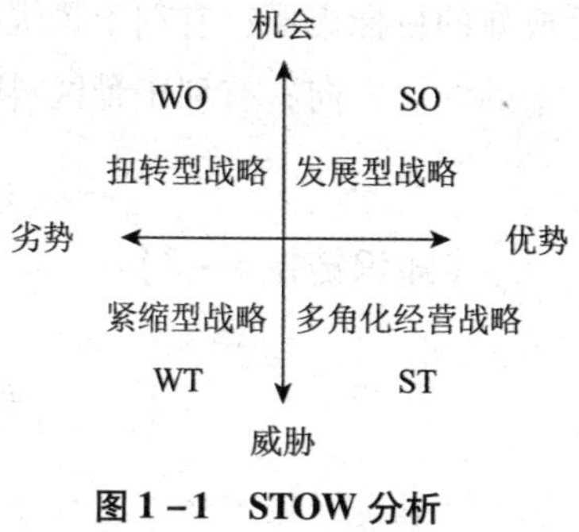

图 1－1　STOW 分析

（1）优势机会（SO）组合。处于该环境下的景区，说明外部环境为其提供了良好的发展机会，同时自身又具备强大的内部优势，这时景区可以凭借自身的长处和资源来最大限度地利用这个机会，可采取发展型战略。

（2）劣势机会（WO）组合。处于该环境下的景区，说明外部有机会，而内部条件不佳，在这种情况下，景区应采用的策略原则是通过外在的方式来弥补其弱点，扭转内部劣势，以最大限度地利用外部环境中的机会，宜采取先稳定后发展的扭转型战略。

（3）劣势威胁（WT）组合。处于该环境下的景区，说明外部有威胁，内部状况又不佳，营销环境非常困难，应设法避开威胁，消除劣势，可采取紧缩型战略。

（4）优势威胁（ST）组合。处于该环境下的景区，说明拥有内部优势而外部存在威胁，应采用多角化经营战略分散风险，寻求新的机会。

【同步思考1-2】

结合2020年发生的新冠疫情，从环境威胁和市场机会两个方面分析对旅游景区的影响。

二、景区STP策划

任何景区都难以用单一的旅游产品来适应各类旅游消费者的需求，景区必须根据消费者的需求对整个旅游市场进行细分。通过市场细分，可以有针对性地了解消费者的需求，确定自己的服务对象，开展营销活动。市场细分是旅游企业目标营销的前提和基础，在现代营销中占据重要地位。

景区STP策划是指对景区市场细分（Segmenting Market）、选择目标市场（Targeting Market）和市场定位（Positioning）进行的策划。

（一）景区市场细分策划

1. 景区市场细分策划的概念

景区市场细分策划是指景区营销策划人员在市场调研的基础上，根据景区所提供的旅游产品，有效地将整体景区市场划分为若干个消费者群的策划活动。其策划的目的就是为景区制订一整套科学有效、细致周密的景区市场细分方案。景区在进行市场细分策划时应把握可衡量性、可进入性、可营利性和稳定性的原则。

景区通过市场细分策划有利于及时发现市场上新出现、尚未被满足的市场机会，形成新的目标市场；有利于景区适时调整经营策略，制订出最佳的营销战略，把握市场未来的变化方向；有利于景区科学地开发目标市场和取得良好的经济效益。

【知识链接1-3】

景区如何进行市场细分策划

①确定景区市场范围（卖到哪儿Where）；

②分析景区现有和潜在顾客的不同需求；

③根据一定的细分标准分析可能存在的细分市场（卖给谁 Who）；

④进一步分析每个景区细分市场的不同需求与购买行为等特点；

⑤分析测量各景区细分市场的规模和潜力。

2. 景区市场细分策划的标准

由于景区受资源条件的限制，往往不可能满足所有旅游消费者的需要，因此，只有在充分了解旅游消费者市场的基础上，根据一定的细分变量对景区市场进行细分，才能对景区进行有效开发和利用。市场细分的依据是旅游者消费需求的差异性，造成旅游消费需求多样化的所有因素，几乎都可视为市场细分的依据或标准（又称为细分变量）。具体的细分方法与一般旅游市场细分方法（变量）相同，市场细分常用的四个细分标准是：地理细分、人口统计细分、心理细分和购买行为细分。

（1）地理细分。地理细分是指景区根据消费者所在的地理位置、地形气候、空间位置等变量细分市场。地理变量细分市场的主要理论依据是：处在不同地理环境的旅游消费者对景区的产品有不同的需求和偏好。

一是地理区域变量。它是细分旅游市场最基本的变量，具体又可分为洲别、国别和地区等变量。例如，世界旅游组织根据地区间在自然、经济、文化、交通以及旅游者流向、流量等方面的联系，将世界旅游市场细分为六大旅游区域，即欧洲市场、美洲市场、东亚及太平洋地区市场、南亚市场、中东市场和非洲市场。

二是气候变量。各地气候的不同会影响旅游消费者的消费及流向，根据气候不同，可以把旅游市场分为热带旅游市场、亚热带旅游市场、温带大陆性气候市场、温带海洋性气候市场、寒带旅游市场等。如在冬季，对于我国的国内旅游市场而言，南方游客外出旅游的热点常常是北京、哈尔滨等地，而许多北方游客则把海南、桂林、云南等地作为外出旅游的首选。

三是空间位置变量。根据客源国与旅游目的地之间的空间位置的差异，可将旅游市场细分为远程、中程、近程旅游市场。

（2）人口统计细分。人口统计细分是指根据各种人口统计变量，如年龄、性别、家庭生命周期、收入、职业、教育等，把市场划分成不同的群体。由于人口统计变量较其他变量更容易识别和衡量，与消费者的欲望、偏好、文化习惯及购买频率等都有密切联系，是划分旅游市场中最常用且实用的标准。

一是年龄、性别和家庭生命周期为统计变量。建立在人口最基本自然属性基础上的年龄、性别和家庭生命周期三个变量因素，直接影响着旅游需求。一般来讲，按照年龄段可以将旅游市场划分为儿童旅游市场、青年旅游市场、中年旅游市场和老年旅游市场，各旅游市场的需求特点也表现出了明显的差异性。家庭是消费的基本单位。家庭结构、规模和总收入等状况都会直接影响利益需求。这些因素又随着家庭生命周期阶段的不同而变化。

二是以收入、职业与受教育程度为统计变量。旅游购买力同个人收入之间的关系是正向的。收入越高，可自由支配收入越多，旅游消费的支配能力就越大。旅游消费者的职业、受教育程度会直接影响到旅游需求的程度、层次、类型和内容。

（3）心理细分。心理细分是以旅游消费者的心理特征来细分市场，旅游消费者按照生活方式和个性特征可分为不同的群体。

按照生活方式细分市场。这一划分方式是根据人们的习惯活动、消费倾向、对周围事物的看法及人们所处生活周期来划分，生活方式不同会带来需求差异。

按照个性特征细分市场。不同的消费者因家庭背景、受教育水平及生活、学习和工作环境等方面的差异而形成不同的个性，例如，有人活泼好动，有人文雅安静；有人喜欢冒险，有人追求浪漫；有人喜欢独自旅游，有人喜欢结伴而行；等等。消费者个性的差异必然导致对旅游产品有不同的偏好和选择。因此，旅游产品的创新应充分考虑旅游消费者个性的差异性，推出各具鲜明特色的旅游产品以迎合不同个性消费者群体的需求。

（4）购买行为细分。购买行为细分是指根据旅游消费者的购买时机、所追求的利益、购买频率等细分市场。由于旅游消费者的行为会导致消费的最终实现与否，因而成为细分市场至关重要的出发点。

一是购买时机。旅游活动的时间性、季节性比较突出，根据购买时机变量可将旅游市场划分为淡季、旺季及平季等细分市场，还可以细分出寒暑假市场，以及春节、劳动节、国庆节、双休日等节假日市场。通过购买时机细分可以帮助景区实现产品销售的最大化。例如，把各种会议、体育赛事、节庆日、植物的开花期、采果期、某种反常气象的发生（如潮汐、飓风、日食等自然现象）、某些特殊日子的到来等均可成为旅游景区的卖点。

二是所追求的利益。旅游消费者在购买旅游产品时，往往追求的利益侧重点不同，所以他们在选择旅游产品时在质量和品牌上都有区别。

三是购买频率。根据旅游消费者购买旅游产品的频率可分为未旅游者、首次旅游者和多次旅游者。

以上四种变量是旅游市场营销细分的主要标准，在旅游企业的实际营销过程中，用于细分市场的变量并非仅限于这些。旅游企业应根据自身的优势和外部环境，选择细分变量，进行具体的市场细分。

【知识链接1-4】

运用细分标准应注意的事项

景区在运用细分标准进行市场细分时，必须注意以下问题：

①必须从本景区的经营情况出发，对于不同的旅游产品要有不同的细分变量，且细分变量必须是有效可行的。

②景区在选择细分变量时，可考虑细分变数交叉的原理。

③市场细分中很多细分变数是动态的，要求景区必须经常调查研究和预测所用变数的变化情况和变动趋势，据以调整细分市场。

④市场细分不是越细越好，景区应考虑使细分出的市场具有一定的规模，且有一定的发展潜力，使景区有利可图（即反市场细分）。

3. 景区市场细分策划的程序

景区市场细分是一项非常复杂的工作，只有用科学的程序指导，细分工作才能有条不紊地进行。根据国际市场营销专家的普遍看法，市场细分的程序一般有以下七个步骤。

（1）确定旅游产品的市场范围。景区在确定经营目标后，要根据自身的能力和营销目标选择所要生产的产品和细分的市场，并确定景区经营的市场范围。

（2）了解旅游市场需求。在选择目标市场范围后，景区以人口、地理、行为、心理、经济等各种因素为标准，大致估算潜在消费者的需求，以了解市场需求状况，并以此作为依据进行市场细分。

（3）分析可能存在的旅游细分市场。通过了解消费者的不同需求，分析旅游消费者的地区分布、人口特征、购买行为等，考虑分析可能存在的细分市场。

（4）确定旅游细分市场标准。在可能存在的旅游细分市场中，存在着不同的需求因素，景区应分清哪些需求因素对自己进行市场细分是最重要的。

（5）为可能存在的旅游细分市场命名。根据潜在顾客基本需求上的差异，进一步调查研究已确定的细分市场，将其划分为不同的群体或子市场，根据各个细分市场消费者的主要特征，并赋予每个子市场一定的名称。

（6）分析各旅游细分市场的具体特点。深入考察细分市场的特点，分析各市场的不同需求和购买行为，了解影响细分市场新的因素，以决定各细分市场是否需要再细分或重新组合，从而不断适应市场的变化。

（7）评估各旅游细分市场。评估每个细分市场的规模，即在调查的基础上，估计每个细分市场的顾客数量、购买频率、平均购买量等，并对细分市场上产品竞争状况及发展趋势做出分析。

（二）景区目标市场选择策划

景区在市场细分之后，并没有实力进入所有的市场，去满足所有旅游消费者的需求，而是只能从中选择一个或几个市场作为自己的目标市场，开展营销工作。景区的一切有效活动都是围绕目标市场而展开的，因此，选择和确定目标市场，明确景区服务对象，关系到景区营销目标的实现，是景区制定营销战略的重要内容。

景区目标市场策划是景区在市场细分的基础上，选择一部分子市场作为营销对象而策划的营销方案。

1. 景区目标市场选择策划的程序

景区目标市场选择策划一般要经过评估细分市场和选择景区目标市场策略两个阶段。

（1）评估细分市场。策划景区目标市场的第一步就是评估各细分市场，评估的内容如下。首先，分析细分市场的规模和发展潜力，只有具备适当规模和发展潜力的市场对景区才有吸引力。其次，分析细分市场的结构吸引力，即对威胁旅游景区长期盈利的主要因素做出评估。影响市场吸引力大小的因素有竞争者、潜在进入者、替代者、旅游者和供应者。最后，分析细分市场是否与景区的经营目标和资源条件相吻合。

（2）选择景区目标市场策略。细分市场评估完后，景区即可确定出自己的目标市场。一般而言，景区通常有三种目标市场策略可供选择，即无差异市场营销策略、差异性市场营销策略和集中性市场营销策略。

一是无差异市场策略。指的是景区无视整体市场内部旅游者需求的差异性，不进行市场细分，将整个市场视为一个同质的目标市场，推出一种旅游产品，运用单一的营销组合，为满足旅游者共同的需求服务。

二是差异性市场策略。指的是景区同时选择几个细分市场作为目标市场，并分别针对每个目标市场的需求特点设计不同的产品，实施相应的营销组合策略。

三是集中性市场策略。指的是景区将自身的资源和营销力量集中在某个或少数细分市场上，实行高度的专业化经营，使景区在目标市场上有较大的市场占有率。

【同步案例 1－1】

宜宾兴文石海景区的目标市场推广策划

四川省宜宾市兴文县石海景区根据不同的地域，确定了 A、B、C 市场区域等级。

A－1：大成都市场。大力发展大成都市场，确保景区游客量稳定上升，属川南三景区共同开发重点市场。在该市场上推广手段尽量区域联合，同时加强与各销售渠道的有力合作。

A－2：泸州。作为地级市示范性重点市场在今后应大力发展，并加大宣传力度，加强渠道合作，重点企业单位攻坚。

A－3：重庆。属于川南三景区共同开发重点市场，市场潜力大，找准市场宣传切入点，适当投入宣传推广，重点通过三景区制订有效激励措施，鼓励旅行社加强推广。

B：省内其他地级城市。内江、自贡、资阳、德阳、绵阳等景区，形象宣传推广主要依靠《华西都市报》等省级媒体所产生的辐射力，加强旅行社有效合作，针对单位和老年、学生等特殊市场，加强联络促销工作。

C：以西北为代表的省外市场。区域联合、依靠政策推动，不直接投入广告宣传资金。

资料来源：周晓梅．旅游景区服务与管理［M］．1版．天津：天津大学出版社，2011：155.

问题：石海景区是如何实施等级区域推广措施的？有什么意义？

2. 景区目标市场的切入策划

景区在确定目标市场，选择了目标市场策略以后，还要就切入目标市场的过程及切入目标市场的方法进行策划。

（1）景区目标市场的切入过程策划。景区切入目标市场的过程一般有三个阶段：启动阶段、开业阶段和立足阶段。

启动阶段：景区对所要进入的市场一般了解不透，对进入市场的成功与否无太大把握，因而应进行试探性进入，即对目标市场进行深入调查和研究，对进入方式和时机进行缜密的策划，将景区旅游产品在一定范围内进行试销等。

开业阶段：经过前一阶段的试销等活动，景区对目标市场已有了足够的了解和把握，决定正式进入该目标市场，此时，景区应进行一系列的营销活动，包括正式成立相应的机构和确立合作伙伴；针对目标市场选择促销方法等。

立足阶段：景区应采取一定的规模进入方式，连续稳定地扩大市场。如通过景区产品开发等站稳市场。

（2）目标市场的切入方法策划。景区可运用下列方法切入目标市场：

①人员推销法，即利用景区内部或外聘推销人员，直接与旅游消费者接触并推销旅游产品。

②广告宣传法，即精心进行广告策划，向目标市场传播景区旅游产品信息，建立景区和旅游产品的知晓度，促成旅游消费者的购买行为。

③公共关系法，即通过开展各种形式的公关活动，树立景区在旅游消费者心目中的良好形象，赢得目标市场公众的支持和信赖。

④营业推广法，即采取各种优惠措施，在利益上给予旅游消费者实惠，从而吸引众多的旅游消费者。

此外，景区还可采取权威人士推介法、展销会、推介会等切入目标市场。

（三）景区市场定位策划

课堂讲解1－1：景区市场定位

景区市场定位策划就是在景区市场细分的基础上，通过各种途径、运用各种手段，为使景区及其产品在旅游消费者心目中形成区别并优于竞争者产品的独特形象而制订的有效方案及措施。景区市场定位策划的实质是寻求建立景区旅游产品的特色和树立独特的市场形象，以赢得旅游消费者的认同。其核心内容是努力实现景区旅游产品差异化与旅游形象差异化。例如，泰山有“五岳之首”“天下第一山”之称；周庄是中国最具代表性的水乡古镇；山海关有“天下第一关”“边郡之咽喉，京师之保障”之称；北京故宫是世界上现存规模最大、保存最为完整的木质结构的宫殿型建筑；海南岛的市场定位“热带中国，海南岛”“原始纯净美丽神奇的海南岛”；等等。

1. 景区市场定位策划的要点

景区市场定位的关键是在明确目标市场的基础上，设法在自己的旅游产品上找出比竞争者更具有竞争优势的特性，这样才能进行准确的市场定位。为此，景区在其选择的目标市场上策划市场定位时要把握以下要点。

（1）以区域为界选择市场。景区要先以地域为界去选择市场，实施等级区域措施。景区目标市场的选择不会只针对某个地区或城市，从地域范围来看，可以根据不同的地域分为不同的目标市场，从而实施等级区域措施。在以地域为界选择市场时，应遵循由近到远，逐步扩大的原则开展市场营销。

（2）景区营销要瞄准中心城市。因为消费存在梯次传递的规律，一般是大城市→中等城市→小城市→农村，时尚消费更是如此，旅游属于一种时尚消费，所以，重点是抓好中心城市旅游市场，针对中心城市的消费特点策划景区市场定位，突出景区旅游产品特色，吸引更多的旅游消费者。

2. 景区市场定位策划的程序

（1）目标市场分析。景区应分析目标市场上潜在旅游消费者的旅游习惯、出游时间、旅游花费、旅游偏好等，关注目标市场上旅游消费者的欲望满足程度及未满足的需要。

（2）识别可能的竞争优势。分析竞争对手的经营管理状况、产品价格、分销渠道、市场形象、品牌状况等，寻找自身可能的竞争优势（景区在产品、服务、人员、形象等方面与竞争者的差异化）。

（3）准确选择竞争优势。景区可在经营管理、技术开发、市场开拓、产品等可能的竞争优势中，分析对比，选出最适合本景区的优势项目，以初步确定景区在目标市场上所处的位置。

（4）对目标市场初步定位。景区通过一系列的宣传促销活动，将其独特的竞争优势准确传递给潜在旅游消费者，并在其心目中留下深刻印象，达到树立景区市场形象的目的。

（5）巩固市场形象。景区应时刻关注市场动向、不断修正和调整市场定位，巩固市场地位，维护旅游消费者对景区形象的忠诚度。

【同步案例 1-2】

携四大创新理念 白鹿仓景区精彩亮相中国演艺投融资大会

白鹿仓景区是集旅游观光、美食娱乐、文化演艺、民俗风情、文博展览、热气球嘉年华、房车营地、城市观光索道、现代生态农业体验等为一体的大型综合性文化旅游景区。作为国内民俗文化旅游项目的新亮点，应中国演艺资本大会组委会邀请，受西安白鹿仓景区运营管理有限公司董事长董旭锋委托，文化事业总监段可文与演艺影视部部长吕鹰导演一行，出席了日前在上海浦东新区举行的“2016演艺商业模式创新与投融资大会”。

斥资35亿元人民币打造建设的白鹿原·白鹿仓民俗文化旅游景区项目，以其丰厚而独特的文化内涵、领先的文化创意理念和演艺运营模式，精彩亮相此次盛会。200多位文化演艺产业投融资大亨、70多个优选项目企业和位居行业前沿的30多家文化演艺投资机构代表，近距离地了解感受了白鹿仓景区的发展前景和文化魅力。

在此次高端行业投融资大会上，白鹿仓民俗文化旅游景区率先提出国内首创的景区文化演艺四大理念，成为本次盛会的亮点，也引起了多家投融资机构和新闻媒体的兴趣。资深导演、音乐人、景区演艺影视部负责人吕鹰面向与会嘉宾，就白鹿仓景区文化演艺四大创新理念做了深层次的阐述。

创新亮点一：全景化、浸润式、活态民俗文化旅游景区的整体定位。

通过打造一个全景展示、活态传承、体验国际民俗的生活社区，创造一种理念，创新一种模式，倡导一种生活，引领一种文化，使白鹿仓文化实现可视、可感、可体验、可消费。白鹿仓呈现给世人的不仅是民俗文化旅游景区，更是一个真正富有文化底蕴、聚集世界民俗、寄托人们精神向往的自由文化生活平台！

创新亮点二：管理戏剧化、运营情景化、流程游戏化的演艺管理模式。

首推国内独创的演艺化管理模式，即活态的景区管理（管理人员参与演艺），流动的街区演出（管理行为融入剧情）。通过管理戏剧化、运营情景化，增强游客和管理人员对景区的融入、互动、穿越，提升对民俗文化的认同感，实现民族文化心理的归属感。

传统戏剧仅局限于舞台，其重心在于戏剧本身的演艺，演员相对固定，而白鹿仓景区融合了舞台实景和戏剧表演，并从心理学的角度将演艺整体植入园区，使园区变为开放的戏剧舞台，游客和工作人员就可以随时成为戏剧中的角色。同时也可即兴创作、即兴演艺，从而激发员工的主观创意、工作激情和个人自信。此举并非是对戏剧理念的颠覆，而是在戏剧表演形式上的创新，它扩大了戏剧表演的场所和内涵，最终实现形式与内容的相辅相成、相得益彰，为重新定义戏剧演艺概念提供了可能。

创新亮点三：挖掘白鹿仓独有的“代面鼓阵”非遗项目。“代面鼓阵”为北宋名将、“百胜将军”狄青根据阴阳五行原理，结合自身多年的战场经验独创出的指挥阵法，又因为他面有刺纹且相貌俊朗，每次在临敌作战时都以面具代为遮脸，故此种指挥阵法也称作“代面鼓阵”。而狄青将军的八所军寨就设在白鹿原（故有白鹿原“狄寨”乡之称），所以“代面鼓阵”是白鹿仓景区独有的极具本土文化特色的非遗项目。

创新亮点四：挖掘白鹿仓景区自己的节日。中国传统的正月二十五为“天仓节”，又称“填仓节”，意为填满谷仓，喻五谷丰登之意。这是白鹿仓自己特定的节日，将命名为“白鹿填仓节”。与“填仓节”相对应的是每年的腊八节开仓放粮，白鹿仓的“开仓节”意为叩谢天恩，回馈百姓，在这一天白鹿仓开仓放粮，为民众发送腊八粥。

会后，吕鹰导演还透露，白鹿仓景区将于2016年12月30—31日举办以民俗文化展演及非遗保护传承为主旨的“首届白鹿原·白鹿仓民俗（民间）文化艺术节”，生动演绎白鹿仓四大文化创新理念，以加强促进特色民俗文化事业和非物质文化遗产的传承与发展。

白鹿原·白鹿仓文化景区通过文化整合和文化发掘，积极在全国范围内实现“全景化、浸润式活态景区定位，演艺管理情景化模式，独有非遗项目和创立景区自己的节日”四大创新，使“白鹿原·白鹿仓，民俗派·更民俗”的理念为文化旅游产业注入新的生机与活力，成为新形势下文化创新方向的旗帜。

资料来源：中国旅游新闻网，http：//www. cntour2. com/viewnews/2016/12/23/ZyREkNRHskDf3QZfH4IU0. shtml，2016－12－23.

问题：白鹿仓景区是如何定位的？该景区有哪些竞争优势？

3. 景区市场定位方法

（1）特色定位。即根据景区自身的特色或者根据目标顾客所看重的某种或某些利益进行定位。这是最为常见的一种定位方法。例如，鼓浪屿是“音乐家摇篮”，素有“海上花园”之誉，岛上收藏众多古典钢琴，沁心典雅，更为其赢得“钢琴之岛”的美誉。

（2）垄断定位。即强调唯一性的定位，适用于高度垄断性的旅游资源。如秦陵兵马俑，再现公元前古战场之壮观。埃及金字塔，是埃及古代文明的标志，也是“世界七大奇迹”之冠。

（3）“价格—质量”定位。即根据旅游消费者对“价格—质量”之间联系的认识定位。一般认为，景区所提供的产品越具特色或提供的服务越周到，其价格也就越高，所以，景区可用高质高价来树立优质名牌形象，也可用高质低价作为竞争手段，加速市场渗透，提高市场占有率。

（4）使用者定位。即景区对准一定的目标群体，针对旅游者的不同偏好、需求来定位自己的产品。

（5）竞争定位。即针对市场竞争态势，来突出自己优势的一种定位方法。如泰山——五岳之首。

三、景区产品策划

景区产品是指景区所能够提供给市场并被旅游消费者消费以满足旅游消费者某种需要的旅游产品、旅游项目或旅游服务，主要由景区的自然或人造景观、人文名胜、景区基础设施和服务设施、景区服务、景区旅游活动项目等构成。

景区产品的特点：区域性、不可移动性、一定的季节性、大多具有观赏性、景区服务产品无形性和生产消费的同步性、所依托的资源具有独立性和垄断性、文化属性是景区产品的内涵、部分景区产品具有不可再生性、成熟的景区产品需要具有整体性等。

【知识链接1-5】

景区营销人员的工作任务

①准确进行市场细分，利用不同的旅游资源，为游客提供不同的产品。

②营销过程应注重顾客体验。在顾客“租借”旅游产品要素的过程中，为顾客提供高质量的体验。

③旅游景区要开发和生产独具特色的旅游产品，重视对从业人员的培训，力求完美地为旅游者服务，不断变化和丰富旅游产品的内涵，提升旅游产品形象，强化旅游者的感受。

④突出对景区形象和垄断性产品的宣传，提高品牌的知名度。

⑤运用各种促销手段，使之“淡季不淡、旺季更旺”。

⑥挖掘旅游产品的文化内涵，重视产品整体概念的开发，为游客提供满意的旅游产品。

⑦树立现代旅游市场营销观念，走可持续发展之路。

⑧注重旅游产品的整体开发，满足游客的精神需求。

⑨运用差异性营销策略，使旅游产品供给配套成龙、完整无缺并“环环紧扣”。

（一）景区产品策划的概念

景区产品策划是指景区如何使自己的旅游产品或服务适应旅游消费者的需要及景区市场开发活动的谋划。景区产品策划包括景区产品市场生命周期策划、景区产品组合策划、景区产品设计开发策划、景区新产品推广策划、景区产品品牌策划、景区主题产品策划、景区产品形象策划等。通过景区产品策划，能使景区的旅游产品适合旅游消费者的需要，增强竞争实力，提高景区的营销水平，改善景区整体形象。本节重点介绍景区产品开发设计策划和景区主题产品策划两个问题。

（二）景区产品开发策划

课堂讲解1-2：景区产品开发策划

1. 景区产品开发策划的原则

（1）市场导向原则。根据旅游市场的需求内容和变化规律，确定景区旅游产品开发的主题、规模等。即在开发旅游产品之前先进行市场调研，准确掌握市场需求和竞争状况，结合景区旅游资源的特色，积极寻求相应的客源市场，确定目标市场。如当前个性化旅游的彰显要求景区开发提供旅游产品品种多样的、参与性强的旅游活动项目。

（2）独特性原则。要求景区旅游产品开发必须突出民族特色、地方特色，努力反映当地文化，尽可能保持资源的原始风貌。如承德避暑山庄开发的大型沉浸式演出——梦入避暑山庄。

（3）经济效益原则。景区在充分了解旅游市场需求的基础上，对所开发的旅游产品进行可行性分析，即对其可进入性、投资规模、建设周期、对游客的吸引力、资金回收周期等进行分析。

（4）环境保护与社会效益原则。开发旅游产品的目的是更好地利用旅游资源，而生态环境则是旅游资源赖以存在的物质空间，为此，在开发景区旅游产品时要做到：

第一，保护旅游资源本身在产品开发过程中不被破坏，正确处理开发与保护的关系。

第二，要控制景区旅游产品开发后旅游区的游客接待量在环境承载力之内，以维持生态平衡，使旅游资源能够永续利用。

第三，注重社会文化影响，必须遵守旅游政策法规等。

（5）综合性开发原则。景区旅游产品的开发应围绕重点项目，挖掘潜力，逐步形成系列产品和配套服务，延长游客旅游停留时间，建立健全食、住、行、游、购、娱等配套服务和配套设施，提高旅游效益。

2. 景区产品开发策划的方法

（1）文化差异与文化认同法。文化差异形成旅游吸引力，催生旅游动机，如深圳世界之窗主题公园。文化认同是文化群体或文化成员承认群内新文化或群外异文化因素的价值效用符合传统文化价值标准的认可态度与方式，如寻根谒祖游等。

（2）典型集中法。将有特色的旅游产品和分散的旅游产品进行整合与包装，形成规模较大、水平较高的旅游产品。如北京欢乐谷，设置了50余项主题景观、10余项主题表演、30多项主题游乐设施、20余项主题游戏及商业辅助设施，营造了一个神秘、梦幻的世界，可以满足不同人群的需要。

（3）逆向思维法。是一种与旅游消费者的思维习惯逆向而行的策划方法。如全国第一家返璞归真的开放式动物园——深圳野生动物园就是运用该方法成功策划的典型案例。

（4）借鉴与引进法。根据市场需求借鉴和引进一些旅游项目，如城市近郊的生态旅游项目。

（5）时空搜索法。从空间轴和时间轴两个向量上搜寻与本地区位、市场及资源条件最佳交叉点的方法。如深圳华侨城的创意策划就是运用时空搜索法，将其打造成集中国与世界、古代与现代、认同与差异、静态与动态、人文与自然为一体的主题公园群。

3. 景区产品开发策略

（1）改进老产品。对原有景区产品不进行重大改变，只对它进行局部形式上的改进，如对于罕见或出色的自然景观或人文景观进行维护性开发，通过人工手段适当地加以修饰和点缀，使产品更加突出。

（2）换代产品。在现有产品基础上进行较大改革后生成的产品，如杭州宋城主题公园通过对《清明上河图》的再现，真实演绎“宋文化”满足了游客“给我一天，还你千年”的体验。

（3）完全创新产品。是指景区以前从未生产和销售过的旅游新产品，如利用其环境条件或设施条件人工再造的景点等。

（三）景区主题产品策划

旅游是一种文化产业，景区的持续发展需要进行各种主题产品的策划，突出景区的灵魂与主线。主题产品具有渲染娱乐气氛、促进游客参与、丰富游客经历、增强景区亲和力和强化景区产品的营销效果，能形成市场冲击力、营造商业卖点、推广旅游景区形象等优越性，而主题产品的策划取决于景区的地脉、文脉和人脉。因此，景区在主题产品策划过程中，要以环境调查、提炼亮点、主题选择、主题项目策划为路径，确定旅游景区主题产品。旅游景区主题产品策划可围绕节庆活动、庆典活动、趣味活动、表演活动及综合性的主题旅游线路五个方面展开。

延伸阅读（1－2）
北京市属公园推出35项
中秋节主题活动

课堂讲解1－3：
景区主题产品策划

1. 影响景区主题产品策划的主要因素

（1）景区的地脉。景区的地脉是景区的综合自然地理背景，它代表着景区自然地理的地域性、季节性和整体性等显著特征，表现为时间变化上的动态性和空间分布上的系统性，包括地质地貌、气象气候、生物、水体和自然区位等。旅游活动的产生和发展总是在一定自然环境基础上形成的，因此，人们称自然环境为旅游的第一环境。300年前康熙在热河（今承德）这块神奇的风水宝地上大笔一挥，写下了“自有山川开北极，天然美景胜西湖”的诗句，集天下景物之美于一体（现存最大的皇家园林）的避暑山庄拔地而起，成为让人流连忘返的避暑胜地。这说明了避暑山庄之“美”缘于其“地脉”。

（2）景区的文脉。景区的文脉是指景区所在地域的人文地理背景，包括当地的历史、社会、经济文化等人文地理特征，它是一种综合性的、地域性的自然地理基础、历史文化传统和社会心理积淀于一体的时空组合。例如，坐落在河西走廊西端的敦煌莫高窟。它始建于十六国的前秦时期，后历经北朝、隋、唐、五代、西夏、元等历代的兴建，形成巨大的规模，有洞窟735个，壁画4.5万平方米、泥质彩塑2415尊，是世界上现存规模最大、内容最丰富的佛教艺术地。文脉是旅游景区的内核，旅游景区的主题产品应依文脉而立，只有准确地把握旅游景区的文脉，挖掘特色卖点，提升文化质感，才能增强景区的吸引力。

（3）景区的人脉。景区的人脉是指景区目标市场上的不同层次消费者群体所组成的脉络系统和旅游消费者对旅游景区的认可程度。因此，旅游景区应有针对性地策划符合旅游目标市场消费心理和消费习惯的景区主题产品，为旅游消费者提供快乐的体验和享受。

旅游景区主题产品策划与景区地脉、文脉、人脉之间的关系是：地脉是旅游景区主题产品策划的切入点，文脉是景区主题产品策划的核心，人脉则是旅游景区与旅游市场的和谐点，这几点既相辅相成，又统一构成旅游景区主题产品策划经脉体系。

2. 景区主题产品策划的原则

景区主题产品策划必须要与景区性质协调一致，既要突出景区资源，又要适应市场需求。

（1）与景区性质协调一致。景区的性质是由构成旅游景区资源的类型与特征、景区在区域旅游系统的地域分工决定的。景区的主题产品策划必须与景区性质协调一致，这样不仅有利于突出景区旅游资源特色，而且可以避免近距离景区建设重复、雷同的现象。

（2）突出景区资源特色。特色是景区生命力、竞争力和吸引力的源泉。景区主题策划要在深入挖掘其特色的基础上，根据景区资源特色确定景区开发的主题。

（3）适应旅游市场需求。在市场经济条件下，旅游资源的开发必须以市场为导向，去发现、挖掘、评价、筛选和开发旅游资源，提炼景区开发主题，设计、制作和组合旅游产品，推向旅游市场，进而引导、开发旅游市场。

3. 景区主题产品策划的过程

景区主题产品策划是在深入调查的基础上，经过思维、创意形成景区主题产品的活动过程。如图1－2所示。

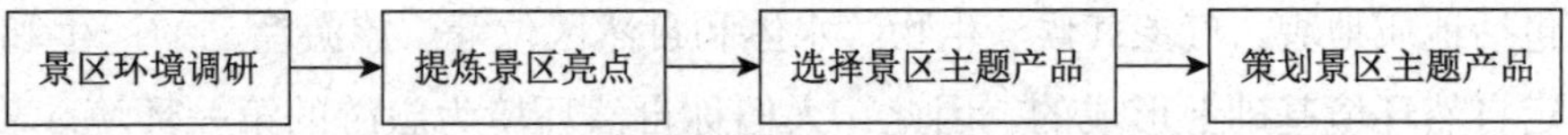

图1－2 旅游景区主题产品策划的过程

（1）景区环境调研。要进行科学的景区主题产品策划，就必须通过景区环境调研，准确掌握景区的“三脉”，及时了解旅游市场动态变化信息，使策划建立在坚实可靠的基础之上。

（2）提炼景区亮点。景区的主题产品策划是以旅游资源为基础的。由于某些旅游资源具有普遍性和类似性，所以景区营销策划人员应根据景区的资源情况，寻找、挖掘其独特之处，找出最能反映当地历史和文化所积淀下来的资源特色，最终提炼出景区的亮点，形成与其他地区旅游景区之间的差异性，吸引旅游消费者。

（3）选择景区主题产品。每个旅游景区可能有多个较为鲜明的主题，而由于条件的限制，不可能同时开发，所以就要对存在的多个主题进行评价、筛选。选择主题产品是整个旅游景区主题产品策划的关键，它是资源配置的凝聚点、产品制作的创意点、市场营销的兴奋点。

【同步思考 1 – 3】

如何根据景区的特点进行产品的主题选择？

（4）策划景区主题产品。策划景区主题产品是根据旅游主题的功能要求和目标进行旅游产品的方案策划，其主要内容包括主题产品功能设计、选址建议、开发时序、策划依据、主题内容五大方面。景区主题产品方案策划的好坏直接影响着主题产品的实施效果。

【同步案例 1 – 3】

承德避暑山庄《梦入避暑山庄》：打造让观众“穿越”的体验剧

2020 年 9 月 11 日，河北省承德市避暑山庄景区打造的首部沉浸式皇家园林体验剧《梦入避暑山庄》正式开演，引发游客连连点赞。

据了解，乾隆三十六年（1771 年），土尔扈特部首领渥巴锡（阿玉奇汗之曾孙）为摆脱沙俄压迫，率领部众冲破沙俄重重截击，历经千辛万苦，胜利返回祖国，谱写了一曲不畏强暴、奋勇抗争、万里东归的赞歌。《梦入避暑山庄》在这一真实历史事件上进行还原和再创作。该剧正常演出 70 分钟，可同时容纳 400 人观看。

该剧设置了正黄旗、正蓝旗、正红旗 3 条主线，舞台分散到现场的 22 个蒙古包中，3 条故事线不同，22 个蒙古包里的演艺也各不相同，讲述的都是小人物的悲喜故事。以小人物视角呈现大历史，这种讲述方式生动，会令游客动容。该剧总编剧、空间总创想、著名导演王卓说，为了让该剧与避暑山庄的环境相结合、相呼应，舞台专门选址在当年乾隆皇帝设宴款待土尔扈特部众首领的万树园，演出占地约 30 亩，建筑面积达 2000 余平方米，观众们观看演出的地方就是当年历史的发生地，这样的情景交融会更容易让他们入戏。与此同时，整个故事围绕“家国情怀”与“民族团结”两大主题展开，以“历史 + 艺术 + 科技 + 创新”的方式呈现，突出体现避暑山庄的皇家文化、满蒙文化、草原文化特色，有助于其在同类产品中脱颖而出。

据了解，《梦入避暑山庄》分为“初归故土”“梦回山庄”“再忆东归”“又现盛世”“梦回避暑山庄”五幕，设置了结绳、面具、婚礼、姐妹、信等主题，演出打破空间界限，让每一位观众既是旁观者，也是参与者，游客可以观看演出，也可以与演员互动交流。

《梦入避暑山庄》立意清晰、特色鲜明、故事丰富、体验独特、情感真挚。主场大幄重现土尔扈特部回归的艰辛历程，观众可以切身地感受两百多年前东归同胞的英勇与执着，体会到当今国家富强的来之不易，激起民族自豪感。同时该剧通过精心编排和视听渲染，以“沉浸式”为演出特色，更加强调观众的互动感和参与感。如在演出开场，大幄之内的环幕演出，不仅有幕布上的电脑特效场景，也有幕后真人表演，虚虚实实，让人恍然入梦，有“穿越”之感，突出了“梦境”的主题。在叙事表现上，该剧从生活细节刻画到人物性格塑造，都给人以真实、有血有肉的感觉，观感体验良好。

资料来源：任丽．第一旅游网，http：//www.toptour.cn，2020－11－24.

问题：（1）《梦入避暑山庄》如何突出“梦境”主题？

（2）景区策划主题产品时应考虑哪些因素？

四、景区产品定价策划

景区产品价格是旅游消费者为满足自身的旅游需要而购买的旅游产品的价值形式。即旅游者对景区提供产品和服务所愿意承受的价格，它包括景区产品的内在价值和旅游者附着在景区产品上的心理价值组成。景区进行价格策划是景区的一个重要任务，定价是否合理，是否为旅游者接受，确定景区的利润高低，影响着其他营销组合的效果，影响着整个营销策略的成败。

（一）景区产品定价的影响因素

影响景区产品定价的因素较多，一般包括以下几个方面。

1. 景区生产成本

成本是制定价格的基础，是影响景区产品价格最基本、最直接的因素。景区产品在定价时要确定一个收支平衡点，以成本为基准合理定价。

2. 景区的定价目标

景区在发展过程中，由于受环境因素的影响，在不同时期会制定不同的定价目标，因而会形成不同的价格。根据企业的经营战略不同，价格大体有三种决策方向：一是利润导向，就是追求利润最大化；二是销售导向，就是谋求较大的市场份额；三是竞争导向，就是采用对等定价或持续降价的策略，以应对或回避竞争。景区自身的产品特性及其所处的市场营销环境会影响到企业的定价决策不同。

3. 景区产品品质与特性

一般情况下，如果景区品质好，美誉度高，可采取高价策略，反之可采取中低价策略；旅游产品特色明显，垄断性强，具有不可替代性，则可采取高价策略，反之宜定中低价。

4. 非价格竞争因素

景区的非价格竞争主要是通过提升旅游产品品质、增强特色、提高服务水平、提升景区形象等形式表现出来。为此，许多景区为了实现较高价格的销售，一般都施之以较高水平的服务，让旅游产品的价格和相应的服务一致，使旅游消费者加深对旅游产品价格的理解和认可；同时，旅游景区还向旅游消费者尽可能提供一些额外免费的服务项目，从而增强旅游消费者对购买较高价格旅游产品的信心。

5. 旅游消费者的需求

旅游产品成本是制定产品价格的最低限度，而产品价格的最高限度则取决于旅游消费者的需求程度。一般情况下，旅游产品的价格与旅游市场的需求量成反比，产品价格越高，市场需求量就越少。

6. 旅游产品市场竞争状况

旅游产品成本是制定产品价格的最低限度，消费者需求是制定产品价格的最高限度，而介于两者之间的价格则取决于市场竞争状况。旅游产品市场竞争越激烈，对旅游产品价格的影响越大。

7. 政府的宏观管理

政府的宏观管理，主要通过行政、法律以及货币供给、工资和物价政策等手段来调控和体现。政府对旅游产品价格干预和管理的目的在于通过法律限制旅游景区不正当竞争、牟取暴利和损害旅游消费者的利益，因而政府主要以行政手段、法律手段制定旅游产品的最高或最低限价。

（二）景区产品定价方法

在制定景区产品价格时，主要是考虑景区产品的成本、市场需求和竞争状况三大因素，并结合景区产品情况做出相应的决策。因此，定价方法可分为成本导向定价法、需求导向定价法和竞争导向定价法。

1. 成本导向定价法

成本导向定价法是指以景区旅游产品的成本为主要依据，再综合考虑其他因素来制定旅游产品的价格。由于景区产品的成本形态不同，以及在成本基础上核算利润的方法不同，成本导向定价又分为以下几种具体形式：

（1）成本加成定价法。即按照产品的总成本确定价格，常用平均单位成本加上若干百分比利润。此方法简便易行，在采用这种定价方法时，必须事前准确地核算产品或劳务的平均成本，根据产品的市场需求弹性等因素确定恰当的利润百分比。

（2）投资回收定价法。这种方法是指景区为了确保投资按期收回，并获得预期利润，根据投资生产的产品成本费用及预期生产的产品数量，确定能实现营销目标的定价方法。利用投资回收定价法必须注意保证产品销量和设施利用率，否则就不能确保每年的投资回收率，也就不能实现景区既定的营销目标。

（3）目标收益定价法。是根据总销售收入（销售额）和估计的产量（销售量），来确定目标收益率，制定价格。

2. 需求导向定价法

需求导向定价法是指以景区旅游产品的市场需求状态为主要依据，综合考虑景区的营销成本和市场竞争状态而制定或调整产品、服务营销价格的一种方法。

（1）理解价值定价法。理解价值定价法即景区根据旅游者对景区产品的认知程度和感觉定价。理解价值定价有两个关键：第一，对游客的认知价值做出正确的估计和判断；第二，用营销手段中的各种非价格因素对游客的认知价值做出有效引导。如利用产品形象、促销活动等对游客施加影响，使他们形成既定的“认知价值”。

（2）需求差别定价法。主要是根据旅游消费者不同的需求强度、不同的购买力、不同的购买地点、不同的购买时间等方面的差异来确定不同价格。

3. 竞争导向定价法

竞争导向定价法是指以同类旅游产品的市场竞争状态为依据，以竞争对手的价格为基础的定价方法。此方法是以竞争为中心，并结合景区自身的实力和发展战略等因素来定价。

（1）率先定价法。即景区采取率先定价的姿态制定出符合市场需求的价格，并能在市场竞争中取得较好经济效益的一种方法。这是一种主动竞争的定价方法，以便达到参与市场价格竞争、排除竞争对手的目的。

（2）随行就市定价法。即以同行业的市场平均价格为基础，来制定景区旅游产品的市场可行价格。该方法可以避免市场竞争，使景区获得稳定的市场份额。

【同步案例1-4】

多家景区门票涨价 5A级景区均价迈入百元时代

中新网北京9月18日电 近期，多家知名景区宣布上调门票价格。其中，丽江玉龙雪山门票由105元涨到130元，广东丹霞山门票由160元涨到200元。统计显示，国内5A级景区平均票价已迈入“百元时代”。专家指出，景区票价要体现公益性，应建立合理的票价生成机制，而长远来看，景区应摆脱“门票经济”依赖，谋求向产业经济的转型升级。

进入9月以来，国内多家景区纷纷上调门票价格。9月1日起，广东丹霞山景区门票价格由原来平日160元、节假日180元统一调整为200元；9月3日，保定涞源十瀑峡景区调价方案获得通过，门票从35元上调至50元。

此后9月16日，国家5A级景区之一的丽江玉龙雪山景区发布调价公告，宣布门票价格将从105元调整为130元，执行时间为2015年5月10日。

这只是今年以来新一轮景区门票涨价的缩影。6月10日起，“中国最年轻火山岛”北海涠洲岛火山国家地质公园门票价格由90元调整为115元；7月1日起，云南大理苍山景区票价由30元涨到40元，同日，苏州园林主要景点门票价格也进行了调整，其中，拙政园旺季票价由70元调整至90元，虎丘从60元调整至80元。

此外，宜昌三峡大瀑布景区8月份举行门票价格调整听证会，提出目前门票价格偏低，拟将门票价格由98元调整为128元或130元。

值得注意的是，随着各地景区门票价格的频频上涨，国内5A级景区平均票价已超过百元。中国社会科学院旅游研究中心去年发布的《2013年我国4A、5A级旅游景区门票价格分析报告》指出，中国所有5A级景区平均票价为109元，52.94%的景区门票价格在100~200元，7.19%的景区门票价格在200元以上。

门票价格上涨“两头叫苦”专家呼吁建立合理票价生成机制

2007年，国家发改委曾下发通知规定“旅游景区门票价格调整频次不低于3年”，但景区门票似乎落入了“3年必涨”的怪圈，往往3年时间一到，景区调价的消息就不绝于耳。

面对不断上涨的景区门票价格，一方面，民众叫苦不迭，发出“玩不起”的感叹；另一方面，景区面对民众对高票价的不满，也以自身运营压力大为由而大倒苦水。

譬如，此番涨价的玉龙雪山景区就在听证会上指出，玉龙雪山景区目前经营状况不佳，过去的3年门票收入减去支出是负数，25元的涨价幅度是合理的；丹霞山旅游投资经营有限公司副总经理张文彬也向媒体诉苦说，员工的工资要涨、景区的设施要完善，仅用于申遗和创建5A级就投入了1.5亿元，虽然政府支持，但资金缺口仍非常大，现在每年需要向银行偿还千万元以上的贷款本息。

专家称景区应摆脱“门票经济”依赖　向产业经济转型

从根本上来看，刘思敏（中国旅游报经济编辑部主任）认为，一些景区因其旅游资源的不可替代性而形成了天然垄断，这些景区之所以频频涨价，其中，旅游产品结构不合理、景区发展产业比较单一、对门票经济的依赖是重要原因。

刘思敏指出，一般来讲，门票花销约占消费者旅游消费的10%，因此，地方政府要适当跨越“门票经济”的低级发展阶段，把旅游产业链做长，把旅游产业做大，通过优化游客情景体验，延长游客停留时间，从中获取更大的整体效益。

“要把门票带来的收益贡献下降到比较次要的位置，才能缓解景区门票涨价的冲动。”刘思敏说，地方政府不应向门票涨价抱以过多诉求，反而可以采取景区门票降价甚至免票手段，吸引更多的人流、物流、资金流、信息流，进而向树立地区品牌、升级经济体系、发展关联产业等转化，如杭州市采取的西湖免票举措经验就可以借鉴。

西湖自2003年开始实行免费，数据显示，景区每年因此直接减少门票收入2530万元，但公园免费带动了景区商业网点经营价值的提升。通过拍卖、出租或承包景区商业网点经营权等市场化手段，不仅抵补了损失的门票收入，而且使景区管理部门增收逾亿元，带动了杭州旅游产业新增经济效益上百亿元。

北京交通大学经济管理学院旅游管理系教授王衍用此前也对中新网记者表示，国内旅游业虽然一直在提倡摆脱“门票经济”，打造旅游产业链，但是旅游直接的经济收入被看得还是太重。景区应大力谋求转型升级，把食、住、行、娱乐、购物和交通6个要素充分利用起来，将“门票经济”转变成产业经济。

资料来源：中国新闻网，2014－09－18.

问题：

（1）5A级景区均价迈入百元时代，此定价采取的定价方法是什么？

（2）分析你所在景区能否实施门票免费。

（三）景区产品定价策略

在明确了景区产品定价步骤与方法之后，景区还必须运用一定的定价策略，制定合适的价格，实现景区的营销目标。

1. 新产品定价策略

（1）撇脂定价策略。撇脂定价策略是指旅游新产品上市初期，价格定得很高，随着时间的推移而逐渐降低售价。其目的是想在短时间内获取高额利润。这种定价策略要具备相应的条件：当前市场需求较高，制定高价不会刺激更多竞争者进入市场，有助于形成新产品的优质形象。此种策略利用消费者求新、求奇、求特的心理，迎合市场上高消费或时尚性的要求。

（2）渗透价格策略。渗透价格策略是指旅游产品投入市场时，利用旅游消费者的求实心理，将旅游新产品以较低的价格吸引旅游消费者，以期很快打开市场，扩大销量，待销路打开后，再逐步提高价格。渗透价格策略适用于市场对价格高度敏感；随着销量增加和经验的积累，景区能降低单位成本，能尽快大批量生产；适合产品特点不太突出、易仿制、技术简单的旅游新产品。

（3）满意价格策略。满意价格策略是一种折中价格策略，采取比撇脂价格低但比渗透价格高的适中价格。当不存在适合于撇脂定价或渗透定价的环境时，景区往往采取该种策略。这种定价策略既能保证景区获取一定的初期利润，又考虑了旅游消费者的购买能力和购买心理，能够增强旅游消费者的购买信心。

2. 心理定价策略

心理定价策略就是景区为了迎合旅游消费者的心理需要而采取的一种灵活定价的措施。常用的心理定价策略有以下几种：

（1）整数定价策略。整数定价策略是指景区在定价时把旅游产品的价格定在整数上的一种策略。它能体现出旅游产品本身的价值，使旅游消费者产生“一分钱一分货”的感觉，从而促进旅游产品的销售。该定价策略适宜于高档、名牌旅游产品，例如景区中的一些高档工艺品、字画的价格等往往采用这种定价策略。

（2）声望定价策略。声望定价策略是针对旅游消费者“价高质必优”的心理，对在旅游消费者心目中有信誉的产品制定较高的价格。因为价格档次常常被认为是景区产品质量的直观反映，特别是旅游消费者在知名景区时，这种心理意识尤为强烈。因此，高价与独具特色的景区比较协调，更易显示出景区产品特色，使景区产品给游客留下优质的印象或使游客感到购买这种产品可提高自己的声望。

3. 折扣定价策略

折扣定价策略是一种在景区产品或服务的交易过程中，景区基本标价不变，而是通过调整实际销售价格，把一部分价格转让给购买者，鼓励旅游消费者购买自己的产品或服务的价格策略。

（1）数量折扣策略。数量折扣策略是景区为了鼓励旅游消费者或者中间商购买，根据所购买的数量给予一定的折扣。

（2）季节折扣策略。季节折扣策略是景区为适应旅游产品季节性强、销售波动大的特点而采取的在淡季时给予旅游消费者或中间商的折扣优惠。

【同步案例 1－5】

多地景区目前实行淡季票价　国内自由行现时最价廉

在盼望着发年终奖的时节里，眼下或许是一年里国内自由行最省钱的时候。目前国内多地景区实行淡季票价，各大航空公司也在圣诞、元旦节前推出低折扣机票。

12 月，途牛机票联合各大航空公司，推出年末大促活动，为用户提供覆盖多个目的地和航线的优惠机票产品，包括特价机票、零元秒杀贵宾室、90 元机票礼包、国内热门机票立减等活动。从 12 月 1 日开始，在途牛网预订机票，选择南航、东航、首航、福航、西部航空等航空公司有机会享受特价机票。三亚至重庆线低至 80 元，北京至南京机票仅需 215 元，比高铁票还便宜不少。

12 月，春秋航空、亚洲航空、宿务航空等推出大批低价机票。春秋航空 1 元预售、南航会员免费抽机票、亚航 App 订票享 7 折。通过关注 E 旅游网、穷游网、马蜂窝、携程、驴妈妈等旅游网站的公众微信号及微博能帮助市民及时获取机票活动信息。

景区方面，九寨沟景区，旺季时门票价格为 220 元，观光车票 90 元，现在降到门票 80 元、观光车票 80 元的淡季价格。此外四川多地景点也开始实行淡季票价。在湖北，从 11 月 26 日起至次年 3 月 25 日，神农架套票价格从 269 元降到 130 元。在湖南，12 月 1 日起，张家界核心景区武陵源将执行冬季优惠价格，其中核心景区大门票价格优惠至 136 元，折扣低至 5.5 折。在安徽，九华山风景区从 11 月 15 日到 2017 年 1 月 15 日执行淡季门票价，门票价格将从旺季时普通票每人 190 元下调至 140 元，优惠票则从旺季时每张 95 元下调至 70 元。莫高窟在 11 月 1 日开始直到次年 4 月 30 日执行淡季门票，为

100 元，开放洞窟从 8 个增加到 12 个。西藏布达拉宫 11 月 1 日起至次年 4 月 30 日为淡季票价，从旺季的 200 元下调至 100 元。千岛湖景区 12 月 1 日至次年 2 月底，门票价格为 120 元。

某旅行社负责人解释说，从往年的情况来看，进入 12 月份，随着气温降低，出游的人数也将大幅减少，机票、酒店资源充足，旅游价格相应下调。景区也进入一年中最安静的阶段，此时最适合旅游爱好者自由行、自助游。之后，随着圣诞、元旦的临近，一些热门线路、产品又将“应节而涨”。

资料来源：中国旅游新闻网，http://www.cntour2.com/viewnews/2016/12/12/Zy1PGv2XmySCkwkzI1kg0.shtml，2016-12-12.

问题：景区在淡季时是如何进行定价的？旅游景区定价应考虑哪些因素？

五、景区产品推广策划

（一）景区促销策划

景区促销策划是指景区运用科学的思维方式和创新的精神，在调查研究的基础上，根据旅游景区总体营销战略的要求，对某一时期各种旅游产品的促销活动做出总体规划，并为具体旅游产品制订周密的活动计划。景区促销就是景区借助一定的传播媒介，将景区旅游产品的信息传递给旅游消费者，促使其了解、信赖景区的旅游产品，并激发其购买欲望，达到购买景区产品的目的。景区促销工作的核心是与旅游消费者沟通信息并与其建立更加长期而稳固的关系，促销的目的是引发、刺激旅游者产生购买行为。

1. 景区促销目标的策划

景区的促销目标是景区促销活动所要达到的目的。景区促销目标的策划必须服从景区营销的总体目标，不能为了单纯的促销而促销。在策划景区促销目标时应根据景区要求及市场调研情况确定促销目标。

景区针对旅游消费者的促销目标有：增加销售量，扩大销售；吸引新游客，巩固老游客；树立景区形象，提升景区知名度；应对竞争，争取游客。景区促销目标可以确立单个目标，也可以确立多个目标。

2. 景区促销方式策划

景区的促销方式主要有广告、人员促销、公共关系和营业推广四种。

（1）景区广告策划。景区广告策划就是根据景区整体营销策略，在广告调查基础上围绕整体目标的实现，制定系统的广告策略、创意表现与实施方案的过程。

景区广告策划的运作程序：

一是广告目标策划。广告目标是景区针对目标顾客所要达到的特定的传播任务。景区的广告目标很多，有信息性目标、说服性目标、提醒性目标、创牌目标、保牌目标、竞争目标等。景区营销策划人员可根据既定的广告目标，进行相应的广告策划。

二是广告预算策划。景区广告预算是景区投入广告活动的费用计划，广告预算策划直接影响着景区效益。

三是广告媒体的策划。景区在策划选择广告媒体时，一方面要对各类媒体的优缺点进行评价，另一方面要考虑影响媒体选择的因素。如目标顾客的特点、景区旅游产品的性能和特征、媒体的成本和景区实力、媒体的性质和传播效果等。

四是广告时机策划。广告时机策划就是指广告发布的具体时间和频率的合理安排。

五是评价广告效果。广告效果主要表现在广告的销售效果、广告的诉求认知效果、广告的综合效果三个方面。通过对景区广告效果的评价，可以衡量广告费用的投入是否达到了预期的效果，也为以后广告活动的开展提供了有力的依据。

（2）景区人员推销策划。景区人员推销策划就是规划与设计推销人员推销方案的制订与实施问题。景区人员推销策划的合理与否，直接关系到景区推销业务的活动进程和实际效果。

景区人员推销策划的运作程序：

一是推销目标策划。虽然景区销售人员的每次销售活动都以达成交易为最终目标，但这不是最根本的目标。销售人员与目标顾客沟通时必须明确，最根本的销售目标是达成交易并且令目标顾客感到满意，从而实现与目标顾客的长期合作。因此，景区销售人员必须了解目标顾客购买决策的过程，清楚目标顾客在购买过程中需要解决的主要问题，确定每次推销应采取的对策和行动方案。

二是策划拜访的目标顾客。景区推销人员可将拜访的目标顾客进行适当的分类，然后根据确定的推销目标，采取不同的拜访方式，建立和发展与所有潜在顾客的关系。

【知识链接 1－6】

景区客户拜访工作流程

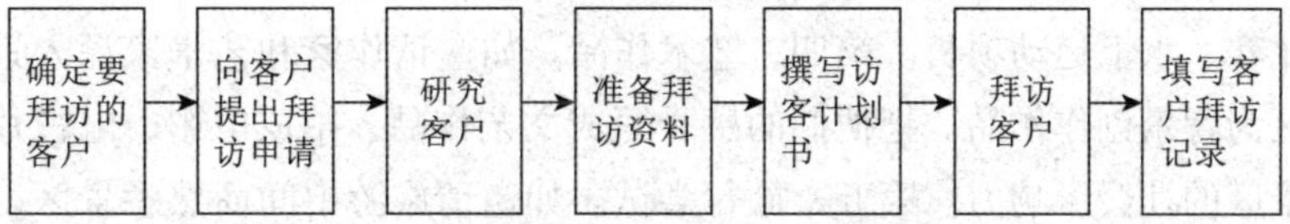

图 1－3　旅游景区客户拜访工作流程

三是确定推销洽谈要点。即针对洽谈对象的具体情况和所推销的景区旅游产品的特殊性，提出在推销洽谈中的推销技术。

四是推销策略和技巧的策划。景区推销人员在推销洽谈过程中，目标顾客可能会提出各种问题，这就要求推销人员应事先估计洽谈中目标顾客可能会提出什么样的问题，应如何应对和解决这些问题。所以，景区推销人员应策划和运用一些必要的推销策略和技巧。

五是推销访问日程安排。景区推销人员要根据洽谈双方的时间安排，拟订好访谈日程，掌握好谈判进度，这也是取得推销成功的必要条件之一。

(3) 景区公共关系策划。景区公共关系策划是指景区策划人员在公关调研的基础上，为景区制订并指导实施的既富有创意又经济有效的战略性或策略性公关促销活动方案的过程。景区公共关系策划的主要目的是利用各种手段，借助于各种媒体的宣传，加强景区的透明度，提高景区的知名度和美誉度。

一是景区公共关系策划的运作程序。第一步，分析景区公关现状。要求景区公关策划人员在策划公关方案之前，应深入了解景区当前的公关状态，如景区在公众中的知名度和美誉度、目前存在的问题、造成问题的原因、景区最期望解决的公关问题、解决这一问题的关键是什么等。第二步，确定景区公关目标。景区公关的总体目标是塑造景区的良好形象，同时，根据景区需要，还存在许多分目标，如长期目标、近期目标，一般目标、特殊目标，传播信息目标、联络感情目标、改变态度目标和引起行为目标，等等。景区应根据环境和当前的实际问题来确定公关活动应该达到的具体目标。第三步，确定景区公众。确定景区公众是景区公关策划的首要任务。只有确立了公众，才能选定需要的公关媒体、公关模式、资金等，才能做到有的放矢，实现效益最大化。第四步，策划景区公关活动方案。它是公关策划的核心内容，主要包括：景区公关策划活动时机、策划活动地点、策划活动媒体、制订公关活动策略和公关预算活动经费等。第五步，景区公关活动效果评估。景区公关效果评估一般是以认知度、美誉度及和谐度为基础来进行评估的。认知度与美誉度的建立，必须通过提高景区公关活动的公众参与度实现，和谐度则指景区公关策划应能够实现各种利益主体利益上的一致性。除此之外，景区公关促销策划还应该考虑到对景区销售业绩的促进与提高方面的效果。

二是景区公共关系策划方法。景区公共关系策划常用的方法有以下几种。第一，主题活动。如海滨每年定期举办沙雕节。第二，节庆活动。如各地区、各民族自己的传统节日。第三，体育娱乐活动。景区充分利用自身优势举办各种体育娱乐活动，如攀岩比赛、风筝比赛、水上运动项目。第四，艺术作品。如邀请作家和艺术家深入景区，体验生活以景区为背景创作作品。把他们的感受写成文艺作品、拍成电影、电视片，以此来推动旅游景区的社会影响力。第五，旅行尝试。如邀请旅游中间商熟悉景区，亲身体验推出的产品，以更好地向旅游者宣传推销。

(4) 景区营业推广策划。景区营业推广策划就是根据景区营销目标，在充分研究旅游市场的基础上，确定景区在某一阶段或某一产品的营业推广目标，针对不同的促销对象，在适当的时机，选择富有创造性、激励性的方式，制订有效的促销行动方案的过程。

景区营业推广策划的运作程序：

一是确定景区营业推广目标。景区的营业推广目标主要有三类：针对旅游消费者的推广目标、针对旅游中间商的推广目标和针对景区推销人员的推广目标。如对旅游消费者的推广目标是增加使用量、鼓励经常和重复购买、吸引潜在购买者使用；对中间商的推广目标是鼓励增加经销量和协助进行促销活动；对推销人员的推广目标是鼓励推销员积极推销旅游产品。

二是选择景区推广方式。根据景区的三类营业推广目标分别策划不同的推广方式，营业推广的方式主要有三类：第一，面向旅游消费者的推广方式，包括优惠券、附赠品销售、有奖销售、免费使用、会员营销等；第二，面向中间商的推广方式，包括折扣、展销、返利、推销奖金、合作广告等；第三，面向推销人员的推广方式，包括奖金、带薪休假、奖励旅游、销售提成、推销竞赛等。

三是制订景区推广方案。包括：推广规模、措施、时间、时机及总预算等内容。

四是实施景区推广方案。景区推广方案确定之后必须实施。在推广方案实施过程中应注意：掌握好工作进度，监督方案的实行情况并及时进行反馈等。

五是景区营业推广效果评估。对活动效果的评估不仅是对此次营业推广活动的总结，而且对于了解该方式的有效性、运用其他营销策略以提高整体营销效率，以及在为以后改进和提高营业推广手段提供丰富的经验教训等方面都有重要的意义。

【同步案例 1－6】

中国旅游日：全国各景区实行多项惠民政策促进消费

2020 年 5 月 19 日是第十个中国旅游日。各地景区在疫情防控常态化的背景之下，推出了多项惠民政策吸引旅游消费，同时通过创新、融合等方式让游客有了更好的体验。

（1）四川和重庆两地山水相连、人文相通，长期以来互为旅游集散地、客源地。为更好地迎接中国旅游日的到来，两地共同举办的“巴蜀文化旅游走廊自由行”活动在成都、重庆同步启动，上百家景区为川渝游客准备了超过百万张免费门票。峨眉山、乐山大佛等 5A 级景区都包括其中，部分景区还针对两地游客，在交通、住宿等配套方面推出了一系列优惠措施。

除了互赠景区门票外，各地景区还通过将文化内容和旅游项目相连接，让游客观景赏景的同时对民俗文化有了更深的了解。

（2）瘦西湖景区木偶表演，这场表演来自江苏扬州，这里拥有大量的非物质文化遗产，当地积极推动木偶表演、弹词、剪纸等非遗技艺，使得景点人气不断提升的同时，让运河文化得到彰显和传承。

（3）安徽省 16 个市面向游客推出景区降价、派发旅游消费券等 250 余条优惠措施，并实施“云上”同步分享，宣传疫情防控、文明旅游等方面的知识。

（4）北京、山东、江西、福建等地的多家景区也在做好防疫防控准备的同时，对市民、游客实行了不同力度的优惠措施，推动文旅市场复苏，满足游客的出游体验。

资料来源：央视网，http：//news. cnr. cn/native/gd/20200519/t20200519_ 525095008. shtml，2020 - 05 - 19.

问题：

结合案例分析景区促销的意义和景区促销的方式。

（二）景区 CIS 策划

1. 景区形象的构成要素

景区形象是一定时期和一定环境下社会公众（包括旅游消费者）对景区认识后形成的一种总体评价，是景区的表现与特征在公众心目中的反映。

（1）景区景观形象。景区景观形象是游客对景区各种景观外貌特征、自然地理、历史文化、民俗风情等要素的直接感知，这是景区形象的基础，它们是景区形象的主导吸引因素。

（2）景区的旅游产品质量形象。景区的旅游产品质量形象是景区所提供的基础设施和旅游产品质量的水平。其中旅游产品质量包括两方面内容：第一，景区对于食、住、行、游、购、娱六大旅游要素的衔接状况所提供的服务；第二，景区在提供服务的过程中所表现出的管理水平和员工之间的协调合作。这是景区形象的核心内容。

（3）景区的社会形象。景区的社会形象包括旅游景区居民的文化素质、对旅游消费者的态度、社区参与旅游的保障机制等因素，都会成为影响旅游景区综合整体形象的因素。

（4）环境要素。旅游景区所在地的政治、经济和社会环境等都会影响旅游消费者对旅游景区以及整个地区的形象认知和评价。

2. 景区 CIS 策划

（1）景区 CIS 策划的概念。

CIS 是英文“Corporate Identity System”的缩写，最常用的含义为“企业形象识别系统”。景区 CIS 策划就是对与景区形象有关的诸要素进行全面系统的设计，通过全方位的信息传送，塑造出为内外公众所认同的整体形象的景区形象战略系统的过程。

CIS 的构成因素：理念识别（MI）、活动识别（BI）和整体视觉识别（VI）。其中，MI 是最深刻的部分，堪称景区的灵魂；BI 是动态的识别形式，像景区的“手”；VI 是静态的识别形式，犹如景区的“脸”。景区对三个要素各有偏重，MI 重在精神，是 CIS 系统的原动力；BI 重在人，是景区人的行为反映；VI 重在物，是传达的媒介或载体。BI 和 VI 是 MI 的表现，MI 则是 BI 和 VI 的内涵。三者相辅相成，有机协调，构成有效的 CIS 系统。顾客满意是景区营销的宗旨，坚持顾客满意是实现和维护旅游景区形象的根本。

景区形象识别系统包括以下几个要素。

一是理念识别。包括景区的使命、价值观、行为准则和道德规范等。

二是视觉识别。包括两部分：一部分是基本要素，有景区名称、标志、标准字、标准色、造型、象征图案、情报传达文书等；另一部分是应用要素，有景区办公用品、用具、招牌、标识牌、建筑物外观、服饰、交通工具、包装设计、工作场所规划等。

三是行为识别。包括对内和对外两部分，对内有员工教育、业务培训、奖罚制度、工作环境、福利制度、部门协调关系、礼仪规范等；对外有市场调查、产品开发、广告活动、公关活动、公益文化活动、信息沟通、竞争策略等。

（2）景区 CIS 策划的运作程序。

一是景区 CIS 导入确立。主要包括景区导入 CIS 的动机、时机和机构。

二是景区 CIS 形势调研。包括景区环境调研、景区的教育情况分析、景区 CIS 现状分析和景区形象调研等。

三是景区 CIS 策划与设计。包括景区 CIS 策划的原则、CIS 策划预算、CIS 创意方法、CIS 行动方案及策划书。

四是 CIS 的实施及管理。包括 CIS 传播（MI 推行、BI 推行、VI 推行）、CIS 实施督导、CIS 效果评估及调整改进。

（三）景区主题活动策划

1. 景区主题活动策划的类型

随着旅游业的蓬勃发展，为聚集旅游人气、宣传特色旅游资源、推动旅游景区发展，各地旅游景区依托各类旅游资源举办各种各样的活动，加大对景区旅游资源的开发和宣传。旅游景区通过举办主题活动、节庆活动、体育娱乐活动、摄影活动等，可以进一步挖掘景区独特的旅游资源，提升旅游的内涵，展示景区独有的历史、文化、资源、美食和民族民俗风情，扩大其知名度，促进相关产业与旅游深度融合。目前旅游景区主题活动从内容上划分，主要有以下几种类型。

（1）自然观光类。自然观光类的主题活动策划一般充分利用当地景区旅游资源优势，或将已有旅游资源产品包装成各类主题的形式。此类主题活动多与生态主题相关，满足旅游者回归自然的需求，具有较强的季节性，适宜配合应季旅游资源开展。旅游者的参与范围广，具有较强的趣味性。例如，春季赏花节、秋季采摘节、冬季赏雪节等。同时主题活动内容的可拓展性较强，在一个主题的支撑下，可以并行开展多种专项旅游活动。如洛阳牡丹节，在节会期间，同时举办赏花、灯展、书画、摄影展、研讨会、洽谈会和游览白马寺、关林、古墓博物馆等旅游活动。

观光类主题活动的开展可以为景区制造声势，积聚人气，扩大景区影响力。作为固定旅游产品定期推出，达到提高重游率的效果。同时，各种主题活动的开展也实现了旅游产品的组合式开发创新。

【同步案例 1－7】

周村古商城暖冬之旅暨梅花节开幕仪式盛大启动

予你一枝梅，同结百年好。2016 年 12 月 21 日，周村古商城“携手百年，周村暖冬之旅”与“踏雪寻梅游古镇，暖冬相约在周村”梅花节主题活动一同拉开帷幕。市、区相关领导及区作家协会、美术家协会、摄影家协会等相聚一堂，赏梅论诗，共享此次赏梅文化盛会。本次活动由周村古商城管委会、区文化新闻出版局、区旅游局主办，山东惟我传媒有限公司、淄博舜唐文化传播有限公司协办，淄博周村古镇旅游开发管理有限公司承办。

上午 9：30，周村古商城暖冬之旅暨梅花节开幕仪式盛大启动，开幕式现场，周村古商城的特色节目精彩纷呈：旗袍秀穿越古今、《红梅赞》演绎经典、珐琅画再现精妙传统工艺、《梅花三弄》琴音绕梁。

岁月带来满头华发，却也带来日益坚定的相守。开幕当天 9 对老年夫妻携手而来，游状元府、杨家大院、瑞蚨祥，赏梅品画之余，景区票证博物馆特为这些夫妻举行纪念仪式，颁发仿古周年纪念证，来见证老一辈弥足珍贵的爱情。

暖人更暖心，周村古商城景区通过暖冬之旅系列活动，向各地游客展示景区特色旅游资源与深厚文化底蕴的同时，使广大游客在此都能得到集食、住、行、游、娱、购的多重游玩体验。

冬至来袭，精彩不断！文人墨客看这里，梅花书画笔会、梅花主题摄影、梅花诗词歌赋摄影作品展，文化之旅由你开启；爱玩爱秀看这里，周年纪念、梅花妆及古装体验秀，畅游之旅乐享不停。参与梅花节线上秀照片，更有特色纪念品等你拿。相约周村古商城，这个冬天，梅玩梅了！

资料来源：中国旅游新闻网，http：//www. cntour2. com/viewnews/2016/12/21/81bTa9dayXttHv5EFlhK0. shtml，2016－12－21.

问题：结合案例说明旅游主题活动对景区发展的作用。

（2）民俗文化类。此类活动多以展现原生态的民俗文化为主题，活动内容丰富多彩，表现形式多样。配合景区文化特色组织开展，将民俗文化元素尽量多地融入其中。如傣族的泼水节、内蒙古的那达慕大会等。同时活动具有较强的参与性，游客在参与中得到尽情的释放和享受。

这些活动的开展有利于提升和传播景区文化内涵，增强景区吸引力，树立独特的旅游景区形象。例如，“2016 中国 · 承德冰雪季”启动仪式，在避暑山庄德汇门广场举行承德少数民族体育项目展演，活动内容包括背杆儿、二贵摔跤、柔力球、太平鼓、霸王鞭、马叉、抬杆儿 7 个项目。同时冰雪季期间举办多项民俗活动，在围场县伊逊河冰场，举办冰上龙舟争霸赛，内容包括专业冰上竞技龙舟赛、冰车竞速赛、冰上自行车竞速赛以及漂移车、传统民族龙舟体验活动。在普宁寺广场举办承德皇家热河庙会，活动内容包括文艺演出、大型游艺、特色美食、商品展卖等。承德冰雪季活动期间，以冰雪为主题，融合当地传统民俗活动，起到了为景区聚集人气、提升景区文化内涵的重要作用。

【同步案例 1－8】

2016 中国承德旅游冰雪季

2016 中国承德旅游冰雪季期间，12 月 24 日 10：30—11：10 在避暑山庄冰场举办冰嬉大典，活动内容包括鼓乐欢腾、皇家冰嬉、龙舞盛世、欢冰乐雪 4 个章节，总时长约 40 分钟。整个冰雪季期间推出《冰嬉大典》演出，冰嬉大典精华“九龙转珠”，时长 15～20 分钟。同时 2016 年 12 月 17 日至 2017 年 3 月 15 日举办承德冰雪季摄影大赛，以展现承德冬季旅游魅力为主题，聚焦承德冰雪温泉旅游、木兰围场风情、金山岭长城冬韵、春节民俗文化活动，吸引国内外摄影爱好者、摄影艺术家来承采风创作。2016 年 12 月 24 日至 2017 年 2 月中旬，在双滦区鼎盛文化产业园区举办鼎盛皇家灯会，活动内容包括 45 个灯组，广场区、美食区、卡通区、民俗区、财神区 5 个区域。2016 年 12 日 20 日至 2017 年 3 月 20 日在普宁寺前举办河北鲲鹏盛世极地灯雪欢乐总会，活动内容包括冰挂参观、冰场运动、儿童娱乐、冰雕观赏等。冰雪季还推出皇家冰瀑旅游季，2017 年 1 月 6—26 日在兴隆县安子岭乡天桥峪村举办观赏冰峰、冰雕、冰挂、冰灯、冰洞，举办冰上运动比赛、高山滑冰体验等活动。

资料来源：“甄嬛传”中的大场面将在承德真实上演！这个冬天承德将向全世界证明自己！承德贴吧，2016－12－09.

问题：结合案例分析民俗文化类景区活动应该如何进行活动策划。

（3）参与体验类。此类主题活动具有很强的参与性和互动性，旅游者就是参与者。通过参与，旅游者可以全方位地感受旅游的乐趣、体验当地的文化，如漂流节、滑雪节、美食购物节、冬季捕鱼节等。

这些主题活动对旅游发展具有引导作用。从简单的观光旅游到深层的体验旅游，不仅可以指导游客更好地参与旅游活动，加深对旅游景区的了解和感受，而且提高了旅游者的旅游意识，加深了对景区文化内涵的理解，对旅游目的地产生很好的品牌带动效应。例如“夜泊绍兴风情游”，便是将传统的观光旅游转化为体验旅游，增加了旅游的趣味性、文化性和情景性。游客通过坐乌篷船、品绍兴酒、看社戏、兰亭写书法等一系列参与性活动，切身感受到了绍兴浓郁的水乡风情和古城风味，使绍兴江南水乡文化在游客心中鲜活了起来，从而提升了绍兴旅游品牌的内涵。

（4）体育赛事类。此类主题活动是指景区充分利用自身优势举办各种体育娱乐活动、竞赛赛事，策划包装各种全年主题活动，通过一系列市场运作，吸引了各项体育赛事等活动落地景区。当前旅游正从传统的观赏性旅游向体验型旅游发展，而体育旅游则为消费者提供了较好的体验式旅游需求，跟着赛事去旅游，“体育 + 旅游”已经成为假日旅游的新风尚。景区也通过放大体育旅游效应，借助体育比赛创造热点，体育产业为“旅游 + ”带来了乘数效应。各举办景区通过比赛向选手及观众展示城市风貌、人文景观和城市文明，各项体育赛事成为展示城市形象的新名片。成熟的体育旅游不仅是一项赛事或是旅游产品，更要被当成一个品牌进行运作。举办赛事之余引导人们游览景区，休闲购物，从而催生巨大的市场需求，由赛事产生的旅游、交通、住宿、餐饮等消费大幅增长，提升了城市知名度，促进了经济发展。

例如，2016 年承德冰雪季活动期间，在承德避暑山庄冰场举办冰上自由式轮滑赛、全国大众速度滑冰赛、“承德避暑山庄杯”第五届国际冰球邀请赛、“承德避暑山庄杯”第三届国际班迪球推广赛等赛事。

【同步案例 1 – 9】

去景区参加体育比赛越来越流行　体育产业为“旅游 + ”带来乘数效应

“最近你跑了吗?”你的朋友圈有没有被马拉松跑友刷屏？有机构发布《体育旅游参与现状调查报告》显示，在目前的体育旅游项目中，山地户外运动类最受欢迎，占总数的 43.57%，而登山、徒步、露营则是人们尤其热衷参与的项目。马拉松赛、徒步赛、山地赛……嘉兴各大景区也纷纷挖掘体育旅游这片蓝海，户外运动比赛成为景区的热门“IP”，从小众人群的爱好到大众参与，体育旅游已站在了风口上。

今年的里约奥运会结束后，老百姓对于体育比赛的关注点也在悄然发生变化，从专注于金牌数量的“举国体制”开始走向全民体育的模式。有统计显示，我国现阶段对体育旅游非常感兴趣的人群集中在 25 ~ 45 岁，体育旅游如果按照观赛类、健身类、极限类三种进行划分，其中健身类游客占七成。

包括观看欧洲杯、世界杯、奥运会等在内的“观赛游”是大家熟知的体育旅游模式，然而携程的数据显示，那些门槛较低、群众参与度较高的户外活动也是十分热门的体育旅游类别，包括马拉松、骑行、徒步等。近年来，嘉兴各大景区也在放大体育旅游效应，借助体育比赛创造热点，尤其是进入 10 月，几乎每个周末都能在景区内看到形态多样的体育活动项目。

1. “奔跑年”让客源结构更年轻

南北湖景区相关负责人告诉记者，得益于景区拥有山、湖、海、林、洞多种生态环境的特色，目前每年上半年和下半年各有一场马拉松、跑山以及徒步比赛。而围绕着“奔跑”，景区方面也策划包装了南北湖“为爱约跑”等全年主题活动，通过一系列市场运作，吸引了绿行浙江活动首发仪式、上海海银财富的 18 公里挑战赛、“为爱约跑 · 恋玫莎之夜”等活动落地南北湖景区。

“户外运动的参与主体是年轻人，通过这些活动，以往单一的客源结构发生了改变，游客群体更为年轻化了。”景区负责人告诉记者，而为了能更符合户外活动的举办需求，景区方面也在不断对配套设施进行调整，包括景区标识、路牌以及步道路线等都在进一步完善，原本前往最高峰的上山路是泥路，如今也改成了石板路。

2015 年被称为南北湖景区的“奔跑年”，借助于一系列体育赛事活动，近年来，南北湖景区的“旅游 + 运动”品牌也逐步打响。除此以外，南北湖景区还策划了“橘子周末”、影视基地游、湖羊肉文化节等户外活动，丰富了景区的户外体系，“月月有活动”也成了南北湖景区的一大特色。

2. 体育旅游成景区热门“IP”

通过里约奥运会的马拉松比赛，全世界的观众跟随参赛者的脚步丈量了里约这座城市，城市马拉松不仅仅是一场全民狂欢——从表面上看，举办城市通过比赛向选手及观众展示城市风貌、人文景观和城市文明，马拉松赛成为展示城市形象的新名片。如今，成熟的体育旅游不再仅仅被看作一项赛事或是旅游产品，而要被当成一个品牌进行运作，被视为对地区形象和经济收入实现全面带动的大“IP”。

体育比赛对旅游的溢出效应在嘉兴已有体现。从今年 5 月份开始，浙江省第二届女子体育节的各项赛事就持续在嘉兴举行，这不仅仅是全省体育的焦点之一，也是展现体育文化的流动风景。值得关注的是，本届女子体育节主办单位较上一届增加了旅游部门。为期 6 个月的比赛，共有近 5 万人次参赛，为嘉兴吸引了大量的人流。而在比赛过程中，嘉兴充分考虑体育与旅游的融合发展，把赛场安排到梅花洲、南北湖等自然风景区，举办赛事之余引导人们游览月河历史街区、西塘、乌镇，介绍海宁皮革城、嘉兴丝绸、雅莹等休闲购物游，催生了巨大的市场需求，提升了城市知名度，促进了经济发展。

“体育 + 旅游”，1 + 1 早已大于 2。有统计显示，今年 1—4 月，全国各地举办了 311 场各类大型体育赛事，观赛和参赛共计 338 万人次，由赛事产生的旅游、交通、住宿、餐饮等消费达 119 亿元，对举办地的经济拉动超过 300 亿元。国家旅游局的数据则显示，去年，中国体育旅游实际完成投资 791 亿元，同比增长 71.9%。

《浙江省人民政府关于加快发展体育产业促进体育消费的若干意见》指出，“建设环杭州湾、环舟山群岛、环太湖和环浙南等运动休闲发展带”，“培育创建一批体育特征突出、产业基础较好、产业融合潜力较大的特色小镇”。目前包括嘉兴在内，以及湖州、绍兴等地也已行动起来了，或规划、或申报、或建设……看中的正是体育产业为“旅游 +”带来的乘数效应。

资料来源：南湖晚报，http：//news. gmw. cn/newspaper/2016 - 10/25/ content_ 117380737. htm，2016 - 10 - 25.

问题：

（1）结合案例说明体育产业为“旅游 +”带来哪些效应。

（2）分析“体育 + 旅游”模式的发展趋势。

2. 景区主题活动策划的原则

旅游主题活动，是一项需要长期经营、投入的旅游产品，需要精心策划。旅游主题活动策划应从概念上、形式上和内容上进行创新。旅游主题活动的策划需要遵循以下几个原则：

（1）创意创新。创意是活动策划的灵魂，是创意性思维的起点和终点。景区通过主题活动，让旅游者体验到愉悦、健康、休闲和品位。同时，要注意活动内容和形式上的创新，要与活动主题切合，具有较强的市场运作能力。

（2）主题鲜明。旅游的最终目的是寻求文化体验，而没有文化便失去了活动应有的内涵和感染力。景区主题活动是对当地旅游资源的深度挖掘和创新利用，它要与景区所要表达的主题文化相贴近，与景区旅游形象相得益彰。主题是景区活动策划的核心，主题的优劣关系到活动成败。活动要做到主题鲜明，名称要易读易记，字义吉祥，最好具有促销、广告和传播作用。

（3）可行性。景区的主题活动策划要遵循客观原则，目标贴近现实，理念贴近现实，策划方案要具有可行性。

【同步案例 1－10】

“爱要说出来，带妈妈去旅行”洛阳老君山感恩活动
——带妈妈去旅行　母亲节洛阳老君山景区免门票

5月11日，母亲节，每到这个时刻，总是充满了无限温馨。在母亲节即将来临之际，洛阳老君山景区推出感恩活动：“爱要说出来，带妈妈去旅行”。凡关注老君山微信公共平台，且自驾到老君山景区的（含7座以下车辆），并说出想对妈妈说的话（语音、文字不限），在5月11日当天来老君山景区，即可享受“母亲免门票、陪同子女门票半价”的优惠活动。

“对妈妈说的话”在5月11日凌晨0点前截止，我们将会将精彩的文字在老君山官网、老君山官方微信、老君山官方微博展现。具体内容请关注老君山风景区官方微信。

资料来源：河南—百度，http：//www. henan 100. com/lvyou/2014/350908. shtml，2014－05－09.

问题：分析此主题活动的意义是什么，对景区产生的影响是什么。

（4）资源整合。景区的旅游资源是多维度的，包括物质的和非物质的，自然类的和人文类的。景区活动策划要遵循整合原则，明确性质整合资源，充分挖掘隐形资源。景区可以利用的元素是广泛的，可以是已有的，也可以是创造的。如“西湖·西施故里荷花会”，撷取古诗“欲把西湖比西子”，巧妙地将美丽西湖、美人西施和美景荷花整合、连缀在一起，相互衬托达到美的统一。西湖是自然类的资源、西施是人文类的资源，荷花会上所展现的地方戏曲、书画、美食则是物质和非物质文化的结合，对于西施来说，西湖、荷花便是寻找来的文化元素。借题发挥，起到了事半功倍的作用。

（5）安排合理。围绕主题，利用资源，设计多种类型的活动内容，形成包括演出、休憩、游览等在内的主题支撑系统。同时注意活动安排的顺序性。如杭州市连续举办数届的“相约西子湖”活动，便是以继承和发扬西湖人文精神为主题的文化活动，每年的活动安排都会精心组织、精心安排，使活动跌宕起伏，从多个侧面来阐述和表现西湖文化，深深吸引了海内外众多文化人士的热情参与和支持。

（6）塑造品牌。旅游主题活动只有通过品牌化运作和管理，才能形成持久的综合效益，只有品牌化的旅游活动才具有持久的生命力。品牌是唯一的、独特的，品牌的构建需要深入挖掘景区的文化内涵、创新文化表现形式。如“杭州龙井开茶节”，将龙井茶文化赋予开茶节节庆活动之中，扩大了龙井茶的品牌影响力和茶产地的知名度，带动了当地旅游业的发展。目前这一节庆活动已经成为当地最有特色的旅游品牌，有效地延长了当地旅游产业链，收到了良好的社会效益。

一个具有长久生命力的旅游活动，必须围绕一定的主题和特色，把旅游活动做成一项真正的旅游产品进行策划、包装和营销；同时，通过活动的影响力将一般产品提升为品牌产品，即活动产品化、产品品牌化，以达到产品增值、品牌提升的目的。

3. 景区活动策划的程序

（1）市场调研。通过市场调研，了解外来游客与当地居民的需求，掌握可以挖掘和调动的相关资源，可以使用的传播媒介，评估可利用活动资金以及社会环境调研等。

（2）活动策划的内容。包括确定活动主题、成立组织机构、策划活动项目、拟订活动方案、进行费用预算、拟订筹资方案、进行营销策划、拟订传播方案。

（3）活动实施。

（4）活动评估。

4. 景区主题活动策划的方法

（1）确定主题。

（2）准确定位。

（3）宣传促销。

（4）组织管理。

【同步案例 1－11】

“梦幻腾格里，浪漫中秋夜”主题活动策划书

一、活动目的及意义

中秋节是中华民族的传统佳节，传递着民族深厚的文化，寄寓着人们美好的感情。中秋之夜，皓月当空，清辉洒满大地，赏月正当其时。在20××年中秋佳节即将来临之

际，沙坡头以奇秀天下的沙漠风光，良好的休闲度假设施，和广东丹霞山、陕西华山等七家旅游景区一起被国内资深驴友推荐为“全国七大赏月圣地”。为了将这一网络事件成功地植入销售市场，借助沙坡头已有的品牌知名度和市场影响力，借势造势，精心打造沙坡头“沙漠赏月”的旅游品牌，让前来沙坡头旅游的游客置身于万籁俱寂的腾格里沙漠，吃月饼、烧烤，品美酒、佳酿，体验“一轮明月高悬头顶，只见浩瀚缥缈的银河……”这一绝妙意境，浮想联翩，流连忘返。景区策划系列主题营销活动，推出集项目娱乐、住宿、餐饮、休闲为一体的中秋节消费套餐，掀动“中秋节”参与热潮，带动本市及外地来旅游消费人群的消费热情，为十一黄金周旅游市场“井喷”提前预热造势，进一步树立沙坡头休闲度假旅游品牌。

二、活动主题：梦幻腾格里，浪漫中秋夜

三、活动时间：20××年9月22—24日

四、活动地点：海市蜃楼

五、人数参与规模：50~100人

六、组织领导：略

七、活动内容

1. 举办酒吧演艺，邀请中卫市本土乐队2~3支激情献唱。

2. 卡拉OK明星秀。

3. 观海楼天文赏月。

4. 酒吧化装舞会。

5. 欣赏绚丽沙漠焰火。

6. 午夜浪漫影院（通宵经典影片连放）。

7. 活动现场举行抽奖，抽中者即可领取精美礼品一份。

八、产品策划

80元套餐（1人）：含冷餐、果盘、月饼一份，自酿黑啤一扎，景区观光车上下接送和沙漠巴士或自驾车（海市蜃楼—大漠人家的往返接送），酒水、烧烤另计。

680元套餐（2人）：含沙漠酒店（沙景房、天景房、沐浴星空房）住宿一晚（含早餐），景区观光车往返、骆驼往返和沙海冲浪，同时享受80元套餐；酒水、烧烤另计。

凡在活动当日入住沙漠酒店的游客（未购套票者）可享受酒店7折优惠，并赠送早餐。

九、活动推广

（一）票务销售

1. 上门销售，由景区工作人员上门销售套票。

2. 景区销售，接待部负责套票销售。

3. 旅行社代售：沙坡头旅行社为活动票务代售点（每售出一张，旅行社按票面金额

10%提成）。

（二）活动宣传

1. 在景区门口放置广告牌（广告采用喷绘为主，条幅相结合的形式）

2. 中卫电视台字幕游播广告投放6天，每天黄金时段播出3次，《中卫日报》刊登四分之一版套红广告3期。

3. 手机短信群发（目标客户群1000人）。

4. 沙坡头网站、探险俱乐部网站首页设置游标广告，介绍活动时间，设置活动宣传专版。

5. 印制中秋节活动宣传单页1000份。

十、氛围营造

1. 景区门口、沙漠酒吧前悬挂横幅、灯笼，门口、电瓶车及海市蜃楼各放置喷绘展板。

2. 沙漠酒吧悬挂“中秋、国庆”POP广告、气球等，酒吧及餐厅室外廊檐悬挂灯笼20个。

3. 沙漠酒吧前设置拱门一个及中华柱两个。

4. 篝火演艺台设置音箱、灯光等。

5. 观海楼放置口径120mm折射天文望远镜两台。

十一、活动预算（略）

资料来源：http：//www. 027art. com/fanwen/chfa/2486052. html.

问题：你认为案例中的主题策划活动是否具有可行性？为什么？

任务实施

1. 将学生分成若干个实训组，每6～8位同学分成一组，每组确定1～2人负责，根据实训内容和项目需要进行任务划分，确保组织合理和每位成员的积极参与。

2. 对学生进行景区营销策划培训，选择几类不同旅游景区作为任务实施的单位。

3. 各实训小组分别选择1～2家景区，在重点参与和体验其“旅游景区促销策划”“旅游景区营销策划”的过程中，按照“实训要求”完成各项实训任务。

4. 各实训小组在实施“旅游景区促销策划”“旅游景区营销策划”的过程中，融入信息收集、处理，与人沟通、交流、合作，解决问题，创新能力和职业道德等的相关训练。

5. 各实训小组撰写“旅游景区促销策划方案”“旅游景区营销策划方案”。

任务评价

详见教材附录二、附录三。

策划案例

避暑山庄营销策划案

摘要：避暑山庄作为世界文化遗产，不仅继承与发展了中国五千年的造园艺术，更由于康乾盛世的历史背景和农耕文明的结束，使其所表达的文化内涵之广、之深前所未有。避暑山庄作为一个“文化符号”，以其“集传统文化之大成”的主题形象展示于人，通过发展文化旅游产业的方式，发挥避暑山庄在文化传承中的载体与平台作用，是时代发展赋予避暑山庄的责任。本策划案在对目前国内外旅游市场现状及承德避暑山庄现有营销策略分析的基础上，进一步明确避暑山庄的主要竞争对手，并进行有效的SWOT分析，然后根据所确定的营销目标，制定了避暑山庄的STP策略和4P策略，最后通过主题活动策划案的实施，为把避暑山庄打造成为国际旅游知名品牌奠定了一定的基础。

一、市场分析

（一）市场现状和策略

1. 市场现状分析

进入21世纪以后，随着经济水平及消费水平的提高，西方发达国家旅游业经历了一个快速、持续平稳的增长期。在国际旅游市场迅猛增长的同时，我国迅速成为世界重要客源输出国并保持世界主要旅游接待国的地位，且有望成为世界最大的旅游市场。我国的旅游业较长期地保持7%的年均增长率，已成为国民经济新的增长点。旅游业带动了相关产业和社会经济的全面发展，已成为我国经济发展的支柱性产业之一。

目前，承德市形成了拥有一批旅游精品（正式开放的旅游景区50余处，其中世界文化遗产2处，4A级旅游区5处，国家旅游风景名胜区1处，国家级森林公园4处，国家级自然保护区2处，省级森林公园10处），旅游交通条件得到明显改善，旅游接待能力不断提高，旅游队伍日益壮大的现状。

2. 避暑山庄营销策略

目前承德避暑山庄所采取的策略：

产品策略：主要体现产品大环境优势、产品区位优势、产品资源优势。并成立承德旅游营销联盟，整合旅游资源，形成完整的旅游产品。

价格策略：采用低价策略，旅游淡季门票90元，旅游旺季门票145元。

分销策略：采取办事处、合作制、代理制三种方式来整合渠道资源。

促销策略：方式包括人员促销和非人员促销两类。具体策略：展会促销、广告促销、免费媒体、人员促销、联合促销等方式。

（二）主要竞争对手分析

避暑山庄的竞争对手众多，如北京八达岭长城、北京明清故宫、沈阳故宫、西安秦始皇陵兵马俑、山东曲阜孔庙、甘肃敦煌莫高窟等。其中承德距北京仅256公里，北京故宫与承德避暑山庄既同属于文化景观又同属5A级景区，北京故宫和避暑山庄是清朝的两个政治中心，又称为“冬宫”“夏宫”。所以，北京故宫为避暑山庄的主要竞争对手，直接影响到避暑山庄的旅游市场。

北京故宫优劣势分析：

优势：旅游资源丰厚，交通便捷。

北京故宫是现存最完整的皇家宫殿，是明清两代的故宫，历经了明清两代24个皇帝，是世界上最大、最完整的古代宫殿建筑群。里面不但收藏了很多世界上绝无仅有的无价之宝，而且是收藏文物最丰富的博物馆。它充分体现了中国丰富的文化底蕴，同时也显示了工匠师们在建筑上的卓越成就。

北京不仅是连接我国东北、西北和中原地区的枢纽，南北往来的交通要道，又是现代化都市，也是中国旅游资源的富集地和世界著名的旅游目的地。故宫作为著名皇家园林，由于北京市自身的迅速发展，使得更多的游客能够身临其境，体会这500年前的历史文化。

劣势：自然环境欠佳。

故宫位于北京市中心，自然环境质量差，如噪声大、空气污染严重等；开放时间较短，文物保护仍待完善，缺乏专业的技术人员；对游客的管理不完善，导致环境污染，文物破坏等问题。

（三）外部环境分析

1. 经济环境

21世纪前20年，是我国现代化建设的重要战略机遇期，也是我国实现世界旅游强国目标的战略机遇期。这一时期，我国旅游业发展面临许多机遇，其中包括我国经济社会加速发展和人民收入水平大幅度提高，这些有利条件和发展机遇，将旅游业带入了强劲发展的黄金期。

2. 竞争环境

当前国内的旅游形势竞争愈加激烈，国内著名景区数不胜数。与避暑山庄有着相似文化内涵的人文景观不乏少数。如山东曲阜孔庙、孔府、孔林，北京八达岭长城、故宫博物院，西安秦始皇陵兵马俑及甘肃敦煌莫高窟。其文化更为深厚浓烈。直接影响着避暑山庄的旅游市场。

3. 政府环境

目前，旅游业发展越来越快，国家对其支持程度也越来越大，政策也是逐步放宽。“政府主导型”是我国旅游业发展的一条成功经验。承德旅游业也是在政府主导的基础上发展起来的，从现状来看，进一步发挥政府主导作用仍然具有重要意义。

（四）避暑山庄的SWOT分析

避暑山庄的优势：著名旅游城市形象已经形成，深厚的文化底蕴、丰富的旅游资源、日益改善的旅游环境。

避暑山庄的劣势：新的旅游产品开发乏力，产品文化内涵有待进一步开发，旅游附属产业发展滞后。

避暑山庄的机会：经济迅速发展，人民收入大幅增加；旅游业整体升温；文化旅游和特色旅游兴起；区域合作给旅游业带来发展空间；承德正打造国际旅游城市。

避暑山庄的威胁：国内旅游业竞争的加剧；各种不确定因素增多，缺少应急方案。

二、营销策略

（一）营销目标与预期效果

围绕已制订的市场目标，配合承德市正在开展的打造国际旅游城市的活动，我们力争在2014—2016年三年的时间里，将承德避暑山庄塑造成"中国唯一的古代主题公园"，进一步提高其知名度，将其打造成国际著名旅游景区。

（二）目标市场及定位

京津地区：是承德最大的客源地之一。所以避暑山庄营销宣传重点便是要继续锁定该市场。同时，根据该地区人们收入高、闲暇时间零散的特点，采取散客自驾游策略。这种策略的灵活性可以满足他们自由去往的需求。

河北地区：游客多属中端消费者，消费特点是经济、实惠。可采取优惠政策，团队旅游可提供食、住、行、游、购、娱等全方位的服务。

东北地区：属于可开发空间较大的市场，采取区域联合营销策略推广市场。

毗邻河北地区：该地区面积较大，游客多属中端消费者。针对游客分散的特点采取联合同乡会、旅游协会、旅游企业组织以扩大避暑山庄的知名度。

避暑山庄定位："中国唯一的古代主题公园"。

（三）避暑山庄的营销组合（4P）策略

1. 产品策略

承德避暑山庄始建于1703年，占地564万平方米，是世界现存最大皇家园林，于1994年被联合国教科文组织列入《世界遗产名录》。避暑山庄按中国地理形貌选址设计，以西北山区、东南湖区、北部平原区直形状地貌构成中国版图的缩影。园内亭、阁、轩、榭、庙宇等120余组，最具特色的是"康乾72景"，融南秀北雄为一体，集全国名胜为一园，可谓"山庄咫尺间，直作万里观"。

（1）现有产品。

主要人文景观：烟雨楼、文津阁、松鹤斋、四知书屋等。

主要自然景观：热河泉、万树园、南山积雪、湖区等美不胜收。

主要基础服务设施：环游车、游船、买卖街。

避暑山庄烟雨楼

避暑山庄金山亭

（2）新产品开发策略。

①夜游山庄：将湖区以绿色等绚丽灯光装饰，18：30—21：30对外开放，门票三折优惠，游客可以在这里乘凉，散步。

②山庄茶艺展：每年6—9月份，每晚19：00—20：00，进行为时1小时的茶艺表演，并有古筝伴奏，将山庄茶艺尽善尽美地展现在观众眼前。

③热河温泉：将热河水引出园外，建造高档温泉区，四季开放。内设藏药池、人工添加中药材，有解除疲劳、提神等功效，天然矿物质泉水等温泉区。

④水幕电影：在如意湖南端建水幕电影设施，夏季与秋季19：00—21：00，每天播放水幕电影，供游客休闲。

2. 定价策略

避暑山庄园内亭、阁、轩、榭、庙宇等120余组，“康乾72景”，融南秀北雄为一体，集全国名胜为一园。现门票价格为145元（旺季），90元（淡季）。合理的旅游价格决定着旅游企业经营是否成功。我们将采取质价相符的定价策略。

3. 分销策略

渠道建设是市场营销的关键环节。结合目前国内旅游市场的发展趋势，经过市场调研，运用现代企业在产品销售中市场运作的成功模式，结合旅游产品的特点，在销售渠道方面采取：旅游产品生产者→旅游产品批发商→旅游产品零售商→旅游消费者这种渠道模式来整合渠道资源，建立科学、完善、有效的营销网络。

4. 促销策略

在避暑山庄的促销推广过程中，我们根据产品的特点和营销目标，综合各种影响因素，采取了不同的促销手段。

（1）人员促销。驻外营销各办事处联合承德当地企业共同促销、联络媒体及时发布景区信息、为旅行社提供咨询服务、走进社区学校企业开展宣传等。根据“突破重点”的原则，将人员促销重点放在京津地区、河北地区，设置北京、天津、唐山、秦皇岛、保定、廊坊办事处。

(2) 广告促销。根据不同市场的个性化需求进行相应的广告宣传。以电视为主，辅以广播、网络、报纸等媒体。

针对学生市场：根据游客调查分析，大学生出游的高峰期主要集中在每年的4—6月份以及10月份，出游线路以周边旅游为主，多集中在一日游和两日游，80%大学生出游的信息渠道以校园广告、网络为主。据此在北京、天津200所高校广告的投放主要以校园宣传栏、校园BBS、配合景区活动推荐承德避暑山庄。

针对承唐、承朝高速：在唐山电视新闻频道、辽宁都市频道播出高速开通信息。

专业机构促销策划：继续委托合作公司对避暑山庄进行宣传方案的整体策划与实施。

同时，还可利用高速公路广告牌、车身广告、墙体广告等媒体方式进行广告宣传，这些方式更接近人们的生活，更易被人们所接受。

(3) 展会促销。避暑山庄可通过参加各类展会，大量发放旅游宣传品，以提高避暑山庄及周围寺庙在旅游业界的知名度，加强与旅游业界的交流与合作。

(4) 活动促销。为了让更多人认识和了解承德避暑山庄，除了在广告、媒体上投入大量资金外，同时，在2016年还将举办一些具有文化意义及娱乐性的活动，如避暑山庄形象大使选拔赛、摄影大赛、冰雪节、冰上运动项目等。

活动名称	活动时间	活动内容（地点）	优惠手段
喝山庄老酒免费游山庄	2017.5	将“山庄老酒——承德避暑山庄”十个字印于包装盒盖内侧，消费者集齐这十个字并将印字部分完整剪下，到购买点兑换奖品	奖励山庄门票或山庄铁帽子酒一箱
钓鱼大赛	2017.6	武烈河边举办限时2小时的钓鱼大赛，钓得最多者获胜	可获得钓鱼设备一套、山庄俯瞰模型一套
啤酒节	2017.7	每四个参赛选手一组，限时三分钟，谁身前空酒瓶≥5即为获胜 举办地点：德汇门	赢家可得山庄门票
导游大赛	2017.8	选手现场发挥介绍康乾七十二景。由选手抽签决定比赛景点，前三名有机会参加山庄专业导游培训	颁发荣誉证书
摄影大赛	2017.9	以避暑山庄为摄影背景，作品统一放到官网，最后网民选出最佳作品	奖励高级摄影器材一套，冠军可以山庄为主题拍摄特写并免费为其出版
避暑山庄形象大使	2017.9	选手身高170cm以上，五官端正，比赛方式以知识竞答为主晋级。	精美清服一套，并可在山庄内免费拍摄写真

(5) 网络促销。推出英文、韩文、日文外语网站；网上预订系统，包括门票、住宿、餐饮、娱乐、纪念品五个预订系统；与新浪网等联合，举办“避暑山庄文化使者网

络选拔大赛”等，进一步扩大影响，提高避暑山庄的知名度。

三、行动方案

1. 主题：皇家文化之旅

联合全国最大的清代皇家寺庙群——承德外八庙，清代皇家游猎场所——木兰围场，中国现存规模最宏大、体系最完整、保存最完好的帝王陵墓建筑群——遵化清东陵，中国历代帝王陵墓建筑群最高水平建筑——易县清西陵，举办“皇家文化之旅”活动，感受清代皇家文化、领略皇家建筑和园林的风采。

此次活动分为两部分：一是邀请全国有影响的电视台（如中央九套节目组）针对这五个景区的历史、文化、现状做一期专题节目；二是组织主题为“皇家文化游”的旅游活动。

2. 活动邀请媒体

电视媒体：中央纪录片台、旅游卫视、河北卫视。

平面媒体：《中国电视报》《北京晚报》《燕赵都市报》《辽沈晚报》。

网络媒体：百度网、腾讯网、九游网、猫扑网，并在避暑山庄官方网站上做大幅报道。

3. 活动时间：2016 年 9 月

4. 活动地点：承德、唐山遵化、保定易县

5. 活动邀请人员：明清史研究专家、文物局领导

6. 活动预算：1500 万元

7. 活动安排

（1）宣传片制作。邀请中央九套相应的节目组对此次皇家文化五个景区的历史、文化、现状及价值做专题节目。分别介绍避暑山庄、外八庙、木兰围场、清东陵、清西陵。

（2）活动行程。旅游活动是沿着皇帝的足迹规划线路，即避暑山庄→外八庙→木兰围场→清东陵→清西陵。此次活动采用联票制，活动票价优惠到 500 元（门票），具体游览天数依具体情况而定。

避暑山庄：体验皇家建筑、园林的“天人合一”风格。

外八庙：体验皇家宗教文化的发展，及其在宗教历史上的唯一性。

木兰围场：体验皇家狩猎的氛围与气势及自然环境的优美。

清东陵：体验皇家陵墓建筑的文化内涵及珍贵文物。

清西陵：体验历代帝王陵墓建筑最高水平的陵墓群。

效果评估：在本策划案的实施过程中，对避暑山庄运用现代化营销理念，有计划、有步骤、有创造性地开展旅游市场营销工作，力争在目标时间内，进一步提高承德避暑山庄的知名度和美誉度，旅游接待人数增长率保持 30% 的速度，年旅游综合收入突破 2 亿元大关！

任务二

旅游酒店企业营销策划

【学习目标】

● 知识目标

1. 了解酒店企业市场调研的基本方法和主要内容；

2. 掌握酒店企业STP相关理论知识，能够透彻分析酒店的客源市场；

3. 明确酒店有形要素展示的营销意义，掌握价格策划、酒店渠道策划、促销策划的主要理论知识。

● 技能目标

1. 酒店目标市场选择及市场定位技能；

2. 能够利用有形要素展示进行酒店营销策划；

3. 利用市场营销组合各要素进行酒店营销与策划的技能。

【任务布置】

1. 酒店企业公关专题活动策划；

2. 撰写旅游酒店营销策划方案。

【案例导入】

雅高成为华住中高端路上重要盟军

借助美居国际化的调性，华住希望将美居打造为其旗下中高端的典型。雅高正在成为华住迈入中高端的重要盟军。

2018年5月23日，雅高旗下美居品牌杭州钱江新城酒店正式开业。该店位于杭州地标浙江财富金融中心的52～57层，拥有超高视野和江景，华住将这家美居标签定为“全球最高的美居”，一位参加开幕式的成员感慨：“这江景起码值三百块！”在刚刚发布的一季度财报中，美居实现了同店RevPAR12.6%的增长率。

2016年，华住正式接管雅高旗下的五个品牌——美爵、诺富特、美居、宜必思尚品和宜必思的在华经营权，其中美爵、诺富特和美居均为中高档品牌，美爵为高档品牌，等级均高出目前华住体系内大部分品牌。

“如何同时兼顾国际调性和运营效率是最关键的问题”，有多年高档酒店管理经验的华住酒店集团高档事业部CEO孙武在接受界面新闻记者专访时表示。

“跨国酒店集团在华业务亟待升级，这为华住带来了机会”，孙武表示。高档酒店一直不是一个能赚快钱的生意。目前跨国酒店集团在华运营效率低、盈利情况不乐观，孙武认为，一方面，由于跨国集团在华追求产品大而全，带来高昂的成本，当时正好也是中国的人口红利期，而现在这个红利期正在成为过去时。另一方面，跨国酒店集团在国外的加盟（委托管理）比例极高，加盟业主对单店的话语权更高，集团管理较为分散。而华住从标准化的经济型酒店起家，集团总部形成强管控的风格，更利于控制成本、集约化管理。

在托管华住后，美居的开店速度加快：目前美居在华的开店数量为28家，今年将新开20余家。这样的速度相比托管前已经翻了好几倍。孙武表示，选址标准也更严格，并且用直营店来打磨。

美居国际品牌的调性也丰富了华住在中高端的层次。此外，去年2月华住宣布36亿元收购桔子水晶集团，随后发布轻奢品牌CitiGO，均在全季的标准上向高端方向前进。

在中高端的路上，以传统租赁物业为主的华住也有了新的尝试：今年1月，华住与资产管理公司TPG共同以11.8亿元人民币全资收购其旗下的两家酒店地产，改造为中高端品牌。华住通过此次收购，可以锁定黄金地段，有利于持续运营中高端品牌旗舰店。因为高端酒店并不十分适合采用租赁模型：高端酒店投入大、回报期长，租赁无法保证投资的回收。

2016年，华住与雅高缔结联盟，除了上述五个品牌，雅高继续主导其在中国奢华及其他高端品牌的发展，包括索菲特、铂尔曼、美憬阁和诗铂，华住将在这些品牌业务中持有10%的股份。同时，雅高将持有华住10%的股份和一个华住董事会席位。在华住的最新一季度财报中，称已对雅高进行战略投资。

财报显示，由于中高档酒店占比提升，2018年第一季度华住旗下酒店的ADR（已出租客房的平均房价）同比去年增长13.9%，为207元人民币。受益于ADR的提升，一季度RevPAR（每间可供出租客房收入）同比增长13.7%，为173元人民币。2018年第一季度宜必思和美居品牌分别实现了同店RevPAR增长14.5%和12.6%。目前，宜必思酒店在中国一线城市的平均RevPAR已达到350元以上。华住在筹酒店中，尚有132家为宜必思、宜必思尚品、美居、美爵、诺富特品牌。

2018年一季度，华住中高档酒店客房数量同比增长了92%。目前，华住旗下中高档酒店客房数量分别占华住已运营酒店客房数量的32%和在筹酒店客房数量的80%。华住预计2018年将新开业酒店650～700家，其中60%～65%为中高档酒店。截至2018年3月底，华住共有953家中高档酒店。

资料来源：环球旅讯，https：//www. traveldaily. cn/article/122197，2018-05-25.

问题：

（1）华住酒店布局的思路是什么？

（2）华住出于哪些考虑和雅高合作？雅高的五个品牌美爵、诺富特、美居、宜必思尚品和宜必思各是怎样的定位？

相关理论知识

一、酒店市场分析

酒店市场是包括现实和潜在的酒店产品购买者在内的消费者群体。现实的市场是指酒店现有的市场和竞争者现有的市场，是已经实现购买行为的群体。潜在市场是指现实市场和可能转化为消费者的非消费者的总和。酒店现实市场一般比潜在市场狭小，因为酒店必须克服竞争中的障碍力量及消费者的惰性和酒店本身的局限，才可能使潜在市场转化为现实市场。在实际工作中，我们通常将酒店市场称为酒店客源或客源市场，它是酒店赖以生存的生命线。

由于酒店具有产品先销售后生产或销售与生产同时进行的特点，因此，如果没有客源即没有销售对象，酒店无法提供产品和服务；如果没有足够容量的客源市场，酒店也无法达到正常营运所需要的出租水平，也就无法获得相应的经营收益。此外，市场的层次结构和需求特征决定了酒店产品的开发方向，酒店提供的产品和服务只有与市场需求相符，才能吸引顾客并使顾客满意，进而成为酒店产品和服务的忠诚顾客和口碑宣传者。因此，深入分析和研究酒店的市场容量、市场档次结构和顾客对酒店产品的需求特征来有针对性地开拓市场和发展市场，便成为酒店市场营销与策划的重要内容。

（一）酒店营销环境分析与市场调研

延伸阅读（2-1）
酒店做好新媒体营销三大关键点

营销环境分析与市场调研是酒店开展有效市场营销活动的前提条件。酒店应该提供何种产品和服务，以何种价格水平来提供，通过什么样的途径将酒店信息传递到公众和顾客手中，以及采用何种销售手段来出售酒店的产品和服务等，所有这些都基于对市场、企业经营环境、酒店自身的优劣势以及对竞争对手的了解，假如没有对上述因素进行深入的调查和分析，便不可能做到有的放矢，也不可能取得预期的经营业绩。

1. 酒店市场营销环境分析

市场营销环境分析，是酒店营销活动的重要组成部分。社会的变革、生活方式、价值观念、宏观经济环境以及技术发展水平等对于酒店的经营有着巨大的影响，它们影响着顾客对酒店产品的需求，决定了酒店营运的规模和水平，牵引、制约着酒店产品开发的速度和方向。因此，酒店必须深入研究影响营销活动的不可控制因素，并根据环境因素制定相应的营销策略。例如，目前我国禁烟运动日益普及，人们希望公共场合设有无烟区域，许多顾客进入酒店时通常要求住在禁烟区，对餐厅座位也希望有无烟区。如果酒店充分利用这一机会，开辟无烟楼层和无烟区，对吸引这部分顾客是有好处的。

酒店市场营销环境分析包括以下几个方面：

• 当地经济发展状况和趋势。酒店营销人员要注意收集和分析有关宏观经济的指标，如国民生产总值、失业率、物价指数等。另外，还必须了解当地工商企业的数量以及营运状况。

• 本地的旅游吸引物和传统活动。酒店营销人员要调查当地有哪些历史古迹、风景区，有什么特别的传统活动和风俗习惯以及有哪些体育、娱乐设施能够吸引顾客下榻酒店。

• 对本地区酒店业进行调查，了解酒店总体规模，客源数的增减情况，当地酒店业平均出租率、平均房价并预测发展趋势。

• 所在地区的交通状况及可进入性。酒店所在地是否有高速公路、铁路和航空，交通状况如何，通信、邮电等基础设施是否完善。

• 影响酒店经营的其他要素如政治、社会、文化、技术等方面的变化，以及对酒店业可能产生的影响进行分析。

【同步思考 2－1】

谈谈2020年发生在全球范围的新冠疫情对我国乃至全球酒店业的影响；酒店有哪些措施可以减轻该环境威胁的影响？

酒店营销的环境分析资料可以通过以下途径获得：阅读重要的产品报道杂志，参加重要的博览会，注意本地重要文献，与经济界专家座谈，与当地产品和经济发展商保持联系，参加本地商业协会和服务俱乐部，与顾客沟通交流等。下面就酒店营销环境分析的主要内容进行重点阐述。

（1）酒店竞争分析。酒店进行市场营销环境分析的一个重要内容是对酒店的竞争对手进行分析，一个社区的其他酒店并不完全都是本酒店的竞争对手。竞争对手是指那些地理位置相近，提供的产品和服务在内容和档次上相似或相同，其面对的客源市场也相同的酒店。这些酒店的经营状态和形象以及各种营销手段对本酒店都会产生较大的影响，甚至形成极大的威胁和压力。对竞争对手进行详细的分析，有利于了解主要的经营威胁所在，做到知己知彼，从而在市场竞争中处于有利地位，以尽可能多的占有市场份额以及取得较好的经营成绩。酒店竞争分析可采用以下三个步骤来完成。①将本酒店同竞争对手进行比较。选择对酒店经营具有决定作用的诸因素，将之与竞争对手进行逐项比较，是酒店竞争分析的第一步。这些关键因素包括酒店的地理位置、酒店前厅、大堂、餐厅、客房以及其他各服务点的服务质量和特色，酒店市场营销活动等。进行比较的重点应放在竞争对手的优势和劣势上，这样可以使酒店避开对方的优势，在其不足方面与其进行竞争。②分析竞争对手的独特销售点。在将各竞争对手同本酒店进行逐项对比之后，应重点分析竞争对手的独特销售点（USP），独特销售点是指促使本酒店区别于其他酒店的要素和特点。这些特点不同于竞争对手的一般优势和劣势，一般优势和劣势只表明与本酒店存在的距离、优于或弱于竞争对手之处，而独特的销售点则是指被对比酒店所不具备的特点，如特色产品、有力的促销手段、具有竞争力的价格或良好的品牌形象以及特殊的支持及销售关系等。③寻找和分析营销机会。竞争分析还包括对竞争对手成功的方面进行分析，从中可以发现本酒店可能成功的领域。此外，还必须寻找竞争对手所忽略的营销机会，从中找到突破口。另外，也可以寻找与竞争对手合作的领域，变对抗为合作，化消极因素为积极因素，如酒店之间可以共同推出特色茶品和酒店包价项目，开展联合促销活动等。进行竞争分析必须要有详尽的有关竞争对手的资料，而这些资料的收集可以通过实地观察和到该酒店消费以获取第一手的资料和印象，也可以从该酒店手册、服务指南和其他促销品中获得。另外，仔细研究竞争对手所使用的传播媒体，如报纸、杂志、旅行指南、广播电视节目等，重点分析其促销主题和促销投入及力度。除此之外，还必须研究竞争对手的业务量大小。掌握这类信息的途径也很多，如可通过酒店停车场的汽车停放数量和汽车牌号获得，也可询问住在该酒店客人的下榻经历，还可以通过夜晚亮灯客房的数量等来判断竞争对手的经营情况。当然，要想获得全面完整的信息是很困难的，但上述途径至少可以帮助酒店获得更多的信息。

【知识链接 2－1】

表 2－1　酒店竞争力状况分析

项目		现状	计划改变
概况	a. 位置类型（可选择几项） 城市　　乡村 市中心　　临湖 高速公路　　滑雪地 机场　　公园附近 工业区　　河边 郊区　　风景区 其他	位置劣势/问题 位置相关经营机会	

续表

项目		现状	计划改变
概况	b. 酒店发展历史 建筑开工年________ 其他建设　1. ________ 　　　　　2. ________ 　　　　　3. ________ 　　　　　4. ________ 主要更新改造　1. ________ 　　　　　　　2. ________ 　　　　　　　3. ________ 　　　　　　　4. ________	设施状况	
	c. 所有权更迭史 现有所有权年限________ 先前拥有者数量________ 现有管理公司的年限________	管理优势/劣势	
酒店设施	d. 酒店客房数 单人间________ 双人间________ 套间________ 豪华套间________	住宿设施优势/劣势	
	e. 餐饮设施 餐位数 餐厅 咖啡厅 快餐厅 大堂酒吧 酒吧 迪斯科 有执照酒吧 其他	餐饮设施优势/劣势	
	f. 会议及宴会设施 　　　　　　　　容量 名称　　提供食品　　不提供食品 　　宴会风格　剧院式风格 ________　________　________ ________　________　________ ________　________　________	会议及宴会设施优势/劣势	
	g. 辅助设施 音响系统 黑板 白板 屏幕 35cm 幻灯机 摄影仪 录像机 客房卫星电视	需额外增加的设施	

（2）酒店产品分析。产品分析是酒店营销环境分析的重要组成部分。通过对酒店产品和服务进行分析，可以加强对本店产品的了解，寻找产品和服务中存在的问题，从而加以改进和完善，以更好地满足顾客需要，也可以从产品分析中了解本店的独特销售主张，以进一步强化优势，增强竞争力。一般而言，酒店的产品分析包括酒店硬件设施和软件服务两个方面，涉及酒店对顾客服务部门以及后台辅助部门的各个领域，如建筑物的维修保养、园林绿化、酒店标志等。对酒店产品的评估和分析必须从消费者角度来进行，而不是以酒店自身喜好来决定。

（3）酒店以往营销活动分析。酒店营销活动分析还包括对酒店过去所进行的营销活动的有效性进行评估和分析。通过分析可以发现酒店过去进行过的营销活动、活动的类型、市场的反馈以及收益究竟如何，有助于酒店在此基础上找准新的营销重点，并开展有针对性的市场推广工作，减少盲目性。而酒店营销活动分析表可以作为酒店从事这方面分析的指南，该表所涉及的内容应包括酒店过去五年的营销费用支出、目标市场以及所取得的收益和成效等。

【知识链接2－2】

表2－2　酒店营销活动分析

酒店名称										
市场营销活动	费用（元）					目标市场				效果评估
	2011年	2012年	2013年	2014年	2015年					
1. 广告										
•报纸										
•杂志										
•旅行指南										
•旅游出版物										
•电话号码簿										
•海报										
•流动广告										
•广播										
•电视										
合计										

续表

酒店名称										
市场营销活动	费用（元）					目标市场				效果评估
	2011 年	2012 年	2013 年	2014 年	2015 年					
2. 销售促进 • 直接邮寄 • 小册子 • 消息稿 • 展销会 小计										
3. 直接人员推销 • 销售访问 • 内部推销 • 销售培训 • 连续访问 小计										
4. 出版物与公关 • 新闻发布 • 采访 • 庆祝活动 • 演讲 • 捐赠 小计										

（4）客源市场分析。客源市场分析，主要是了解那些将要和已经购买本酒店产品的顾客特征及其需求，如客源来自何处，旅行目的和动机，如何到达本地，在当地停留时间等。通过上述分析，酒店可以掌握客源市场的区域分布，进而了解什么地方可以获得较高的销售业绩，为分派销售力量提供基础信息。此外，通过客源市场分析，还可以了解顾客的旅游动机和旅游需求，以使酒店能够提供相应的产品和服务。市场容量的大小以及市场份额的高低是决定酒店经营成败的关键因素，详尽的市场分析有助于酒店全面了解客源市场的变动情况，为酒店制定正确的经营决策奠定基础。

【知识链接 2-3】

表 2-3 酒店客源市场分析

<table>
<tr><td>本酒店以接待何种客源市场为主？</td><td colspan="2">1. ______ 2. ______
3. ______</td></tr>
<tr><td>目前酒店的主要客源市场（占总客房销售额/出租率的百分比）</td><td colspan="2">过境者（ ）会议（ ）商务旅行团（ ）家庭旅行（ ）本地居民（ ）
老年人（ ）其他（ ）</td></tr>
<tr><td>本酒店具有潜力但未加以开发的市场？</td><td colspan="2"></td></tr>
<tr><td>酒店市场的人口统计（可供分析研究部分）</td><td colspan="2">1. 性别 2. 年龄 3. 婚姻状况 4. 家庭收入 5. 受教育程度 6. 孩子人数
7. 职业：行政官员 管理者/企业家
职业推销员 其他职业性工作
8. 居住地</td></tr>
<tr><td rowspan="5">旅行特征</td><td>旅行目的</td><td>公务（ ） 会议（ ）
私人事宜（ ） 闲暇/休假（）其他（ ）</td></tr>
<tr><td>在酒店平均停留时间</td><td></td></tr>
<tr><td>选择本酒店的影响因素</td><td>a. 无外界影响 b. 广告 c. 配偶
d. 秘书 e. 亲友 f. 雇员
g. 同事 h. 会议 i. 广告零售商
j. 公司的旅行台 k. 广告牌
l. 指路标 m. 其他标志</td></tr>
<tr><td>选择酒店的最重要因素</td><td>a. 地点 b. 设施 c. 价格
d. 声誉 e. 便利条件</td></tr>
<tr><td>列出客源最重要的特征</td><td>a. 商务 b. 团体 c. 会议
d. 旅游者 e. 其他</td></tr>
</table>

（5）酒店市场机会分析。在对主要客源市场进行分析之后，还必须对酒店潜在的市场机会加以研究，包括对开发某项新产品和服务、改进和完善旧产品、取消某项产品、增强竞争优势、提高等级和顾客满意率以及加强市场营销、开发新市场和改变公众态度等方面的机会进行可行性分析，为制订正确经营策略提供可靠信息。在分析酒店营销活动可能存在的机会时，应考虑目标市场、市场潜力的大小，该机会与现有产品的相容性，把握该机会所得到的收益、费用、执行的时间、投资回收率、应优先采取的行动以

及行动的负责人等。由此，便可以对市场机会有清楚的认识并加以利用。

2. 酒店市场调研

酒店市场调研的主要内容包括：

- 对酒店所在地（社区）吸引的客人进店下榻和就餐及消费的各种因素进行调研，如旅游资源、娱乐活动以及该社区其他酒店及餐饮方面的情况；
- 调研酒店主要竞争对手的经营情况，了解其对本酒店的竞争能力和威胁；
- 调研社会、经济、政治、文化、技术等市场营销环境对酒店经营的影响；
- 调研酒店所提供的产品和服务；
- 对酒店过去所进行的市场营销活动进行惠顾及评估；
- 调研酒店未来目标市场的趋势及需求变化；
- 通过分析上述，为酒店制定正确的营销策略提供详细和准确的信息资料。

（二）酒店营销环境分析与市场调研的方法

酒店营销环境分析与市场调研要求具有全面、准确的资料和信息做保证。这些资料的获得可以通过多种途径和方法，其中主要包括酒店经营数据和信息的收集、统计，以及市场调研两种。

1. 酒店经营数据和信息的收集与统计

收集和整理酒店现有的经营数据和信息，从这些内部信息中了解酒店目前经营状况、客源市场的形势是酒店营销环境调研信息获取的一种简便和直接的方法。这些信息属于酒店内部信息，它们在很大程度上代表了酒店今后可能的营运趋势和市场动向。同时，从这些信息中也能够发现问题以及顾客的期望，进而帮助酒店采取改进措施。同时还可以从未满足的市场需求中寻找可能蕴含的经营机会。酒店内部信息通常可以从以下途径获得：

- 宾客住店登记/预订记录；
- 销售统计数据（这些数据可以以季节、地区和目标市场来分类收集）；
- 宾客问卷调查表；
- 投诉批评记录；
- 询问记录；
- 广告附赠券的回执；
- 经营统计数据；
- 酒店停车场期初数量及汽车牌照号码；
- 其他有用的统计资料和阅读材料。

2. 酒店市场调查的类型

（1）按市场调查的目的分类。①探索性调研。此类调查主要用来发现新机会，或找出可能的解释，但不是得出答案。一种情况是市场现象很复杂，实质性问题难以确认，为了确定调查的方向和重点，首先采用探索性调查帮助明确实质性问题，以便就此做更深入的调查。另一种情况是当酒店提出某些新的设想或构想时，可借助探索性调查初步确认是否可行。②描述性调查。此类调查是对市场的客观情况（包括历史情况和现状）进行如实的记录和反映。如对我国当前酒店业发展状况这样的题目进行调查。描述性调查首先需要大量收集有关市场信息，然后对调查资料进行分类、分析、整理、形成调查报告。描述性调查应当内容翔实、全面、客观，并要做相应的定量分析。③因果性调查。此类调查主要是为了掌握有关市场现象之间的因果关系，也可用于某项市场实验。如为了实验广告效果，可以有计划地改变广告内容、广告播出频率和广告时间，然后收集有关销售额、品牌知名度、市场占有率等资料，从而掌握广告对销售的影响。但应注意在使用因果调查时防止片面性，因为同一现象或结果可能是由多种因素的变化引起的，有主要因素、次要因素、真实因素、虚假因素，需要调查人员加以分析和区别。

（2）按市场调查活动的针对性分类。①连续经常性市场调查。酒店的销售活动都是在动态的、竞争性环境中进行的。酒店销售环境的变化，目标市场动态，市场营销组合策略效果，如产品（客房、菜单及其他配套设施设计）是否符合顾客的口味，价位是否合理、销售渠道是否有效并控制得力，促销措施是否卓有成效等，都是酒店经营要常抓不懈的问题，必须进行经常性的市场调查，随时掌握情况。②专门性调查。即根据某种特殊需要或具体活动而专门进行的调查。酒店有些特殊的情况，如酒店为组合一项特殊的酒店产品，做一次特殊的促销活动或进行一项特别的广告活动，要求销售人员做专门调查，提出建议；再如酒店在一段时间内出租率下降，也需要对影响出租率的各因素做详细的调查，找出存在问题的环节，分析产生的原因，并在调查报告中提出解决办法。

3. 市场调研资料和信息的收集

市场调研资料和信息的收集主要有两类：

第一，一手资料的收集和分析，即他人未曾有过的资料和数据；

第二，二手资料的收集和分析，即借用现有的数据和资料。

一手资料相对而言具有直接、及时、准确和针对性强等特点，但是这种方法往往需要投入大量的人力、时间和费用。因此，只有在进行二手调研而又无法获得相应的信息后，方可进行一手调研。因此，市场调查人员开始调查时总是先收集第二手资料，以判断问题是否部分或全部解决了，是否需要去收集成本更高的第一手资料。

二手资料的主要来源有：

一是酒店内部通过酒店的预订表、登记表和来客账单等内部资料获得顾客类型、顾客要求、订房来源、住宿天数、付款方式等信息，使管理人员清楚地了解目前市场的组成情况、吸引哪些细分市场是最有利的，以及在今后的促销活动中应招徕哪些顾客。

二是酒店外部资料包括顾客研究报告、竞争情况报告、政府部门出版物、旅游协会

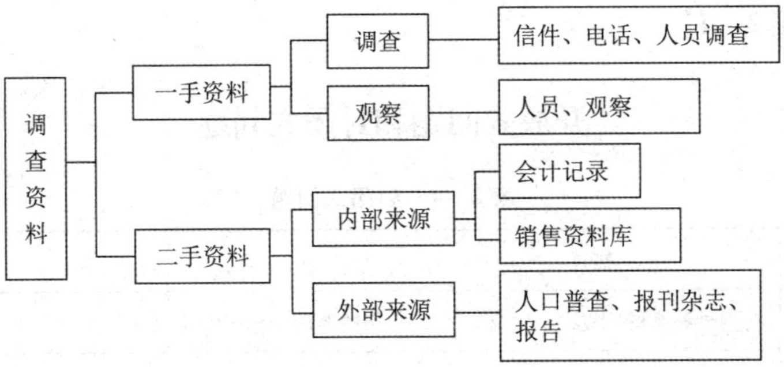

图 2-1　调查资料收集的方法

统计资料、大学和其他研究机构的成果以及其他专业期刊的学术论文等。从酒店外部收集的第二手资料，往往有助于管理人员了解旅游发展趋势和客源信息。但是这类资料有两个主要缺点：一是只适用于某一地区，不一定适用于本酒店；二是这类资料很少按细分市场分门别类整理。因此还需要调查人员重新整理。

4. 调查方法

收集第一手资料要选择合适的调查方法。调查人员经常使用的方法有以下几种。

（1）观察法。调查人员可通过观察，记录每个人或团体的活动类型，以及各种行为在何时、何地发生，发生的频率和持续时间。常用的观察方法有两种。一种是人员观察，调查人员从侧面观察人们的行为，系统地记载某种行为的频率、地点和持续时间。例如，调查人员可观察、记录每名顾客在总台需等待多久才能办理登记手续。人员观察的缺点是容易引起被观察对象的注意，从而改变自己的行为方式，失去观察的意义。另一种是器械观察，通过使用录音设备、摄像设备、照相机等设备观察对象的行为。器械观察一般不会引起被观察对象的注意，也可避免观察人员的主观片面性。器械观察的缺点是费用较高。

（2）专题讨论法。调查人员从目标市场选择 6 ~ 10 名代表，深入了解他们对本酒店的看法。调查人员鼓励调查对象自由讨论，交换意见，这类座谈会一般需几个小时。调查人员可召集几个小组进行专题座谈会，了解对不同细分市场的看法。虽然调查结果缺乏抽样有效性，但能为今后设计调查问卷提供依据。

（3）问卷调查法。这种方法介于观察法和专题讨论法之间，适用于描述性调查。酒店通过发放问卷的方式了解调查对象的认识、看法、喜好和满意等。

（4）实验法。实验法是最科学的调查方法，是根据调查对象选择影响其变化的几个主要因素，依次改变每个因素的数值来判断因素对调查对象是否有影响以及影响程度。例如，提高客房小冰箱内商品的价格是否影响客房出租率就可以采用实验法得到答案。

【知识链接 2-4】

开放式问题和封闭式问题

表 2-4 封闭式问题

名称	描述	举例
二元选择	有两种答案的问题	您的客房干净吗？是（ ）否（ ）
多项选择	有至少三个答案的问题	您来本市主要目的是什么？度假（ ）公务（ ）观光（）探亲访友（ ）其他（ ）
同意异议尺度	答卷人用以表明同意或不同意的程度	我们酒店的服务质量很好：极不同意（ ）不同意（ ）不置可否（ ）同意（ ）非常同意（ ）
语义差异	两个极端的词构成的选项，答卷人可在其中选择代表自己意见的一项	你对本酒店正在播放的广告的印象：深刻（ ）肤浅（ ）
重要性尺度	列出某些属性重要性次序的尺度	客房送餐服务对我而言：非常重要（ ）很重要（ ）比较重要（ ）不很重要（ ）很不重要（ ）
排序尺度	列出某些属性由“差”到“好”次序的尺度	餐厅的菜肴口味：极好（ ）很好（ ）好（ ）马马虎虎（ ）差（ ）
购买意图尺度	描述答卷人购买意图的尺度	如果餐厅推出每周厨师特色菜，你是否会尝试：肯定（ ）可能（ ）不知道（ ）可能不（ ）肯定不（ ）

表 2-5 开放式问题

名称	描述	举例
自由格式	答卷人可以不受限制地回答问题	你对本酒店有何意见
词组联想	逐个罗列词组，由答卷人选出最先想到的词组	听到下文时，最先想到的词组是什么 酒店（ ）客房（ ）床（ ）
完成句子	给出不完整的句子，由答卷人完成它	选择酒店时我最先考虑的是（ ）
完成情节	给出不完整的情节，由答卷人完成它	“去年圣诞节我来这家店入住时，一进大堂就看到一棵巨大的圣诞树，这使我想起了家和家人。”请完成这个情节

续表

名称	描述	举例
完成图画	给出有两个人的图画，其中一人说了一句话，由答卷人以另外一个人的身份完成图画中的对话	（略）
主题联想测试	给出一幅图画，答卷人照此构思出一个情节	（略）

【同步思考 2－2】

下面是一些问卷中挑出的不恰当的问句，请指出其错误之处，并改正。

1. 你每年差不多都外出旅游吗？
2. 您是否不赞成商店打折促销活动？您不赞成商店实行打折促销活动，是吗？
3. 您为何喜欢爬山而不是游泳？
4. 消费者普遍认为××景区风光优美，您觉得如何？
5. 您是否离过婚？离过几次？谁的责任？您是否向银行抵押借款购股票？

二、酒店 STP 策划

（一）酒店市场细分

酒店市场细分是指酒店管理阶层按照细分变数即影响酒店市场购买者的欲望和需求、购买习惯和行为等诸因素，把总体市场划分为若干需要不同的市场部分或子市场，其中任何一个市场部分或子市场都是一个相似的欲望和需要的购买者群，都可以被酒店选为为之服务的目标市场。

1. 酒店进行市场细分的意义

（1）市场细分有利于酒店，特别是中小酒店，发现更好的市场机会，从而采取相应的市场营销战略和手段，提高其市场占有率。因为，酒店通过细分市场和选定目标市场，可以了解各个不同的购买群体的需求状况和目前其需要满足的程度，从而发现哪些顾客群体的需要没有得到满足或没有得到充分满足，在没有满足和满足程度较低的市场，就可能存在着更好的市场机会。市场细分是企业发现良机、制定营销战略以提高市场份额的有力手段。市场细分对中小酒店特别重要，因为中小酒店一般资金少，实力薄弱，在整个市场或较大的子市场上竞争力弱，中小酒店通过市场细分，可以发现被大企业忽略或没有注意到的市场机会，见缝插针，拾遗补阙，从而在激烈的行业竞争中占有一席之地，并最终得以生存和发展。

（2）通过市场细分，可以集中使用企业资源，取得更大的经济效益。酒店通过市场细分，选择一个或几个子市场作为企业的目标市场，就可以有的放矢地采取有针对性的营销策略。首先，酒店可以按照目标市场需求变化，及时正确地调整产品结构，使产品适应消费者的需要；其次，酒店可以相应地调整和安排分销渠道、广告促销等，使产品能顺利地送达目标市场；最后，酒店还可以集中使用人力、物力和财力，使有限的资源集中使用在一个或几个目标市场上，从而提高资源使用效率，取得更大的效益。

2. 酒店细分市场

（1）商务细分市场。根据商务人士的职业、收入、生活方式、社会地位的不同，商务细分市场可分为：

- 拜访公司客户的销售代表；
- 参加会议的总经理、专业人士或政府官员；
- 参加会议或培训研讨会的个人或团体；
- 短期出差的专业人士或贸易人士，也可包括娱乐界人士或体育界人士。

（2）享乐细分市场。诸多因素聚集在一起形成了享乐细分市场，其中包括年龄、收入、生活方式、阶层、国籍、生活模式以及顾客使用的交通手段。一些典型的享乐细分包括：

- 探访亲友的人（称为探亲访友市场）；
- 度蜜月的夫妇或情侣；
- 希望结识新朋友、参加体育活动和特殊活动或喜欢夜生活的追求享乐的个人；
- 已安排好行程的度假夫妇；
- 携带不同年龄子女的夫妇或个人；
- 包价旅游客人；
- 旅游团队、长途客车旅客、体育或社会团体。

（3）人口统计细分市场。年龄：每个年龄段的人都有其独特的需要。18～24岁的青年人对酒店的需要与55～65岁的人的需求差别很大，这两个年龄段的人都需要吃饭和睡觉，但他们更喜欢在风格截然不同的环境中吃饭睡觉。

性别：性别影响人们的偏好，一位男性认可的酒店也许一位女性并不认为理想。

家庭的规模：家庭的规模也会左右人们的需要，一对带着3个子女的夫妇对住宿式样与大小的要求不同于一位年轻的单身男性的要求。

收入：一些人的需求可能会在很大程度上受到其支付能力的制约。

职业：如可以报销的公司商务人士或专业人士所希望住的酒店档次一般要高于个人支付的酒店。

（4）社会阶层细分市场。不同阶层的人对酒店的选择存在着明显的区别，如上层、中层、下层的人士由于收入和社会地位不同，必然有着不同的需求。

(5) 生活方式细分市场。生活方式往往是选择某种住宿经历的原因。生活方式细分市场为旅游营销者提供了机会，以便更准确地将计划锁定在人们的需要上并且针对这一需要准备产品组合。

(6) 购买阶段细分市场。度假和临时增加的商务旅行通常被看作购买。人们在最终成为顾客之前会经历从了解酒店的存在、产生兴趣到"准备购买"几个不同的阶段。每一阶段都是一种细分市场。在酒店营销中特别需要注意，以便酒店顺利地搞好阶段过渡而不会失去太多的潜在客人。

(7) "寻求效益"细分市场。在这个类型中存在许多细分，因为人们从酒店中所寻求的具体效益不同，比如说人们需要：

- 某些类型的客房（安静的、生意好的、受欢迎的、大的、小的、豪华的、廉价的等）；
- 不同种类的饭菜（美食、地方风味、烤肉、快餐、素食等）；
- 某一地点（靠近海边、景点、商店、剧场、商业区、交通便利等）；
- 某类设施（高尔夫、游泳池、桑拿、网球、马术等）。

(8) 购买周期与频率细分市场。大多数产品的市场是周期性的，这在酒店业中尤其明显。有些人每年经常度假，也有些人是常年度假。这些人都属于"季节性"或"习惯性"度假者细分市场。同时人们度假的类型有很大的不同，从野营旅行到去海外观光，下榻最大、最豪华的酒店。酒店应针对常客推出诸如给予折扣，提升客房档次或给予特殊待遇等举措以吸引他们不断惠顾。

(9) 消费者细分市场。许多人有一种"俱乐部"心态。他们定期光顾自己喜欢的酒吧、餐馆或酒店等。因此，可以将这些人称为"忠诚型"顾客。另一些人经常吃吃喝喝，但却时常地变换场所，这些人被称为"忠诚变换型"顾客。"变换型"客人是指那些对酒店餐馆没有固定归属感并且不断地寻找新的场所以求新鲜体验的人。同时酒店业的另一类消费者细分市场是"庆祝"或"特殊场合"细分市场，即那些使用家庭以外设施举办婚庆、周年纪念、生日聚会、团聚以及许多其他不同的特殊活动的人。

(10) 价格细分市场。人人都会考虑价格，但多数人会追求物有所值。旅游酒店应推出不同价格的产品，以便满足所有不同价格的细分市场的需求。

总之，市场细分的主要原因之一就是因为我们关注人们在想些什么，希望了解他们的需要和欲望。因此如果我们想要提高酒店产品在市场中成功的机会的话，我们就必须了解每类细分市场的心态。

【同步案例 2－1】

细分目标市场，提供多样化的产品

"一个尺码难以适合所有的人。"希尔顿采用品牌延伸把集团分成不同质量和档次的酒店。在对顾客做了细致的分类的基础上，利用各种不同的酒店提供不同档次的服务以满足不同的顾客需求，希尔顿集团的酒店主要分以下七类。

机场酒店：自从1959年旧金山希尔顿机场酒店建立以来，该公司已经在美国主要空港建立了40余家机场酒店。他们普遍坐落在离机场跑道只有几分钟车程的地方。

商务酒店：位于理想的地理位置，拥有高质量服务以及特设娱乐消遣项目的商务酒店是希尔顿旗下的重要产品。

会议酒店：希尔顿的会议酒店包括60家，承办各种规模的会议、会晤及展览、论坛等。

全套间酒店：适合长住型客人，每个套间有两间房，并有大屏幕电视、收音机、微波炉、冰箱等，起居室有沙发床，卧室附带宽敞的卫生间。每天早上供应早餐，晚上供应饮料，还为商务客人免费提供商务中心。全套间酒店的一个套间有两个房间，然而收费相当于一间房间的价格。

度假区酒店：当一个人选择了希尔顿度假区酒店的同时，他也选择了方便快捷的预订，顶尖的住宿、出色的会议设施及具有当地风味特色的食品和饮料。人们在这里放松、休养、调整，同时也可以享受到这里的各种娱乐设施。商务及会议等服务也同样令人满意。

希尔顿假日俱乐部：为其会员提供多种便利及服务。

希尔顿花园酒店：希尔顿花园酒店是近几年来希尔顿公司大力推行的项目。它的目标市场是新近异军突起的中产阶级游客，市场定位是“四星的酒店，三星的价格”。希尔顿花园酒店价位适中，环境优美，深得全家旅游或商务长住客人的喜欢。

资料来源：钱炜，李伟，谷慧敏．饭店营销学［M］．北京：旅游教育出版社，2004.

问题：

（1）结合酒店企业，解释“一个尺码难以适合所有人”的含义。

（2）以你熟悉的酒店为例，描述他们所服务的顾客群的主要特点。

（二）酒店目标市场的选择

课堂讲解2－1：
酒店目标市场及定位

1. 酒店目标市场选择的模式

目标市场是酒店准备进入和服务的市场。酒店进行市场细分的目的就是选择目标市场。经过市场细分后，酒店会发现有一个或几个细分市场是值得进入的。此时，酒店需要进行选择，确定进入哪些细分市场。一般来说，酒店选择目标市场的模式有以下五种。

（1）单一市场集中。这是一种典型的集中化模式。无论从产品角度还是市场角度看，酒店的目标市场都高度集中在一个市场层面上，酒店只提供一类产品，服务于一个顾客群。许多小酒店，由于资源有限，往往采用这种模式。单一市场集中模式使酒店经营对象单一，可以集中力量，在一个细分市场上获得较高的市场占有率。如果细分市场选择适当的话，也可获得较高的投资收益率。但是，由于目标市场范围较窄，采用这种模式经营风险较高。

（2）产品专门化。酒店提供一类产品，向各类顾客销售。采用这种模式，酒店的市场面扩大，有利于摆脱对个别市场的依赖，降低风险。同时，生产相对集中，有利于发挥生产潜能，有利于在某类产品方面树立较好的声誉。

（3）市场专门化。酒店面对同一顾客群生产和销售他们所需的各种产品。采用这种方式，有助于发展和利用与顾客之间的关系，降低交易成本，并在这类顾客中树立良好形象。这类顾客一旦购买力呈下降趋势，酒店的收益也会受到较大的影响。

（4）选择性专门化。酒店在对市场细分的基础上，经过仔细选择，结合本酒店的长处，有选择地销售几种产品，有目的地进入某几个市场面，满足这些市场面的不同要求。实际上这是一种多角化经营的模式，可以较好地分散酒店的经营风险。但是酒店采用这种模式也要非常谨慎，必须以几个细分市场拥有相当的吸引力为前提。

（5）全面进入。酒店为所有细分化以后的各个细分市场生产各种不同的产品，分别满足各类宾客的不同要求，以期覆盖整个市场。很明显，只有实力非常雄厚的酒店才有可能采取这种策略。

2. 酒店目标市场的营销策略

（1）无差异性市场营销策略。无差异营销策略是指酒店将产品的整个市场视为一个目标市场，用单一的营销策略开拓市场，即用一种产品和一套营销方案吸引尽可能多的购买者。无差异营销策略只考虑消费者或用户在需求上的共同点，而不关心他们在需求上的差异性。这是比较原始的营销策略，一般在同质市场、新产品的介绍期或卖方市场上应用比较广泛。

（2）差异性营销策略。差异性营销策略，指酒店从不同的细分市场的需求差异性出发，针对各个不同细分市场的特点，分别推出不同的酒店产品，采用不同的营销组合方案，以满足不同顾客的需求。一般而言，规模大、资源雄厚的酒店或酒店集团、竞争激烈的市场、处于成熟阶段的产品比较适宜采用这种策略。

（3）集中性营销策略。集中性营销策略指酒店在市场细分的基础上，从整体市场中选择一个或少数几个细分市场作为目标市场，采用一种营销组合策略来集中满足这些目标市场顾客的需求。这种策略有利于酒店经营项目的专业化，比较适用于中小型酒店或竞争比较激烈的市场。

3. 酒店选择目标市场营销策略的依据

由于无差异性营销策略、差异性营销策略和集中性营销策略各有利弊，各有其适应性，酒店在选择目标市场营销策略时就不能随心所欲，必须考虑酒店本身的特点及产品和市场状况等因素，在对主客观条件全面衡量后才能加以确定。具体来说，酒店在选择目标市场营销策略时，通常应考虑以下几个因素：酒店资源、市场同质性、产品同质性、产品生命周期、竞争者数目、竞争者的营销策略。

（1）酒店资源。酒店资源包括酒店的人力、物力、财力及酒店形象等。如果酒店规模较大，实力雄厚，有能力占领更大的市场，可采用差异性营销策略或无差异性营销策略；如果酒店资源有限、实力不强，无力兼顾整体市场或几个细分市场，可采用集中性营销策略。

（2）市场同质性。市场同质性是指酒店市场上消费者需求和偏好所具有的类似性。如果消费者的需求和偏好十分相近，购买数量和方式也大体相同，说明市场同质性较高，可采用无差异性营销策略。如果市场需求的差别较大，就宜采用差异性营销策略或集中性营销策略。

（3）产品同质性。产品同质性是指本酒店产品与其他酒店产品的类似性。如果本酒店产品同其他酒店产品相似，说明产品同质性高，适宜采用无差异性营销策略；反之适宜采用差异性营销策略或集中性营销策略。

（4）产品生命周期。一般而言，酒店产品所处的市场生命周期阶段不同，采用的营销策略也有不同。若产品处于导入期或成长期，竞争者少，宜采用无差异性营销策略，以便探测市场的需求。产品进入成熟期，适于采取差异性营销策略，以开拓市场。产品进入衰退期，应采取集中性营销策略，集中力量于最有利的细分市场，以延长产品的市场寿命。

（5）竞争者数目。当酒店竞争者数目少时，一般采用无差异性营销策略；当竞争者数目多、竞争激烈时，宜采用差异性或集中性营销策略。

（6）竞争者的营销策略。酒店在选择目标市场营销策略时，必须考虑到竞争对手所采取的营销策略。一般来说，酒店应采取与竞争对手相反的营销策略，以避免与竞争者直接抗衡。当然，究竟采用什么样的营销策略，在实践中要根据不同时期双方的具体情况做出抉择。如遇到强有力的竞争者实施无差异性营销策略时，因可能有较次要的市场被冷落，酒店可乘虚而入，应采用差异性营销策略予以占领；如果实力较强的竞争对手已经采用了差异性营销策略，本酒店难以与之抗衡，则应进行更有效的市场细分，实行集中性营销策略；如果竞争对手的力量较弱，而自己的力量较强，则可完全根据自己的情况确定营销策略。

4. 酒店主要目标市场及其特点

在旅游酒店的总销售额中，来自客房的收入所占比重最大，客房营销水平的高低，直接影响着客房的销售收入，也决定着旅游酒店营业业绩的好坏。

旅游酒店的主要客房客源有：

（1）团队客房客源市场。

第一类：协议客户、公司类客户。

协议客户和公司类客户是酒店的顶梁柱。很多旅游酒店的主要收入来源是单位协议客户，这部分客户主要是当地重要的大型企业、跨国公司以及政府部门，而这部分客源，也是各家酒店争夺的焦点。

酒店开发协议客户、公司类客户市场的原因：

- 协议类及公司类客户入住酒店没有季节性，能给酒店带来常年稳定的生意；
- 相比较于其他市场，公司类市场取消预订率低；
- 由于业务关系，一旦对酒店形成良好印象，这类顾客便有可能成为酒店回头客或常客；
- 公司类客人信誉良好，极少出现欠款或跑账现象；
- 除合同约定外，公司类客户通常不需给予其他优惠或折扣。

酒店营销人员针对协议客户、公司类客户的营销策略：

- 酒店营销人员应积极主动配合客户，并维持关系；
- 增强酒店的公关能力；
- 提高酒店自身的品质口碑。

由此可见，酒店除提高自身服务水平外，在日常营销工作中，应把主要精力和工作重心，放在大型协议客户上。以拉新客户为主，维持老客户关系为辅。

第二类：会议旅游者。

会议旅游者即 MICE 市场，包括 Meeting（会议）、Incentive（奖励旅游）、Conference（大型企业会议）、Exhibition（活动展览）。会议业在发达国家已经成为比较成熟的产业，会议旅游也成为国际旅游业中发展最快的市场之一，我国会议旅游市场正以每年 20% 的速度增长。

【知识链接 2-5】

MICE 市场

MICE，即 Meetings（会议）、Incentives（奖励旅游）、Conferencing/Conventions（大型企业会议）、Exhibitions/Exposition（活动展览）的第一个字母大写组成，是会展的英文缩写。MICE 的分类：我国会展行业标准展会按内容分为综合性展会、专业性展会、消费性展会；按规模分为国际性、全国性，以及地方性展会和独家展会；按会展本身的性质又可分为营利性和非营利性。

MICE 的分部：世界最著名的展览国家是德国和法国，新加坡是被广泛认可的会议举办地。我国展览北京占 25%，上海占 18%，广州占 8%。

酒店开发会议旅游者市场的原因：

- 市场量大，许多大型会议参加人数众多，加上新闻记者和随行人员，能给酒店提供客满的机会；
- 由于会议分布在全年各个时间，接待会议能给酒店带来常年的生意，能够弥补淡季生意清淡的状况；

• 会议旅游者平均住宿时间较其他客人长且房价较高，加上人数多，对食品、饮料等其他产品需求量也大，能够带动酒店其他产品线产品的销售；

• 一些有影响的会议，往往会有大量的传播媒介进行报道，对酒店而言是难得的扩大声誉的机会。

酒店营销人员针对会议旅游者的营销策略：

• 通过各种渠道尽快获取会议信息（如各级政府部门会议、行业企业会议）；

• 弄清会议召开的时间及筹备时间、会议规模、会议要求、会议决策者等；

• 根据会议要求分析本酒店的接待能力；

• 注意建立和管理客户档案。

第三类：旅游团。

包括各种旅游批发商、旅行社、航空公司售票处以及接团社等在内的订房客人。酒店的客源相当数量是旅行社组织的，有些酒店几乎完全由旅行社组织客源。酒店和旅行社之间的关系随着旅游业的发展更加紧密，它们相互依赖、相互促进、共同发展。

酒店开发旅游团市场的原因：

• 能为酒店带来生意旺季和高峰，使酒店资源达到最高使用率以及最高收益；

• 由于旅行团人数众多，可为酒店带来一次性大批量预订；

• 由于旅行社通常与酒店有合约关系，往往可为酒店带来众多回头生意以及连续的出租率；

• 旅游团通常不需要使用会议场所及其他设施，可节省酒店在这方面的投入。

酒店营销人员针对旅游团客户的营销策略：

• 旅游酒店应经常与长期合作良好的旅行社沟通；

• 诚信为本，坦诚相见；

• 如遇特殊情况，应积极联系协助安排解决旅行社的用房要求；

• 采取多种营销方式开发旅游团类客户；

• 在与旅行社签订合作协议时，应对特殊时期，如节假日期间的房价做出特别说明。

第四类：体育代表团。

体育代表团包括各种体育活动的组织者、教练、运动员、经纪人等。

酒店开发体育代表团市场的原因：

• 体育代表团是新闻的焦点和社会关注的热点；

• 是提高酒店知名度和扩大市场影响力的有利时机；

• 体育代表团还可以吸引其他客源，因此市场容量极大。

酒店营销人员针对体育代表团客户的营销策略：

• 酒店应为他们准备好会议室和储藏室，提供及时联络、安全保卫、新闻发布以及宗教服务等帮助，以保证运动员人身和财务安全，并使体育明星免受干扰；

• 丰富的娱乐设施、方便的购物、多样化的餐饮服务。

第五类：航空机组与空乘人员。主要指与酒店签订年度或其他方式长期合同的航空公司等机组与空乘人员。这类客人也是许多酒店，尤其是机场酒店等的重要客源。

酒店开发航空机组与空乘人员市场的原因：

• 这类客人通常停留时间长，人数多，用餐量大；

• 由于航班固定，全年出租率均衡，付款及时，极少出现拖欠款现象，因此这类客人通常能给酒店带来持续稳定的客源。

酒店营销人员针对航空机组与空乘人员的营销策略：

酒店应该针对这类客人的特点有针对性地开展服务。如保障机组人员安全，注意日程保密、提供24小时全天候服务等。

（2）一般散客。

散客是指一次性订房数量少于10间的客人。散客与团队客人最大的区别在于订房数量上的差异。由于散客一次性订房量小，酒店通常不给予价格上的折扣和优惠，而是采用门市价格出售。旅游酒店的一般散客主要有以下几种类型。

第一类：商务散客。

指以公务为目的而单独进行旅行的旅游者，他们是酒店的“面包与黄油”客人。这类客人住店没有季节性，是酒店的常年生意。商务散客一般具有房价较高、回头率高、人均消费水平高的特点。

商务散客是十分成熟的旅游市场，他们大都下榻过很多家酒店，对酒店的服务和设施等十分讲究甚至挑剔。他们要求酒店有良好的位置、便利的交通；具备高效的系统并能为其迅速办理入住和离店手续；早餐服务要求快捷并有送餐服务；他们对商务中心有特别要求，往往要求酒店能够收发传真、通信良好、支持邮件送达、互联网接入等。酒店还应提供小型会议室，供商务散客在酒店会见客户和进行其他商务洽谈活动。

第二类：个人旅游者。

指到酒店所在地从事私人活动和休闲观光为目的的单个和零星旅游者，这类客人是酒店重要的旺季客源。个人旅游者较多地使用酒店的各种娱乐设施和服务设施，如游泳池、游艺室、健身房等。个人旅游者不同于旅游团队客人，他们喜欢自由自在、无拘无束的旅行气氛和生活，他们愿意下榻在交通便利、环境宜人的小型酒店和度假型酒店。在国外许多个人旅游者自己开车或从机场、火车站租车进行旅游，因此需要酒店具有免费停车场。由于个人旅游者大都为个人付款，他们对酒店的价格是非常敏感的。另外，他们希望酒店的服务热情周到，令人感到亲切自然。

第三类：包价客人。

指购买酒店各种特殊包价，参与酒店促销活动的客人。这类客人能够弥补酒店淡季或其他营业时期客源不足的状况。酒店采取的包价方式有：三日两夜的周末包价、一周包价等。包价方式可以促进酒店其他服务设施和项目的销售，通过包价销售，可以帮助酒店改变平淡单调的形象，在客人和公众心目中树立起丰富多彩的形象；可以更多地促进本地居民到酒店消费，从而扩大酒店的社会功能。

参加包价的客人以家庭、情侣、朋友居多，通常自己付款，对价格、服务内容、质量等非常在意。他们十分关心通过包价是否能给自身带来相应的收益。因此，酒店推出包价必须能够满足其物质和精神上的期望与需要。由于参加酒店包价的客人大多是本地居民，因而包价必须有足够的吸引力才能促使他们前来酒店下榻和就餐或进行其他消费。

第四类：优惠和折扣客人。

对某些重要客人，在下榻酒店时可享受价格折扣。吸引这类客人能够帮助酒店打开难以推销的市场，也可弥补酒店因淡季或其他原因造成的出租率不足，因此对享受折扣的客人不能因此而降低对其服务质量的要求。

(3) 长住客。

长住客是指与酒店签订合同，并且至少留住一个月的客人。长住客人一般包括外国公司、商社等设在我国的办事机构及其工作人员，应聘在我国厂矿、公司、学校及其他组织的外国专家、学者等，也包括国内各企业、公司及其他驻外办事机构的工作人员。他们在酒店居住几个月甚至一年以上，对酒店的服务要求也不同于一般客人。他们要求酒店提供舒适方便的居住条件，如卫生间应该宽敞明亮、设施齐全；在饮食方面，尽可能丰富多样，以避免单调乏味。另外，对商务设施和健身设施使用频率也较高，酒店应根据长住客的特点开展细致入微的服务，使客人有宾至如归的感觉。此外酒店在接待长住客时应注意：当长住客人抵达饭店时，应按照 VIP 客人接待程序和标准进行接待，前台接待人员即刻将所有信息输入电脑，为客人提供优质服务的同时建立客人档案。

（三）酒店市场定位

酒店市场定位是酒店根据细分市场的特点，采取各种措施使酒店产品在市场上具有一定地位和形象的过程。

酒店企业的类型很多，从青年旅舍到五星级酒店，从街头巷尾的小吃店到高档餐厅，从乡间酒馆到美丽迷人的度假村，或从简陋的家庭客栈到经济型酒店。在世界绝大多数地区，顾客对旅游接待企业有广泛的选择机会，对这些企业的选择，取决于顾客对特定企业的感觉，他们的感觉是在逻辑推理、知识以及对该企业若干特征（包括价格）评价基础上，由购买决策者根据自己的价值观进行权衡后形成的。一般来说，价值观作为一种动机，对购买决策的影响远远大于现实。一旦相当数量的人都对某企业持有类似的观点，那么该企业就拥有了所谓的市场位置。

市场定位是人们对一家酒店的想法、感觉和猜测，是在人们头脑中形成的。两家酒店可能看上去相同并提供同样的服务设施，但在市场上可能会占据完全不同的位置。因此，一家四星级和五星级酒店之间的区别可能常常只在于公众不同的看法，这种战略位置的选择一般是由酒店管理层来决定的。

例如，一家酒店自称“我们是市内最好的酒店”是一回事，但是顾客说“你是市内最好的酒店”则是另一回事。而只有当后者做出评价时，市场定位才能实现。在公众心目中占有一席之地，首先要为人所知，其次要具有区别于竞争对手并能促使顾客进行购买的某些知名特征。

1. 酒店市场定位的方法

（1）根据属性和利益定位。酒店产品本身的属性以及由此而获得的利益能使酒店顾客体会到它的定位。在有些情况下，新产品应强调一种属性，而这种属性往往是竞争对手所没有顾及的，这种定位方法比较容易收到效果。

（2）根据价格和质量定位。价格和质量两者创造不同的定位。在有些情况下，质量是取决于制作酒店产品的原料，或者取决于精湛的工艺，而价格也往往反映其定位。

（3）根据用途定位。如果为老产品找到一种新用途，也是酒店产品创造定位的好方法。

（4）根据使用者定位。酒店常常试图把某些产品指引给适当的使用者或者某个细分市场，以便根据这个细分市场的特点创建其恰当的形象。

（5）根据酒店产品档次定位。将酒店产品定位为与其相似的另一种类型的酒店产品档次，以便与之对比。

（6）根据竞争地位定位。将酒店分别定位于市场领导者、挑战者、追随者或专营者地位。

（7）混合因素定位。酒店市场定位并不是绝对地突出产品的某个属性或特征，顾客购买产品时不单只为获得产品的某项得益，因此，饭店产品的定位可以使用上述多种方法的结合来创立其产品的地位。这样做有利于发掘产品多方面的竞争优势，满足更为广泛的顾客需求。

2. 酒店产品定位策略

（1）与同类产品竞争定位。这种定位策略是在肯定本酒店产品有潜在竞争优势时采取的一种定位策略。这种定位决策要考虑以下几个因素：一是本酒店的生产与服务质量、特色和水平；二是市场潜力和市场容量的大小；三是酒店的市场开拓能力；四是酒店产品的价格调整空间，如酒店在上述条件中有明显优势，可以采取与竞争者决一胜负的竞争定位策略。

（2）拾遗补阙产品定位。酒店在进行市场细分时，可能发现一些市场空缺，即某些需求未得到充分满足，甚至根本不存在迎合该需求的酒店产品。例如，在我国酒店业中，定时分享制（分时度假）酒店还几乎是空白，汽车旅馆未能充分开展起来等。有了这种认识，酒店的产品定位策略就可以采取拾遗补阙定位策略。这样可以使本酒店的产品具有明显的优势，避免同行酒店的竞争威胁。

（3）突出特色产品定位。酒店在细分市场时会发现一些消费者对特色的极端偏好。如果对各种现有产品的分析不能肯定其特色，则本酒店在资源和技术水平许可的前提下就可以着手开发特色产品，并通过各种手段为其进行市场形象定位。

【同步案例 2-2】

走心的松赞酒店　高端“驴友”向往的经典

全顶耀眼的噶丹松赞林寺游人熙攘，海拔 4292 米的白马雪山垭口经幡舞动，骑行者、自驾车队在玛尼石堆旁忙着自拍。这时，却有一些旅行者绕开热闹的集镇，转入某条不起眼的山道，在路的那头，在田野的旁边，在村庄的炊烟里，寻找着这样的名称——松赞林卡、松赞香格里拉、松赞奔子栏、松赞梅里、松赞茨中、松赞塔城，它们是中国最美的小酒店。

松赞塔城酒店，这个偏居镇外只有 9 个房间的精品酒店，属于迪庆松赞酒店集团旗下的“精品山居”系列，原石垒墙、原木架构，在藏族、纳西族建筑样式中融入江南气质，推窗望山、低头看田，鸡犬之声相闻，2180 元一晚却一房难求，位列全球最大旅游评价网站猫途鹰最新一期“中国最美小酒店”榜首。

用宁静、安详的简单生活抚慰现代人疲惫的心灵，松赞塔城酒店的价值正在于此，但又不止于此。当它与集团在香格里拉市、德钦县、维西县的四家同样在选址、建设上精雕细琢的精品山居酒店和一家旗舰酒店连成“环”后，展示出的是一幅香格里拉壮阔绝美的自然图景和各民族返璞归真、和谐共居的精神哲学。

在面朝卡瓦格博峰的房间醒来，走入藏族人的日常生活，拜访、饮茶、采菌、挂经幡；登上茨中天主教堂矗立百年的钟楼，静静聆听峡谷中澜沧江水日夜奔流；在金沙江边隐秘的山谷村落，看璀璨星光缀满高原天幕；与松赞林寺为邻，听僧人诵念启迪众生的经文。

在香格里拉区域品牌下细分旅游市场、增加深度体验的旅游产品，配以车辆和管家服务，把“旅游 + 酒店”的模式延伸到了景区周边更多的原生态区域——那些远离城市在绿水青山间的民族村落。“每一个山居的风景一定是最美的，文化一定是最传统的。”松赞酒店集团的创始人、系列精品山居的打造者白玛多吉就用这样一颗颗与众不同的珠子串出了美丽的松赞“环线”。

资料来源：中国网，http：www.china.com.cn/news/2017-01/24/content_40170549.htm.

问题： 结合案例谈谈松赞酒店目标市场及特色与定位。

【知识链接 2-6】

酒店定位八大问题

无论你在为旅馆、大酒店、餐馆还是酒吧定位，马丁·斯特恩提出八个问题，提示你在定位时，要就你的产品提以下八个问题：

1. 我们的对象是谁？我们的目标是什么？

2. 我们在哪些方面与竞争对手有差异？怎样才能使自己与众不同？

3. 我们在哪些方面有可能占得先机？我们有可以利用的优势吗？

4. 我们需要克服哪些不利条件？是否有可能变不利为有利？

5. 在所有细分市场中，哪个对我们而言是最重要的？

6. 我们如何扩大或改变习惯模式？

7. 我们是否已经利用了有形和无形的优势？

8. 顾客最有可能挑选我们提供的哪种产品？

三、旅游酒店有形要素展示

酒店是一个集中为社会提供服务产品的公共场所，酒店提供的产品主要是服务，服务是无形的，所以我们通常会非常注重无形产品的质量，力求为客人提供一个满意的消费经历。但从营销角度讲，有形产品是无形服务中不可缺少的，酒店产品中的有形要素能够给客人创造一种很强的价值感觉，快速强化酒店的市场地位，加深客人对酒店的认可，特别是当销售人员向一位不了解本酒店的客户推销时，或者酒店接待初次入住的客人时，有形要素是决定酒店能否被客人选择的首要因素。因此酒店的良性运作不仅依赖于服务员高效率的服务行为，同时它又必须建立在酒店物资设备的基础上。

（一）旅游酒店有形要素

课堂讲解2-2：酒店有形要素展示

1. 酒店的地理位置

被人们誉为酒店大师的美国酒店联号之父——埃尔斯沃思·斯塔特勒认为："对任何酒店来说，取得成功的三个最重要因素是地点、地点、地点。"随着旅游业的飞速发展，处于优势地理位置的酒店在日趋激烈的市场竞争中显示出较强的竞争力和影响力。地理位置不仅是酒店产品的一部分，而且对酒店的经营成功与否起着十分重要的作用。一般来说，通常位于市中心的酒店给客人感觉是商务型酒店，而位于风景区的酒店会被认为是度假型酒店；酒店周围环境越繁华、交通越便利，就越能增强酒店的市场定位，对酒店的入住率、房价、餐饮销售等都会产生有利的影响。

2. 建筑风格

酒店建筑风格往往成为酒店最好的、最重要的广告标志，在一定程度上代表着酒店的形象。同时，酒店建筑风格越来越多地被赋予了文化内涵，能够形成独特的审美空间，反映了旅游目的地的文明和当地的文化传统，现代旅游酒店的建筑本身往往就是旅游目的地景观中的一道亮丽的风景。因此，酒店建筑对酒店的经营者有着至关重要的作用。同时建筑主题鲜明，外观造型独具一格，有助于所在地建筑形象与所在地的历史、文化、自然环境相结合，恰到好处地表现和烘托其主题氛围，使得来宾光临酒店时，产生一种归属感、自豪感和安全感。

3. 助销产品

酒店为客人在提供主要产品（服务）的同时，还有一些助销产品都在向客人传递着酒店的品质信息。如大堂饼屋的蛋糕陈列、印制精美的酒店宣传资料、赠送客人的礼品、公共区域的标识牌等。

4. 服务环境

服务环境是有形产品的派生物，它是有形产品综合作用而形成的一种感受。比如空间的温度、湿度，周围的声音、气味，环境的整洁度，顾客和服务人员的数量、外表、行为等都决定着客人是否愿意在此逗留。

5. 价格

价格是酒店营销活动中重要的组成部分，价格的高低直接影响着客人对酒店的认知和选择。因为价格提供了酒店档次和质量的信息，高价格能提高客人对产品和服务的信任感和期望值，低价格会使客人怀疑服务的水准和降低感觉中的服务价值。

6. 酒店员工

酒店服务质量的核心因素是“人”。具备专业服务素质且对酒店满意度较高的“人”（酒店员工）服务于酒店“客人”就会产生“顾客满意度”。如训练有素的餐厅服务员、仪表端庄的接待人员、稳重而彬彬有礼的管理人员等都会给客人营造一种可信度。

7. 顾客

定位为商务型的酒店，若接待大量的旅游团队，必使商务客人感觉不适；接待外宾为主的酒店，若同时接待大量会议就会导致高档客人流失。

8. 服务设备

现代酒店为适应人们日益增长的需求，已不再是仅仅提供住宿的场所，而是从衣食住行、视听娱乐，到运动健身、商务购物、医疗美容等应有尽有，设备设施日趋完善。一个现代化的酒店设备设施费用已占总价的1/3还多。如商务中心、贵重物品寄存处、健身室及各种健身设备和器材、桑拿浴、按摩室及各种配套设施、酒店的接待用车、大堂的行李车、餐厅的桌椅等都为客人推测酒店的档次和质量提供了证据。

9. 装饰布置

酒店装饰布置包括室内外装饰、陈设和环境绿化等许多方面。如照明的确定和灯具的布置；家具的配备、选择和摆放；帘幔的配置和管理；地毯及其他装饰织物的铺放；室内观赏品、绿化饰品的陈设等。酒店装饰布置除了以上基本内容外，还有许多应变性的成分，如宴会布置、节庆布置、广告宣传等。随着旅游业的发展、酒店设施的不断更新和人们对生活服务要求的不断提高，酒店装饰布置越发显示出它的重要性。如装饰典雅别致的大堂酒吧会促进客人的消费，温馨典雅并有着宽大床垫的客房能提高客人的回头率等。

10. 店徽、商标

酒店店徽、商标能够将本酒店与竞争对手区别开来，使客人联想到其服务特色，刺激客人的购买欲望，提高酒店的营销效果。例如有着“你今天对客人微笑了吗?”座右铭的美国旅馆业巨头——希尔顿在国际旅游消费者眼里是首选的酒店 。

(二) 有形要素在酒店营销中的作用

在酒店营销中，应切实做好有形要素的管理工作，以便能有效地向客人传递产品信息，吸引目标客源。

1. 塑造酒店优秀的市场形象

酒店通过巧妙地使用各种有形要素展示，向客人生动、具体地宣传了自己的形象，为塑造酒店优秀的市场形象奠定坚实的基础。

2. 为客人营造美好享受的氛围

酒店建筑物艺术风格和建筑物内部装饰布置，给予客人某种特殊的美感；酒店的服务环境、服务设备、员工的仪表和服务态度都会使客人享受到优质的服务。

3. 给客人留下深刻的印象

通过酒店有形要素的展示，能使客人尤其是初次入住的客人，根据酒店的有形要素来判断酒店的服务质量。因此酒店应充分利用有形要素的展示使客人对酒店产生深刻的印象，进而提高回头率和形成口碑宣传。

4. 使客人信任酒店

初次入住酒店的客人，在入住酒店之前很难全面了解酒店的服务质量，为促使客人入住，酒店应向客人进行有形要素展示，使客人更多了解酒店的服务情况，增强对酒店的信任感。

5. 提高客人感觉中的服务质量

在酒店为客人提供服务的过程中，客人不仅会根据酒店员工的行为，还会根据酒店各种有形要素的展示来评估酒店的服务质量。因此，酒店应做好每项基本服务工作和有形要素展示管理工作，为客人创造良好的消费环境，提高客人感觉中的服务质量。

6. 促使酒店提供更优质的服务

酒店通过有形要素的展示，不仅为客人创造良好的消费环境，而且也为员工创造良好的工作环境，使员工掌握更多的服务知识和更好的服务技能，满足客人的需求和欲望，为客人提供更优质的服务。

四、酒店价格策划

在酒店经营中，酒店产品的定价是价格策划中很重要的问题。一方面，酒店产品或服务的价格制定要以经济学的价格理论为基础；另一方面，市场环境的千变万化使得酒店必须在分析各种制约条件的基础上，灵活多变地来制定酒店产品价格。

价格是酒店营销组合中的一个重要组成部分，它有着若干独特而鲜明的特征。在营销各因素中，价格是最直接、见效最快的一个变量，也是唯一的一个与酒店可能获取的收入大小直接相关的营销手段。价格运用效果如何，在很大程度上取决于价格策略的质量，包括价格的定位是否适当，是否能处理好各种有关的价格关系，是否能有效地组织其他资源为价格策略的实施创造条件等。

（一）酒店常用的计价方式

按国际惯例，酒店的计价方式通常有以下五种：

1．欧式计价（European Plan，EP）

欧式计价是指酒店标出的客房价格只包括客人的住宿费用，不包括其他服务费用的计价方式。这种计价方式源于欧洲，世界绝大多数饭店使用这种方式。我国的旅游涉外饭店也基本上采用这种计价方式。

2．美式计价（American Plan，AP）

美式计价是指酒店标出的客房价格不仅包括客人的住宿费用，而且还包括每日三餐的全部费用。因此，又被称为全费用计价方式。这种计价方式多用于度假型饭店。

3．欧陆式计价（Continental Plan，CP）

欧陆式计价是指酒店标出的客房价格包括客人的住宿费和每日一顿欧陆式简单早餐的计价方式。欧陆式早餐主要包括冻果汁、烤面包、咖啡或茶。有些国家把这种计价方式称为“床位连早餐”计价。

4．百慕大计价（Bermuda Plan，BP）

百慕大计价方式是指酒店标出的客房价格包括客人的住宿费和每日一顿美式早餐的计价方式。美式早餐除含有欧陆式早餐的内容以外，通常还包括火腿、香肠、咸肉等肉类和鸡蛋。

5．修正美式计价（Modified American Plan，MAP）

修正美式计价是指几点标出的客房价格包括客人的住宿费和早餐，还包括一顿午餐或晚餐（二者任选一个）的费用。这种计价方式多用于旅行社组织的旅游团队。

（二）酒店定价目标

酒店定价要有一个目标，这个目标来自前期营销分析和营销决策。定价目标应当是营销目标的具体延伸，定价目标为定价确定明确的方向和依据。定价目标酒店根据经营目标、经营方针和竞争态势来制定特定水平的价格，并凭借价格产生的效用来达到预期的目的。酒店常见的定价目标一般有以下几类。

1．利润导向定价目标

（1）以取得最大利润为目标。酒店企业期望通过制定较高的价格，迅速获取最大利润。这种定价目标适用于酒店企业的产品在市场上享有很高的声誉，在市场竞争中处于绝对有利的地位，酒店企业可以取得最大利润为定价目标。但酒店企业以取得最大利润为定价目标并不意味着酒店企业的价格最大化。酒店企业选用这种定价目标，必须对酒店产品成本与市场需求做出精确的预测，并据此制定适当的价格，以吸引顾客，扩大销售规模，从而获取最大利润。在通常情况下，酒店企业以取得最大利润为定价目标制定酒店产品价格。应着眼于酒店企业取得长期的最大利润，而不是短期的最大利润。

（2）以实现预期的投资收益率为目标。投资收益率是预期的收益占投资额的百分比。实现预期的投资收益率是酒店企业常采用的一种酒店产品定价目标。在这种定价目标下，酒店企业在制定酒店产品价格时就必须考虑酒店产品的投资总额，并估算怎样的酒店产品价格才能在预定期内收回投资并获得一定的利润。这样，在其他条件不变的情况下，酒店产品价格的高低取决于酒店企业确定的投资收益率的高低。

2. 以酒店企业生存为目标

当企业遇到经营困难时，为维持业务、等待市场转机，让企业度过生存危机，酒店企业一般会采取低价策略，以低价吸引游客获得喘息机会。有时企业会把酒店产品价格定在成本线附近，酒店企业在市场低迷时可以以求生存为目标，待酒店市场情况好转后再从求生存转变为谋发展。

3. 以提高市场占有率为目标

市场占有率是指酒店企业某种产品的销售额（或销售量）占酒店市场同类酒店产品销售额（或销售量）的比例。酒店企业以提高市场占有率为定价目标，主要目的是维持和扩大酒店产品的市场销售量，并为提高酒店企业利润提供可靠的保证。事实证明酒店产品市场占有率高，可以取得规模效应，降低成本，增加利润。因此，提高市场占有率往往是酒店企业选用的定价目标。在这种定价目标下，酒店企业一般通过制定较低的产品价格来吸引顾客，尽快占领目标市场，以提高市场占有率。

4. 竞争导向定价目标

（1）以应付或防止竞争为目标。酒店企业在分析自身产品的竞争能力和竞争地位的基础上，为了应付或防止竞争，往往以对酒店市场有决定影响的竞争对手酒店产品的价格为依据，来制定酒店产品的价格。对于实力较弱的酒店企业，主要采用与竞争者价格相同或略低于竞争者的策略价格销售酒店产品；对于实力雄厚又想提高市场占有率的酒店企业，可采用低于竞争者的价格销售酒店产品，以防止竞争对手进入酒店市场。

（2）以稳定市场价格为目标。酒店企业按稳定价格的目标定价，一般不轻易地提高或降低酒店产品的价格，以避免价格战带来的不利影响，保持稳定的利润，树立良好的酒店企业形象。以稳定价格为定价目标的酒店企业，通常是资源充足、实力雄厚的大型酒店企业，因而其所制定的酒店产品价格既能为顾客所接受，又能为中小型酒店企业所接受。

（三）酒店产品定价方法

酒店的主要经济收入来源于客房和餐饮销售，其中客房所创造的营业收入远远超出餐饮收入。因此，确定合理的客房价格是关系到酒店经济效益的大事。

制定恰当的房价应当坚持以下两个原则：

第一，客房价格必须足以负担各种费用、投入资本以及目标利润；

第二，客房价格必须满足吸引酒店的目标市场。

1. 成本导向定价法

成本导向定价法是将重点放在生产与营销成本以及目标利润上。

（1）盈亏临界点定价法。盈亏临界点定价法反映的是在一定价格水平上总成本与总营业额的关系。这种方法常被用来分析价格与数量的关系。

盈亏临界点是指在此销量下总成本等于总收入，总收入和总成本相抵，利润为零。只有超过这个销量，酒店才会有利润。计算公式如下：

盈亏临界点销量＝固定成本/（单位售价－单位变动成本）

例：某酒店拥有110套客房，平均每日房价是360元，每间客房的变动成本为60元，固定成本每月为22000元，问需要出租多少客房才能保本？

盈亏临界点销量＝22000/（360－60）≈74（间）

（2）“千分之一法”。酒店业与其他行业相比，其成本构成有很大的不同。酒店业固定资产（包括土地、建筑物、设备设施、家具用具等）的投资占总投资额的比例较大，为70%～80%。因此，许多酒店经营者认为，酒店建筑造价与客房价值有直接的关系。酒店业传统的经验定价法“千分之一法”就是以酒店建筑总投资额为基数，按总造价的千分之一来划定酒店的平均房价。其目的就是获取合理的投资收益率。但是，“千分之一法”不能成为酒店企业最终的决策工具，因为它没有考虑市场的变化和经营环境的变化，所以只能作为客房定价的基点。

（3）赫伯特定价法。这种定价方法实际是目标利润定价法，是由20世纪50年代美国旅馆和汽车旅馆协会主席罗伊·赫伯特主持提出的。这种方法要求在客房成本计算的基础上，并在保证实现目标利润的前提下，根据计划的营业量，各项费用支出及所需得到的利润计算确定客房价格。计算公式如下：

平均房价＝（客房经营费用＋客房应获目标利润）/（可供出租客房数×365×年平均出租率）

2. 需求导向定价法

需求导向定价法是市场导向观念的产物，是以顾客对产品价值的理解和认知程度为依据的。

（1）理解价值定价法。理解价值定价法是根据顾客认知的酒店产品价值及对该价值肯定程度的高低来定价。理解价值定价法认为，某产品在市场上的价格和该产品的质量、服务水平等，在顾客心目中都有特定的价值。企业销售产品的价格和顾客的认知价值是否一致是产品能否销售出去的关键，因此，运用这种价格方法要做到：①酒店产品的价格尽可能地靠拢顾客的认知价值，这需要运用各种市场调研手段及实际销售经验，尽可能全面地收集顾客对酒店产品价值的评价，从而为制定顾客可以接受的价格提供客观依据；②改变顾客的主观价值评价，这需要运用各种市场宣传手段，改变顾客既定的价值评价，认可酒店制定的现行价格。

（2）需求差别定价。需求差别定价是指产品价格的确定以需求为依据，首先强调适应消费者需求的不同特性，而将成本补偿放在次要地位。这种定价方法，对同一产品在同一市场上制定两个或两个以上的价格，或使不同商品价格之间的差额大于其成本之间的差额。其好处是可以使企业定价最大限度地符合市场需求，促进产品销售，有利于企业获取最佳的经济效益。采用这种定价方法应具备一定的条件。①市场应是可以细分的，而且不同的细分市场能反映出需求方面的差异，即酒店产品定价方法要与市场细分相联系。比如，商务客人对价格挑剔较少，散客房价比团体房价要高10%～20%，因此，旅游酒店、商务酒店应根据各自的接待对象定出合乎实际的差价。②差别定价是按质论价原则的具体运用。酒店客房的接待对象、面积、位置、朝向、结构、设备、装潢布置等的不同应该反映在价格的级差上。价格分等应体现出客房的等级，要使客人相信房价的差别是合理的。③差别定价的差价大小要适宜，不会招致消费者误解或反感。

【同步思考2－3】

酒店常用的差价形式有哪些?

3. 竞争导向定价法

竞争导向定价是以适应竞争为中心的、以竞争对手的定价为依据的定价方法。在定价时主要以竞争对手的价格为考虑因素。此策略中采用最普遍的主要有以下几种。

（1）随行就市定价。随行就市定价即酒店根据同行业酒店的平均价格水平定价。在竞争激烈的情况下，是一种与同行业和平共处、比较稳妥的定价方法，可避免风险。这主要是因为许多酒店对于顾客和竞争者的反应难以做出准确的估计，自己也难以制定出合理的价格，于是追随竞争者的报价，同升同降。在高度竞争的同一产品市场上，顾客尤其是大旅行社对酒店的行情了如指掌，价格稍有出入，顾客就会涌向价廉的酒店。因此一家酒店降价，其他酒店也不得不降价以保证市场份额，也就是说，酒店业竞争者之间的相互制约关系表现得特别突出。同样，有一家酒店提价，则也会使其他酒店随之涨价，从而获得更高的收益。

（2）追随定价。这种方法是酒店企业以本地同行业主导酒店的价格为标准制定本酒店的产品价格。此策略的普遍使用主要是因为酒店在率先降价以争取消费者的同时，往往会导致竞相降价带来利润的急剧下降。因此酒店为了避免正面价格竞争的风险，宁可追随本地同行中影响最大、实力最强酒店制定的价格。此方法可以避免酒店之间的正面价格竞争，又可获取比较丰厚的利润。在酒店市场上，一些有实力、市场份额较高的酒店往往左右着一定地区酒店价格水平的波动，甚至多少有些垄断性质。精明的酒店营销人员在激烈的竞争中会时时盯着其他酒店，特别是对市场价格起主导作用的酒店的动向。

（四）酒店的定价策略

酒店企业除了要正确使用新产品定价策略、心理定价策略、差别定价策略等，在实际工作中，也常常使用如下的定价和报价策略，它们都有着相同的目的，即努力赢得客源，尤其是在困难时期或是淡季。

1. 常见的价格组合策略

市场对酒店产品的需求决定价格的上限，酒店的成本决定价格的下限。价格上限是特定的市场环境条件下消费者可以承受的最高价格，价格下限是酒店在不亏本的情况下所定出的最低价，至于酒店产品最终确立何种水平的价格，还要取决于市场竞争状况。在市场上，确定房价几乎是每天都要做出的决定。常见的有以下几种价格形式。

（1）组合包价产品。组合包价产品是酒店产品营销的一种价格策略。例如，在酒店住宿 3 天并包括观光游览或包括文化体育活动等特殊兴趣活动作为一个组合，制定组合包价。这些组合包价产品可以通过广告宣传向公司客户促销，也可直接向顾客出售或通过其他相关的旅游公司进行营销。

（2）周末房价。周六或周日入住连续两晚可享受第二晚房价半价优惠。周末房价是各种折扣性的优惠，旨在吸引顾客在周末断续住宿酒店或吸引当地顾客住宿，也可以与交通部门共同营销周末房价，以使国内市场客人可以享受包价“短期”旅行并享受住宿酒店的豪华服务。

（3）商务房价。商务旅行者是使用酒店频率最高的客人，因此，商务旅行者几乎是所有酒店追求的目标。为了吸引这些顾客，一般要协定特别鼓励价，此外可以利用特殊商务服务，如秘书、周五私人助理、传真设备、计算机、复印、会议室、电视会议设施以及在有些情况下提供外语翻译服务等作为额外的吸引力。

（4）常客房价。这种策略旨在鼓励那些经常下榻酒店消费的顾客定期在本酒店住宿并建立积分以便在一段时间之后降低房价，或者对曾在酒店多次订房的客人给予一次免费住宿。如通常被称为“顾客忠诚的计划”的房价主要为吸引商务客人并使其成为忠诚顾客而制定的。

（5）公司房价。酒店将一些大公司或者对酒店服务设施利用率很高的公司作为服务对象，并对其长期惠顾提供低廉的房价，对使用酒店的其他服务项目提供一些特价优惠。

（6）家庭房价。许多酒店为吸引家庭顾客推出“儿童免费”、免费负责看护儿童、提供保姆服务、为家庭顾客安排套间或毗邻客房等。通过采用家庭房价策略可以提高周末或淡季过剩的出租能力。

（7）会议房价。举行会议、训练班、庆典，特别文化或体育活动的专业团体、行业团体、商业团体以及社会团体总在寻求最实惠的地点。大多数酒店力争获得此类业务，并且推出一种可商议的最低房价（此房价可以收回成本并获得少量利润）。大多数酒店提供一种包括三餐及其他服务项目的全包价格。

（8）升级。为避免伤及声誉和形象，一些高级酒店不愿打折。与此相反，在竞争的环境中，这些酒店为受惠的顾客提供升级。例如，从一间普通的客房搬进高级客房以便在不加价的情况下为其提供更多的优惠，或者提供免费商务设施。

（9）纯住房价。是指只包含住宿的“纯住宿”房价，不包含其他服务与酒店设施的使用，这是一些酒店为实现最大出租率、实现利润最大化所采取的一种策略。

2. 上浮式销售策略与下降式销售策略

不同的顾客对自己所追求的利益是各不相同的，其对酒店的评价标准也各不相同，许多酒店为每个细分市场制定了不同档次的产品及多种价格档次。在实际门店销售中，常用的价格策略主要有由低向高和由高向低的报价策略，这种策略有时被称为“开门迎客”策略，主要适用于酒店前台接待到店散客。

（1）“上浮式”销售——进店策略。当顾客到店询问房价时可以采用这种策略。前台接待人员对顾客可采用由低到高的报价方式以备顾客选择。客户一般选择中间的价格，既不寒酸也不过度奢侈但又物有所值。这时前台接待人员可以向顾客提出只要再加若干就能得到更多的优惠。例如，提供大号双人房或是可俯瞰优美景观的房间，这就是“上浮式”销售。

（2）“下降式”销售策略——店内策略。与“进店”策略相反，店内策略是前台接待人员首先向顾客推荐较高的但通常可以被接受的价格，如果顾客无法接受，再依次推荐较低价格的产品，直到顾客对某种价格产品感到满意为止，即“下降式”销售。

在运用正确的定价方法和定价策略制定酒店产品价格时，酒店企业也必须明白，一种价格策略将会影响组合的其他要素，其影响程度主要取决于总体目标和营销目标。例如，长期的折扣肯定会影响对产品质量的决策。

【知识链接 2-7】

表 2-6 房价的种类

分类依据	按客人类型							按租用时间				按住人情况				
价格种类	标准价	公司价	团队价	会议价	长包价	小包价	家庭租用价	淡季价	旺季价	平季价	白日价	单开房价	双开房价	加床房价	保留房价	特别折扣
表现与用途	门市价或牌价	合同价	与旅行社签约	与主办单位签约	与长住客签约	观光价	带小孩家庭	执行酒店淡季价格	执行酒店旺季价格	除淡旺季外其他时间的价格	钟点房	单间客房住一人	单间客房住两人	标准客房加一床	临时外出或预定未到	特殊优惠价

五、酒店分销渠道策划

酒店分销渠道策划是指酒店为实现销售目标，对各种备选渠道结构进行评估和选择，从而开发新型分销渠道或改进现有分销渠道的筹划过程。

分销渠道策划是酒店市场营销策划的重要组成部分，企业在营销过程中，渠道已经成为企业的一个重要组成部分。事实上，很多产品之所以在市场营销中没有获得很好的效果就是因为渠道成员效率过低或者渠道设计不合理、渠道管理不当造成的。因此，酒店应该重视企业资源和外部环境的分析研究，熟悉并掌握渠道成员的经营目标、资源状况，加强渠道成员的管理和合作，发挥渠道在营销中的作用，实现企业营销目标。

（一）酒店分销渠道——旅行社

旅行社是酒店的传统销售渠道，也是最重要的销售渠道之一，同时旅行社也是酒店的合作者和间接顾客，有效地利用其与客源市场的联系和影响，酒店可以更便捷地把销售主张传达给顾客。稳固合作关系和积极的激励制度是发挥旅行社营销传播功能的关键。旅行社在口碑、服务、酒店宣传品发放、与顾客沟通等方面对酒店营销传播起着积极的作用。

1. 旅行社订房的特点

（1）订房数量大。除了大型会议外，一般商务企业、政府组织机构等订房数量受其自身业务规模所限不会太大，但旅行社订房则不然。通常旅行社的年接待量都在万人以上，大型旅行社甚至达到百万以上。因此，旅行社的订房对旅游酒店尤其是旅游城市和风景区的酒店而言是主要的生意来源。

（2）订房价格低。旅行社为了尽可能提高经营利润以及降低直观报价，增强旅行社价格的竞争力，通常会向酒店争取较低的团队价格，另外，旅行社订房量大，也使其能够获得较大的价格折扣。这样旅行社的实际订房价格往往比酒店门市价低。

（3）订房时间集中。旅行社订房时间集中，一般多集中在旅游旺季，这会使旅游酒店在旺季客源激增，形成营业高峰，使酒店的设备设施超负荷运转。而在旅游淡季，旅行社订房数量大幅度减少，酒店接待能力闲置。因此，酒店应该做好旅游淡季的营销，开展多种多样的营销活动加强旅游淡季与旅行社的合作，比如实行淡季价格、合作开展旅游项目等。

（4）订房取消率较高。因为旅游业受外部环境影响较大，其特点之一是敏感性，受自然、经济、社会、政治等因素的影响较大，从而出现团队订房取消率的提高。为此，酒店应该合理针对不同目标市场开展营销，选择多个细分市场作为目标市场。

（5）订房连续性较强。酒店与旅行社一旦形成合作关系，随着双方对这种合作关系的不断维护和发展，会形成紧密的业务联系，双方在合同执行的每个细节上都十分了解和熟悉，因此一般会形成长久的合作关系，这对稳定酒店的客源十分有利。

【同步案例 2－3】

如何处理酒店与旅行社的关系？听听万豪 CEO 怎么说

美国旅行社全球大会上，万豪集团执行总裁 Arne Sorenson 向记者表示：万豪酒店收购喜达屋酒店之后，将继续保持与旅行社的良好业务关系。

Sorenson 刚刚在大会上做完演讲，并且荣获美国旅行社全球大会的酒店行业年度奖章。有人向 Sorenson 发问，万豪打算如何定位集团与旅行社、喜达屋酒店之间的关系。一般说来，喜达屋与旅行社之间的合作更为密切。

Sorenson 表示："我想这个问题不应该由我来回答。但是，我认为我们与旅行社之间的关系是极好的。我们之间没有磕磕碰碰，是一帆风顺的。"

有人发问，为什么大家认为喜达屋和旅行社的关系更为密切。Sorenson 表示，这可能是因为他们个人与喜达屋的关系比较好，也可能是喜达屋员工比较擅长处理与旅行社的关系，或者是其他方面的原因。

"同时，我们希望维持好我们与客户之间的关系。我们与旅行社之间的关系就是我们与客户之间的关系。所以，我们会维护好与旅行社之间的合作。"

Sorenson 表示，万豪和喜达屋的收购还没有彻底结束，如向酒店支付多少佣金、将来酒店会员忠诚计划怎么安排都尚未确定。

Sorenson 表示："所以，我们必须和旅行社进行对话探讨，对话内容类似'好吧，我们来谈谈吧。为什么有些旅行社更偏好喜达屋呢？你们是害怕失去什么吗？你们怎么看待我们之间的关系？'我们会通过这种方式彻底弄明白我们之间的关系。我们希望能提出一套巩固双方合作关系的方案。"

Sorenson 表示："我们会以双边对话的方式解决这个问题。"

Sorensen 的发言非常小心谨慎，他说："这并不意味着所有的决策都能受到大家的青睐。但是我们希望，能在相互理解的基础上做出决策。我们也希望旅行社能够理解一点。"

Sorenson 在会上还探讨了对于旅行社来说比较敏感的话题——酒店直接预订策略。

Sorenson 表示："当前，如果你问顾客在哪里能订到价格最优惠的房间时，即使网上和万豪酒店直接预订的价格完全相同，顾客还是会回答在线旅行社。这是因为，在线旅行社花大价钱做市场营销给人们造成的错觉。"

Sorenson 说，为了纠正人们这一看法，不少酒店开始推广直接预订方法。

资料来源：劲旅网，http：//www. ctcnn. com/，2016－10－20.

问题：

（1）在美国旅行社全球大会上，万豪集团执行总裁 Arne Sorenson 表达了怎样的观点？

（2）你认为对旅行社来说，酒店比较敏感的话题是什么，为什么？

【知识链接 2-8】

美国旅行社协会与酒店的营业关系与运作标准

美国旅行社协会为建立一套与酒店理想的营业关系与运作标准，已经提出若干实验实施的原则，并为酒店方面所采用。

制定本准则的一切努力都是为了酒店与旅行社之间的共同利益，本协会所提出的建议如下：

1. 收费标准与预订

酒店应随时制订并发布一种收费标准一览表，列出各种房间及其他服务的最高及最低的收费额。一览表的收费标准应可适用于所有顾客，不管他是直接订房或是通过旅行社代理预订。业已公布的一览表收费标准应予严格遵守，直至新的一览表公布为止，或者直至代理人收到书面通知改变收费标准为止。

旅行社或代理人仅可根据酒店规定的收费标准提出报价与推销，但如由于实际的需要或经顾客的要求，他们可不受这种标准限制而接受订房。

代理人接受订房要求时，应直接与酒店代表或其授权代表联系处理。有关订房所需的通信费用，如邮资、电报电话费等均由代理人负担。酒店对于订房的要求应当立即予以答复，可能时最好在 24 小时内答复。

2. 佣金

代理人收取佣金，是依酒店规定的收费标准而获得的销售额的 10%。酒店对于代理人是否应当提取某项销售额的佣金有任何疑问时，代理人应当提出确实证据，证明他在该销售中所具有的影响力。有关此次销售所做的通信、电话或电报的记录均可作为具体证据，不必空言争论。

代理人代表酒店收受的一切款项，均应在扣除其应得的佣金后，立即汇交酒店。如果酒店原已同意代理人代收之账款可暂以收据联单记账，实际回款则依协议的时间稍后寄出。

代理人提供服务后，一切款项如经酒店自行直接收取，则代理人应得之佣金，酒店应在收款后三十天内结算付给代理人。

3. 广告

酒店与代理人双方所作之广告均应切合实际，尤应注意广告格调的高雅，并应避免可能导致误解言辞。

广告中如果列有最低收费标准，应该肯定而明确地指出最低标准，不可含糊其词。

代理人为酒店服务时，不可在言辞上明示或暗示各家酒店的相互比较情况。

代理人与顾客之间的往来关系，应当予以尊重。在以后的生意中，即使酒店可以直接向该顾客销售产品，仍应当通过代理人处理。

代理人有义务展示或分发酒店提供的小册子或其他类似的广告宣传品。

4. 一般条款

代理人与酒店之间的关系应维持营业上的道德标准，对方对于顾客或社会大众亦应如此。如果酒店委托的代理人并非美国旅行社协会的会员，且其待遇较其会员优厚，则会员亦有权享受此种同等待遇。

5. 争执

双方如有任何争执，包括佣金的争执在内，可由酒店将争执事项提交酒店协会，并由代理人将争执事项提交旅行社协会共同调解。

酒店对代理人如有索赔的要求，或代理人对酒店有此要求，均应在合理的时间提出。

资料来源：http：//www. hotelcis. com/txt/article/201205/2873. html.

2. 建立与旅行社良好、和谐的合作关系

酒店与旅行社之间要建立良好和谐的合作关系，做到精诚合作、利益共享、风险共担，这需要付出很多努力来培育。作为酒店应从以下几个方面着手。

（1）做好接待工作。酒店提供优质的产品服务是保证与旅行社关系的最实质性内容。如果没有意识到这点，在具体工作中势必是舍本逐末。

（2）加强沟通。酒店应让旅行社充分了解自己的产品与服务，可以通过组织旅行社人员参观、使用，并提供足够的宣传资料，如小册子、广告招贴画、促销录像带、幻灯片等，还应经常通过函件、人员访问等形式及时向旅行社通报酒店各新产品与服务、新项目、新计划等的最新动态，以协助其销售，并争取在旅行社旅游路线促销宣传中取得理想位置。对于旅游批发商而言，一般是提前一年或更长时间印刷宣传手册和报价单，但酒店应提早与之协商房价。如因经营需要必须提价，应尽早通知旅行社，并取得谅解。否则由于两者沟通不足，临时提价（尤其是旺季）会使旅行社陷入尴尬，引发大批退房，双方都会在经济利益、公众形象上受极大损失。

（3）积极激励。酒店可采用多种激励措施提高代理销售的积极性。如提高佣金比率，对淡季销售发给奖励佣金并及时支付；对通过旅行社预订的公司和机构给予更大折扣，鼓励它们从旅行社预订；免费为旅行社人员提供膳宿服务；开展销售竞赛，对销售业绩好的旅行社给予奖励。

（4）加强预订受理工作。根据旅行社订房的特点，设计专门的预订受理程序，方便旅行社订房。酒店应主动提供房价、订金政策以及其他服务项目（如行李托运费）的付费说明，并以书面形式，一般是客房销售合同，向旅行社明确房价（是否含早餐）、订金、预订截止时间、付款方式等内容。同时，酒店还应积极采用先进的电子网络系统以顺应网络预订的新趋势。

（5）加强售后工作。旅行团离店并不等于销售工作的结束，酒店应与旅行社保持密

切联系，征询其建议与意见，以便改进提高。

（6）重视账款清算。只有收回账款，酒店才能真正取得经济效益。有的酒店只顾招徕顾客，怕影响与旅行社的关系，往往不能及时收回账款，降低了酒店资金周转率，有时还会影响酒店的长远发展。

【同步思考2－4】

现阶段，我国酒店与旅行社之间的报酬关系主要是采取酒店与旅行社之间的报价差，即旅行社通过酒店订房的收益来自酒店对旅行社报价和旅行社对游客报价的差价。但在国际上通行的是酒店向预订客房的旅行社支付佣金的形式，即酒店向预订客房的旅行社按销售额的一定比例支付佣金，通常为10%～20%。请问两种方式相比，佣金支付的方式有哪些好处？

（二）酒店分销渠道——网络分销体系

随着互联网科技和电子商务的迅猛发展，现代人的工作、生活已离不开网络。随处可见的“网上交易”“网上购物”已颠覆了人们传统的思维和经营模式。借助网络不仅可以提高人们的工作效率，同时提高了人们的生活质量。酒店开展网络营销，就是对未来客源市场的战略考虑，是酒店进行市场竞争、实现酒店可持续性发展和建立酒店品牌意识的需要。通过网络，客户可以查询到任何目的地酒店经营信息和客房价格，酒店经营设施、客房价格都是透明的。能使酒店建立诚信经营机制和更高的沟通平台，扩大知名度、开辟新的市场，促进营销。

1. 酒店网络预订系统

（1）酒店网络预订系统的分类。①电话传真预订系统。该系统主要是在各地设立订房中心、销售办事处，通过免费电话（或者拨打国际长途只收市内电话费）和传真接受客人的预订。②联号酒店预订系统。这种网络系统由集团所属酒店的电脑构成网络。客人如需预订该集团内任何一家酒店的客房，可以通过该集团的任何一家酒店进行网上预订。国际上一些著名的酒店集团，如巴斯酒店集团的HOLIDEX预订系统、洲际集团的GLOBASII预订系统、雅高集团的ACCOR订房系统、希尔顿的HILTRON中央预订系统等，都属于这类系统。③网络在线预订系统。网络在线预订系统主要是在互联网上建立网站，接受客人的直接预订。国际知名酒店管理集团如假日、雅高、希尔顿、喜来登、香格里拉、威斯汀等都建立了这样的预订系统。目前，我国的多数高档豪华酒店也纷纷建立了自己的网络预订系统。④GDS（Global Distribution System）即“全球分销系统”。该系统是应用于民用航空运输及整个旅游业的大型计算机信息服务系统。通过GDS，遍及全球的旅游销售机构可以及时地从航空公司、旅馆、租车公司、旅游公司获取大量的与旅游相关的信息，从而为顾客提供快捷、便利、可靠的服务。

【知识链接2-9】

“全球分销系统”GDS（Global Distribution System）

“全球分销系统”是由美国Sabre公司创立，美国Sabre股份有限公司于1960年创立GDS全球行销预订系统，Sabre是美国Airline Company的直属企业，至今已经有40多年历史。

目前全球的GDS系统有Amadeus、Calileo/Apollo、Sabre、Worldspan四大系统，中国的是由中国航行开发的代理人系统CRS。GDS是第一个在全球国际旅游行业使用的预订系统，并且是全球旅游行业主要的预订系统，因此全球旅游行业的酒店预订GDS的占有率为50%，加入GDS等于直接与全球50万家旅行社签订了订房合作协议。

GDS系统与普通网络订房的区别：

现在，很多酒店已经开始建立自己的订房系统，但大都属于网络订房，其之所以能被广泛应用，主要是因为网络订房（投资）成本较低。然而，那些真正关注酒店长远发展的领导者、决策者以及国际连锁型的酒店管理集团更愿意加入GDS系统中来提高自己的订房效率，因为一般网络订房大多数局限于国内旅客，且是酒店与一般散客通过Internet的随机接触或通过订房中心打电话预订，旅客预订不到的情况比较普遍，且这部分客人的消费能力相对较低。而GDS系统在一般网络订房的基础上，通过多年培育的全球50万家旅行社将酒店预订与机票、租车、邮轮预订等业务联成一体。加入该系统的酒店将获得更大范围、更为紧密的客户群，特别是能够保证旅客的入住，因为旅客通过GDS向酒店订房，旅行社提供入住旅客住宿信息及信用卡信息向酒店订房，因此为旅客提供的是有保证的订房。当然，透过此平台游客也可以通过全球知名网站查找到酒店的所有信息，客人也可直接与酒店预订。其实，网络订房与GDS最主要的不同在于GDS平台全球性的推广作用，它能在无形中提高酒店在游客心目中的地位，与境外旅行社建立合作关系。

（2）我国的酒店网络预订渠道。我国的酒店网络预订渠道主要是各专业网站代理预订机构，即酒店第三方在线旅行服务代理商，Online Travel Agency（OTA）。专业网站代理预订是目前酒店普遍采用的中介代理渠道，它的网络覆盖度高，在网的酒店数量多，容易形成“信息聚合效应”。如携程拥有60多万家会员酒店可供预订，会员已达1亿左右。随着自由化市场竞争，在线旅游渠道商的专业服务能力进一步提升，渠道商队伍进一步壮大。目前成规模的酒店渠道商有携程、艺龙、芒果、号码百事通、12580、途牛、快乐e行、同程、遨游等。在线旅游渠道商实力的壮大推动了酒店的客房销售。

（3）网络预订渠道商与酒店合作存在的问题。网络预订渠道商以酒店和机票佣金为主要盈利模式，一定程度上压缩了酒店的利润空间，因此，二者出现矛盾也就不足为奇了。出现的问题主要有以下几种。①网络预订渠道商"挟顾客"削弱酒店议价能力。在线旅游分销模式之所以能够获得市场认可，最为重要的是渠道商具有强大的旅行者会员资源，还在一定程度上弥补了酒店自身分销力量的不足，协助酒店摆脱区域化的营销困境。同时网络预订渠道商的出现，推动了酒店行业的内部竞争，有助于酒店行业的整合，提升整个行业的服务水平。但目前由于酒店直销渠道建设的滞后，而网络预订渠道商因发展迅速而逐渐强势，酒店与网络预订渠道商之间"话语权"之争矛盾越发凸显。②酒店业成渠道商预订平台"提款机"。凭借庞大的终端用户资源，渠道商在与酒店谈判时拥有较大的话语权，也能够获得较低的采购成本，但是酒店仍需向渠道商支付8%～15%的佣金。此外，由于酒店缺乏对构建直销平台的关注度和相应的构建能力，造成部分酒店过分依赖网络渠道商来推动销售，使酒店供应商失去了"议价权"。国内一些酒店超过10%甚至30%的客源由携程、艺龙等旅游电子商务网站提供，如果渠道分销商要求提高佣金或进行活动赞助，成员酒店基本会无条件接受。③酒店为渠道商之间的"价格战"买单。2010年3月携程网高调推出"最低价赔付承诺"，被同行质疑是变相"剿杀令"，从而在行业内掀起一轮价格战。从艺龙直指携程的"比你贵、赔3倍"，到游易网直接返佣金的"自杀式袭击"，以及旅游垂直搜索引擎推出的各种招数"教你找到最低价酒店"等，由于自身直销平台缺失，渠道商之间的价格战最终由酒店供应商全部买单，未来渠道商之间的竞争只会更趋激烈，酒店供应商"议价权"将进一步丧失，造成酒店与渠道商矛盾激化。

【同步案例2-4】

酒店"自强"推出会员折扣OTA：他们会付出代价

一些大型酒店的经营者，包括希尔顿公司和万豪集团在内，都在采取新的策略以减少向快速发展的OTA付款，即用较低价格吸引经销商。

2016年，为了避免向类似Expedia和Priceline这样的OTA支付两位数的佣金，这些连锁酒店已开始给自己忠诚度计划的会员提供高达25%的独家折扣。

今年早些时候，希尔顿酒店发起了一场广告宣传活动，以说服顾客不要再四处寻找OTA，而是通过希尔顿官方网站或者官方App预订住宿。这一宣传活动与希尔顿酒店忠诚俱乐部紧密相关，这一俱乐部向其会员提供的折扣高达10%。"是时候要有点竞争意识了，现在我们要做大市场。"希尔顿的首席营销官Geraldine Calpin如是说。

虽然希尔顿酒店大肆宣传"会员率"或"专属折扣"，但在技术上只有数百万用户报名参加他们的忠诚度计划，这意味着希尔顿旗下的酒店品牌不需要向OTA提供相同的折扣。

希尔顿酒店与第三方网站签订的合同经常阻止他们在自己的网站上提供低利率，尽管酒店品牌表示他们可以自由向忠诚度计划的会员提供折扣。

在过去，希尔顿酒店的大部分忠诚度项目只向其会员提供 Wi-Fi、房间升级和奖励积分等特权。今年，希尔顿开始在自己的旅游网站 RoomKey. com 上向其会员提供折现的特权。

Expedia 已经通过惩罚某些酒店发表了回应，这些酒店宣传忠诚度折扣以降低其他连锁酒店在自己网站上的搜索结果，Expedia 拥有的旅游门户网站包括 Hotel. com，Orbitz 以及与公司同名的 Expedia 网站，而 Priceline 的一位发言人拒绝对此予以置评。

提到忠诚度折扣，Expedia 住宿服务合作伙伴总裁 Cyril Ranque 表示："酒店的所有者将为这种折扣策略付出代价。我们相信这不是一个可以长期发展的策略。"

资料来源：劲旅网，http://www. ctcnn. com/mobile/show. jsp? id=45161，2016-07-12.

问题：

（1）你是如何评价酒店"自强"发展直接销售渠道与"OTA"的？请分析各自的优劣。

（2）随着酒店直接销售渠道的建立，你认为"OTA"今后生存空间会不会受到压缩？

2. 酒店网络直销

酒店网络直销就是酒店通过自己的网站进行网络营销活动，酒店和顾客利用互联网"面对面"的交易，不需要代理商这一中间环节。这里所指的酒店网络直销是借用直销平台的预订模式，不同于早期酒店自建的网站直销。据统计，万豪、希尔顿通过自有网站的直接销售收入与通过网上中介的间接销售收入之比已经高达 3∶1。而从消费者来说，他们也不愿意在中间商那里多花钱。Forrester Research 调查公司发现 69% 的美国休闲旅客喜欢直接订房，而只有 27% 的旅客愿意从中间商那里订房。因为他们认为高质量的服务只能来自酒店本身。酒店网络直销出现的内在必然性有以下几个方面：

（1）市场空间巨大。随着国内经济的发展，自助游和商务旅游规模在迅速增长，此类游客对清洁、价廉、能提供基本服务的酒店需求也在迅速增长。但网络预订的酒店覆盖范围有限，使这些顾客的需求难以得到满足，而还没有加入网络预订的大多数单体酒店，也渴望借助网络直销模式来扩大销路。

（2）经济型酒店追捧。随着经济型酒店的迅速发展，它们定位于提供有限而优质的服务，其目的是从顾客需求出发，为顾客减少不必要的花费。经济型酒店通过酒店直销网，既可获得销售支持和培训，还能利用较低的年费获得直销平台的使用权，因此，酒店网络直销也受到了经济型酒店的追捧。

（3）顾客的互动参与。顾客参与到网络直销过程，与酒店互动交流，进行讨价还价，可满足其心理要求，对于团购客户，他们有更强的还价能力。同时，顾客能发表评论，进而引导其他顾客预订。交互性的预订可使顾客与酒店形成牢不可破的紧密关系，有利于酒店“点对点”营销。

（4）网络的本质精神。免费和直销是互联网的两大优越性，也是它的本质精神。但是在酒店网络预订领域中，顾客既不能随心所欲地选择合适的酒店，也不能享受到个性化服务；同时，酒店方面还要承担高额佣金，这恰恰与互联网的免费精神相悖。而酒店网络直销的出现恰恰符合网络时代的本质精神。

（5）参与国际竞争的要求。目前，我国的酒店业尚无实力参与国际竞争。面对竞争，其出路就是学习和借鉴国外经验，迅速壮大自我，尽快与国际接轨。虽然我国酒店业的网络营销已经初见成效，但在信息传输、企业管理等方面还保持着传统的经营方式。因此，我们可以利用技术创新，将网络直销模式作为酒店与国际竞争的有效手段，为酒店业的发展创造更多的竞争优势。

【同步思考2－5】

移动营销（Mobile Marketing）指面向移动终端（手机或平板电脑）用户，在移动终端上直接向分众目标受众定向和精确地传递个性化即时信息，通过与消费者的信息互动达到市场营销目标的行为。随着智能手机的普及及客户端App的出现，人们生活的很多方面已经简单到动动手指就能解决。请问酒店企业是如何利用移动终端开展营销的？

3. 我国酒店网络分销渠道的发展趋势

（1）构建复合销售平台，变革酒店渠道模式。全球大酒店集团在发展过程中，形成了以全球品牌宣传、全球预订网络、全球主流城市销售中心和各分支酒店销售力量为体系的销售系统。跨国酒店在自身直销体系方面做得非常成熟，只有在边际效益无法继续提升的前提下，才会借力第三方分销渠道商，使渠道商成为酒店销售的一种有益补充，而不是完全依托。目前国内酒店业的发展更倾向于将自己变成纯粹的旅游服务供应商，将大部分销售业务交给渠道商来实现。渠道商的存在在一定程度上推动了酒店业的发展，但不能成为完全的依赖，酒店也不能依靠渠道商分销解决所有的发展问题。构建复合渠道平台，是酒店渠道营销模式的变革方向。

（2）依托网络平台，建设自有销售渠道。酒店可以通过互联网进行企业形象宣传，让顾客以更清晰、全面、快捷的方式了解所需要的信息（设施设备、内部环境、特色服务和价格等），同时酒店可以在第一时间了解客户的需求和意见，形成互动，进而达到新、老客户直接在线预订的销售目标。当然，这还需要借助网络平台的支持：一是利用网络与系统平台（如德比的D－Hotelier、锦江德尔的HUBS、罗盘的HIMS和网连天下的Tinsia平台等）建立预订与呼叫中心，并通过统一的网上营销中心调配联盟酒店的资源；二是依托于旅游目的地的营销系统平台，整合本地化的各种星级酒店和旅馆资源等，实现关联性营销。

（3）多种渠道合作，平衡渠道议价能力。由于在线渠道商的消费者数据库庞大，而酒店依靠自身力量不可能辐射到如此广泛的客户群体，同时渠道商在实现自我利益的同时，借助其营销平台，推动了酒店品牌的提升，弥补了酒店品牌宣传不足的问题。因此，酒店没有必要，也不可能否认渠道商的分销功能。其实，问题的焦点在于酒店如何去平衡渠道成员之间的力量对比，尤其是在在线渠道商控制甚至垄断了酒店客房销售的情况下，解决该问题就显得更为迫切。

（4）关系营销，注重顾客价值回馈。在线旅游渠道模式之所以受到旅行者的钟爱，主要还是在于这一平台能够为他们提供顾客价值——信息对称与优惠价格。如果在线渠道促成酒店与旅行者之间的第一次交易之后，不能产生重复消费，那么问题就出在酒店自身了。因此，无论是通过什么样的渠道吸引顾客入住酒店，酒店都要面临如何获得、保持和维护顾客忠诚度的问题。可见，注重对顾客价值进行挖掘、创造和传递，吸引并留住顾客才是酒店真正需要解决的营销难题。

众所周知，顾客不仅需要良好的性价比，更需要售前、售中和售后各个环节的综合体验。通过数据库挖掘，结合社会潮流或者热点事件，有针对性地开发个性化、趣味性的酒店服务，培养忠实消费者，是酒店在关系营销过程中应该把握的方向。

【同步思考2-6】

直销与分销模式本身无可厚非，都是帮助酒店实现客房销售的有效途径，两者相辅相成，缺一不可。“携程们”与酒店之间关于直销与分销的竞争不绝于耳，你如何看待这场纷争，作为酒店应该有什么对策？

【同步案例2-5】

线上营销

2010年3月12日到5月底，一共有6975人参与了一场名为“绿林群英，森援2010!”的网络社区在线种树活动，总植树苗12989株，参与互动人次1567659，发表环保创意2041篇。

在这组数据的背后，是活动的主办方如家酒店集团有限公司，在不到3个月的时间里，通过这个游戏平台发展了新会员3000多位；上海世博会期间，这些会员入住如家酒店产生的间夜数超过2000间，带来营业收入42万元。

然而，大多数人不知道，这次的网络营销只是如家酒店因为世博会而进行的一场预热实验，而真正的改变是始于今年年初的如家网站改版。

2011年8月29日，在《经济观察报》主办的2009—2010中国杰出营销奖的总决赛现场，刚刚获得杰出营销奖金奖的如家酒店集团市场部总监陈顺告诉记者："最理想的当然是有自己的网站，然后在线上用电子商务的模式去推广，直接产生交易订单，但是那时候还没有这个条件。"

事实上，如家酒店在年初就开始重新设计网站，但要到7、8月上线。因为赶不上5月的世博会，为了在世博期间让更多人选择如家，只能通过这个活动来推广，网友可以通过搜索或者其他的方式来了解如家。

陈顺说，酒店行业跟一般的消费产业不同之处在于，可以提供的产品是有限的，全国就7000多家店，如果想增加就必须新开店。这同时也就意味着，酒店业在市场营销推广方面的投入是有限的。

因此，如家决定尝试新的营销方式，比如网络营销或者电子商务的模式。而且比起传统的电子商务，酒店业不需要物流是个很大的优势，这可以很大程度上削减营销成本。消费者在购买产品之前会主动搜索产品信息，更重要的是购买之后，可以通过网络把使用产品的心得体会分享到互联网、社交网站。不管是购买前的搜索行为还是使用后的用户评价，都造成了品牌的二次传播的机会。

现在如家正在把营销的重心慢慢地从线下转移到线上，把电子商务的理念渗透到网站中来。虽然之前在网站上就已经实现了在线订房，但更多的时候只是一个图片的展示平台。而现在网站设计是以方便用户订房和销售为中心的，订房的体验完全改变了，网站的所有活动都是为了产生订单。

资料来源：http：//www. keyunzhan. com/knews－113596/.

问题：

（1）如家酒店为什么开始重视网络直销渠道的建立？如家的线上营销对你有什么启发？

（2）登录几家知名酒店网站，分析其预订系统的特点及优劣。

（三）酒店分销渠道——世界旅游贸易展销会

由于酒店产品离目标顾客居住地遥远，因此，酒店要对产品进行大力宣传，并请代理商来推销其产品，参加世界旅游贸易展销会是一个重要方面。

目前，世界上规模较大的国际旅游贸易展销会如表2－7所示：

表 2-7　世界大型国际旅游贸易展销会

展销会名称	举办地点	举办日期
西柏林国际旅游交易会	西柏林	3 月
西班牙马德里国际旅游博览会	马德里	1 月
英国伦敦世界旅游博览会	伦敦	11 月
法国巴黎世界旅游博览会	巴黎	2 月
意大利米兰国际旅游交易会	米兰	2 月
香港国际旅游博览会	中国香港	1 月
美国芝加哥国际旅游展销会	芝加哥	4 月
加拿大多伦多旅游与休闲展览会	多伦多	4 月
澳大利亚假日与旅游展览会	悉尼、墨尔本	6 月
美国芝加哥国际会议与奖励旅游展览会	芝加哥	9 月
瑞典哥德堡国际旅游博览会	哥德堡	3 月
美国洛杉矶旅游展览会（分春、秋两次）	洛杉矶	4 月、10 月
世界旅游博览会（每两年一次，在偶数年举行）	东京	11—12 月
日本国际观光会议旅游展销会（每两年一次，在奇数年举行）	东京	11—12 月
汉堡国际旅游博览会	汉堡	2 月

六、酒店促销策划

延伸阅读（2-2）
亚朵酒店社群营销

酒店促销是指酒店通过各种促销宣传手段，与市场进行信息沟通，使酒店顾客注意、了解、信赖并购买酒店产品，从而促进酒店产品的销售。从本质上来讲，酒店促销实际上就是酒店与顾客之间信息沟通的过程。

酒店促销策略是酒店营销策略组合中重要的组成部分，其目的在于扩大酒店在公众和目标市场中的声誉和影响，促进酒店产品的销售。酒店促销的手段主要包括广告、人员推销、销售促进和公共关系四种常用的工具，有效的酒店促销策略就是这四种手段的多元化整合。

（一）酒店广告促销策划

1. 酒店常用的广告媒体的种类

大众传媒上的广告比起其他形式的广告对公众来说更显而易见。如果选择得当，此类广告可以非常有效。选用什么样的媒体最恰当、最有效率是由信息的意图、要传送的信息类型和要传往的市场所决定的。

（1）印刷媒体。①报纸广告。报纸广告包括日报、晚报、全国性、地方性和区域性的报纸。现在电子媒体和网络已经成为人们日常获取信息的主要渠道，报纸的发行量受到了很大的影响。带有大量分类信息的晨报、晚报等成为大多数酒店目标顾客的选择，因为它们仍能满足人们对某类信息的需要。考虑到读者对报纸某些版面的偏爱，利用报纸传递零售消息和顾客信息可能比进行长期性的形象塑造能更好地服务于酒店的广告目标。如果广告中不包含新闻和优惠，大多数情况下可能并不适合刊登在报纸上。②杂志广告。杂志广告包括华美的印刷品，如妇女杂志或男士杂志、商业周刊、度假旅行杂志和有关划船、钓鱼、高尔夫球、攀岩、汽车等特殊爱好的杂志。将酒店广告刊登在杂志上通常体现出物有所值，因为这些杂志的阅读者和酒店的目标顾客具有相似的欲望和需要，是极为相似的一群人。因为购买杂志的人有着特别的兴趣，使得广告人员能够影响具有极高销售潜力的特定市场。只要广告涉及该市场的兴趣，就很有可能被人注意。此外，高级杂志为酒店提供了一个权威性的环境。便宜的印刷品让人感觉产品也很廉价，应该避免使用其作为酒店产品的宣传媒介。③行业印刷品。行业印刷品是指那些主要分发给酒店和旅游业及酒类、食品供应等相关行业的杂志和期刊。这些印刷品可以起到很好的作用，用来影响“影响者”这一群体。在这些行业印刷品上发布酒店产品的广告，会收到相关行业人士的关注，而他们也正是酒店的目标顾客之一。

（2）电子媒体。电子媒体指电视或电台广播。电视媒体虽然很受消费产品欢迎，有着突出的优点和良好的传播效果，但基于其费用高的缺陷，往往不被酒店企业接受，因为酒店企业要考虑其投入产出比。由于重要的商务客户以及社会阶层较高的度假者从本质来讲都不经常收看电视节目，再考虑到电视广告的费用较高，在购买广告时间时酒店一般较谨慎，通常选择已被证明在目标市场中有相当收视率的节目插播广告。使用电视和广播也需要前后一致，如果不能保持一个持续性的计划，考虑使用它就不明智了。

（3）户外广告。户外广告是所有媒体中最常用的一种并且也一直是最有效的媒体之一。可视性是其最突出的优势，户外广告非常适合于用来引起人们的注意和提示品牌名称，户外广告的关键是简洁明了且信息传递效果必须短到可以在 2 ~ 3 秒内读完并吸收，最多不超过 10 个词，因此图画就必然承担其主要的信息传递任务。酒店使用户外广告媒体时，首先要选择的是酒店建筑本身、车体广告、重要交通线路两侧的户外广告牌等。同时运用户外广告要定期更换海报和陈设，不要让它们变得陈旧。户外广告在初次使用和随后引起注意的大约一个月之内效果最好，当路过的人都已多次见到过它们时，这些户外广告就失去了效果而成为风景的一部分了。

（4）相关场所广告。酒店营销人员越来越认识到相关场所广告对于引起人们对广告的高度认知和兴趣最为有效。当人们身处酒店营销人员感兴趣的某地时，他们更易于接受相关信息。这样，班机、空港、餐馆、公共汽车、火车、酒吧、旅行社、时装屋等，无论身处何地，只要人们正处于消费或娱乐的情绪之中，引导他们考虑去类似的地方就比较容易，而去这类地方的人通常正是酒店也需要的那类客户，这种方式尤其适用于度假村。比如一个有高尔夫球场的酒店，可以建议他们把信息设置于高尔夫球场、关于高尔夫运动的刊物和节目等。同样，酒店还有许多机会供其在重大的场合将重要的促销信息传递给现有的或潜在的顾客。比如，柜台上的入住卡、餐桌上、客房和酒吧里的小册子，也可以考虑在大堂内设置标志、布告栏和陈列品、经过精心布置的橱窗陈列等，尤其是如果能和零售促销联系起来，就能够以较低的价格获得较高的回报。

（5）网络媒体。酒店网络促销就是以国际互联网为基础，利用数字化信息和网络媒体的相互性来达成酒店促销目标的一种酒店新型营销方式。简单地说是以互联网平台为核心，以网络用户为中心，以市场需求认知为导向，整合各种网络资源去实现酒店营销目的的一种行为。酒店网络促销方式分为口碑营销、媒体营销、SEO 营销、E－mail 营销、电子杂志营销、博客营销、微信营销、论坛营销、贴吧营销、社会化媒体营销等。

【同步案例 2－6】

酒店微营销
——洲际酒店集团数字营销资深总监邱荣在“2014 酒店创新营销奖”的发言摘要

洲际酒店集团在微信中推出破解方言的小游戏，通过这种方式让大家进行抽奖，与粉丝互动，并且通过这个做法增加了 2600 万订单的数量。

大家都在讨论微信，我昨天在台上时也介绍到这个方面内容，介绍到我们公司新媒体的做法。我们知道大家都在利用新的媒体方式进行促销，我们所做的工作具体来说不仅仅把它作为电商平台，而且是作为顾客跟我们品牌之间的连接点。通过这个连接点可以把我们的话语介绍给客户，而且让他们知道使用微信平台可以给他们带来什么好处。除此之外，通过这个平台，他们也可以进行预订和入住。也就是说，让客户明白，如果说你有一个微信平台，那么可以通过它开始你的旅行。同样可以把它连接到我们在线的预订系统，里面也可以提供很多内容。我们内部的编辑也会提供很多相关的内容。

我们有一些忠实的客户，根据统计，89% 的会员只尝试住过我们的一个品牌，大中国区会员只有 21% 的二次入住率。我们希望大家能够更加了解我们的品牌，希望他们能够更加了解客户忠诚度的效应。我们怎么做呢？创建了这样一个计划，叫作中华梦想礼遇介绍。比如我们在这里连续入住两个品牌，就可以得到一晚免费的住宿，具体来说通过这种方法大家可以了解我们在大中华区所有的品牌。

我们举办这样的活动，包括福建话、上海话，如果破解这些方言的话会得到一些奖励，每周我们都会放出不同的方言，可以通过这种方法让大家进行抽奖。通过我们所做的这些活动，每年的收入有所增加，我们也创建了通过微信这样的平台，吸引更多的粉丝。而且我们使用这种方法能够创造出来一种情感，这样大家会愿意参与我们的活动。这些活动吸引了新的五万个会员，我们知道在此之前有些人不是我们的会员，通过参加这些活动变成了我们的会员。我们所做的活动不仅仅是一个游戏，而是使大家对中国梦想这样活动的参与，最后可以更好地使用这些社交工具，当然包括微信，微博进行促销。

这是我们二维码，大家可以试一下。

资料来源：环球旅讯，http：//www. traveldaily. cn/article/80353，2014 - 05 - 15.（有删减）

问题：

（1）谈谈你所理解的微营销，微营销与其他营销手段相比有哪些优势？

（2）为你所熟悉的酒店策划一次微营销活动。

（6）其他媒体。目录、号码簿和台历、工商企业名录等广告都可以收到很好的效果，因为这类媒体包含了读者需要的信息，比如住宿和就餐信息等。这些媒体有的使用寿命较长甚至可以持续数年使用，因此其中的广告信息也能持续多年，给阅读者留下深刻的印象。

【知识链接 2 - 10】

表 2 - 8　联合广告促销

目标市场	促销类型	合作伙伴
散客	小册子 媒体广告 直接邮寄 销售促进 旅游展览会	航空公司 旅游批发商 旅游零售商 旅游代理人 旅游协会 政府旅游市场部门和机构 其他旅游企业
团队客人	小册子和特殊印刷品 特殊杂志广告 直接推销访问 针对公司和团队客人的印刷广告	航空公司 入境旅游经销商 旅游代理人 其他旅游企业
旅行社和航空公司	小册子和针对旅行社的印刷品 直接推销访问 直接邮寄 销售促进 产品发布 代理人的培训和接待 旅行社印刷广告 直销旅行	航空公司 旅游批发商 旅游零售商 旅游协会 政府旅游市场部门和机构 其他旅游企业

2. 酒店广告促销应注意的问题

酒店在围绕某营销目标进行广告策划时，必然会考虑三个主要问题：要传送什么信息？选择什么样的媒体？如何评价广告效果？

（1）酒店广告信息。酒店在利用广告传送产品和服务信息时，必然会面临传送什么信息和怎样传送信息的问题，这样就涉及广告信息的选择和广告信息的设计。①广告信息的选择，其主要是涉及酒店想要告诉目标受众哪些事情。一家酒店能够吸引客人的因素很多，广告如果什么都想说，结果必然是不能给人留下任何印象。为此，酒店必须对所有传播的信息进行认真的选择，从各种因素中，挑选出1~2种对客人最有吸引力的，或最具竞争力的要素，作为广告传播的主要内容。②广告信息的设计，指的是营销人员根据酒店情况所要传递的信息，结合酒店营销的内外部环境，运用广告艺术手段来塑造形象、传递信息的创作活动。广告设计包括主题设计、文稿设计、图画设计和技术设计等内容。广告设计的成功关键在于广告的创意，即广告的艺术表现手段，而广告创意的关键又在于一个“新”字，即广告创意一定要有所突破，而且能给予受众愉快、兴奋的艺术享受；同时，广告创意必须符合酒店的广告目标。

（2）广告媒体。酒店要做广告，必然要解决选择什么媒体的问题。不同的媒介都有其适应性和局限性，酒店应充分把握，选择合适的媒介，正确选择传播时间。酒店在选择媒体时可以从以下几个主要方面来把握。第一，广告媒介必须与酒店产品的性质相配合。例如，酒店所提供的是纯休闲度假的产品，就不适于在纯针对商务客人的杂志上做广告，而应当选择休闲度假类的旅行杂志。第二，选择媒体必须考虑所争取的细分市场。酒店应通过营销调研了解细分市场有效接触的媒体种类，将广告投放在细分市场可以接触到的媒体上。例如，酒店欲极力争取商务客人，则应考虑把广告投放在工商类、财经类的报刊上。第三，必须考虑哪种媒体能够适合酒店的广告费用预算，且能达到预期的广告效果。第四，酒店要想达到良好的广告效果，必须考虑到媒体的发行量或传播范围，以此作为对该媒体评价的基础。

【同步案例2-7】

洲际酒店集团在品牌推广中的广告策略

在品牌推广方面，洲际酒店集团重视丰富多彩的推广活动对提升酒店品牌知名度的重要作用。例如，从2005年9月开始，洲际酒店集团开始了新一轮的全球品牌推广活动，以“您是否在享受跨洲际生活”为宣传口号，给顾客展示洲际酒店为顾客带来难忘且独特的经历：开展了一系列的宣传推广活动，包括在悉尼拍摄Spirit挑战快艇电视广告。同时，设计出版了包括在印度尼西亚巴厘岛的海滩及当地市场所拍照片的印刷宣传品。电视广告在美国有线电视新闻网、国际新闻网络以及英国航空、美国联合航空、美利坚航空、阿联酋航空以及新加坡航空的航班节目中播出。平面媒体的广告将刊登于《华尔街日报》《纽约时报》《新闻周刊》《时代杂志》《经济学家》《泰晤士报》《商业周刊》以及各大航空公司的出版物上。这极大地扩大了洲际酒店集团的品牌知名度，取得了良好的市场效果。

资料来源：http：//travel. sohu. com/20080320/n255819565. shtml.

问题：通过网络了解洲际酒店，谈谈该酒店广告在媒体选择上的策略。

（二）酒店人员推销策划

延伸阅读（2-3）
优秀酒店销售养成记

人员推销是酒店常用的促销策略之一，因为可以和顾客面对面地沟通交流，因此，往往可以取得较好的促销效果。人员推销通常用于以下两种情况。

1. 酒店前台工作人员

前厅部的主要任务之一就是推销客房，兼顾其他设施的推销，他们主要面对的是到店的个人客户，这就要求所有的前台人员都要相当熟悉酒店的商品，并善于观察和分析顾客的消费心理，区别不同对象，恰到好处地为客人安排房间，这样，既照顾了酒店的利益，又照顾了客人的利益。

（1）熟悉酒店情况。即了解酒店设计特点、装饰、布置、陈列，酒店的各种服务设施、服务项目、娱乐项目，特别是餐厅、客房的种类及其特点和酒店的价格政策等。

（2）宣传酒店好处。主要是突出宣传酒店的环境位置，如本酒店地理环境幽雅安静、园林式特点突出等。

（3）强调酒店的特点。是指本酒店与其他酒店相比所具有的不同特点及其长处，如本酒店是本地最豪华的酒店，四面景色如画，三面环水，是花园式酒店，到处植物如茵，独具风格，拥有园林式餐厅群落，大小会议室，可供成人及儿童使用的游泳场，还有健康中心、歌舞厅等设备齐全的配套服务设施，更兼有客房及别墅的舒适高雅，设备齐全、豪华等。

（4）建立良好的关系。客人到店时，应向客人表示欢迎，并向客人介绍本酒店的情况，若正在听电话或为客人办理事情，对新到的客人也要表示欢迎，让客人知道你已注意到他的到来，不使他感到冷淡。客人有什么疑难，要及时帮其排忧解难，若客人因某种原因改变住店计划，也热情为他介绍别的酒店，有的客人需要酒店资料或者了解情况，要热情接待并尽量满足他们的要求，要认识到他们是酒店的客人或未来的客人，要给他们留下良好的印象。

2. 运用“推”的策略，发展组织类客户

这类客户主要包括旅行社、协议类客户、公司类客户、行业协会、机关团体等。需要销售人员亲自面对面地洽谈，进一步扩大酒店的业绩，因为组织类客户购买金额大、容易组织、结算快捷、在酒店相关消费项目多等特点，往往是酒店的优质客户，需要努力地发现并维护。这需要销售人员注意以下方面。

（1）拥有销售人员所具备的基本素质。

①政治素质。要做一名合格的销售人员，具备良好的政治素质是第一位的，要求销售人员必须树立正确的推销思想，良好的职业道德，强烈的责任感和事业心，文明礼貌，公平买卖。

②业务素质。良好的业务素质包括两个方面：一是丰富的业务知识；二是一定的推销能力。只有具备丰富的推销经验和高超的推销技能、敏锐的观察能力和扎实的业务知识，才能适应复杂多变的市场环境，创造良好的推销业绩。

一是业务知识。销售人员应掌握的业务知识包括以下几类。

企业知识：要熟悉本企业的历史，在本行业中的地位、发展前景、经营方针及理念、产品种类、特点，服务项目、交货付款的方式和条件等。

产品知识：要了解产品的性能、用途、价格、使用方法、维修维护方法等，了解市场上竞争对手同类产品的优劣。

顾客知识：要具有一定的消费心理学的知识，了解顾客的购买动机、购买习惯、购买条件、购买方式及购买的时间和地点，并要了解在顾客购买决策中起不同作用的各种角色。

市场知识：要了解市场的供求动向及现实和潜在的市场需求情况。

法律知识：要了解国家的有关法律法规，特别是与销售活动有关的经济法律，如经济合同法、反不正当竞争法、消费者权益保护法、专利法、商标法等。

二是推销能力。一般来说，销售人员应该具有以下几种推销能力。

观察能力：观察能力对于销售人员搜集和处理市场信息，捕捉销售时机非常重要。因此，销售人员要注重丰富自己的知识和经验，知识和经验的累积，有助于提高推销人员观察能力的提高。

创造能力：推销是一种十分复杂的、综合性、创造性的工作，绝不能亦步亦趋、因循守旧，只有发挥自己的想象力，创造性地使用各种推销方式，才会激发消费者的购买热情，提高其购买的兴趣，从而实现销售目标，满足消费者的需要。

社交能力：推销人员是开放型人才，推销的成败一定程度上取决于推销人员人脉的多寡，而人脉的累积需要推销人员有良好的人际交往能力，善于同各种各样的人打交道，广交朋友。“推销人员是企业的外交家”这句话还是有一定道理的。

应变能力：推销工作不同于生产线的生产，开动机器即能按设定的程序生产出产品。推销过程具有不可预见性，下一秒钟会发生什么很难预料。因此，推销人员应该具有很强的应变能力，面对复杂的、突如其来的状况能够应付。

语言表达能力：销售过程实质上是与顾客沟通的过程，向顾客传递信息的过程，而沟通和传递信息的工具是语言表达，良好的语言表达能力能使沟通顺畅，信息传达准确、生动，容易促成交易的达成。

③文化素质。文化素质的高低决定了一个销售人员内涵的深浅，也是提高销售人员各种销售能力的基础。销售人员既是顾客的参谋，又是连接企业与市场的桥梁和纽带。在推销过程中，销售人员要和各行各业、各种层次的人打交道，这就要求销售人员不仅要有相关的业务知识，更应该是"全才"，要上知天文，下知地理，方能胜任推销工作。可以说，没有较高的文化素质，就不可能有高水平和高效率的推销。

④身体素质。销售工作非常辛苦，并非朝九晚五的 8 小时所能奏效的。在前台接待中既消耗体力，又需要精力，生活食宿很不规律，很多销售人员每天工作时间都在 12 小时以上，作为酒店的销售人员，应该切实认识到身体健康的重要性，养成良好的生活习惯，培养良好的作息规律。

（2）销售人员的心理品质。良好的心理品质对于销售人员来说一定程度上比销售技巧的高低更重要，因为没有良好的心理品质，再好的销售技巧也发挥不了作用。因此，销售人员要有永不服输的斗志和坚强的意志力，不会被困难和失败吓倒；他们对自己充满了信心，相信自己的企业和产品能够给顾客带来利益；销售人员心胸要宽广，拥有积极的人生观和与人为善的处世态度；同时销售人员的热情、真诚，能够形成良好的洽谈氛围。

（三）酒店销售促进促销策划

销售促进是一种临时性或短期带有馈赠或奖励性质的促销方法。它的特点是促销时间短，可以提高顾客购买的热情，取得立竿见影的销售效果。因此，销售促进也成为酒店常用的促销工具之一。

1. 酒店常用的销售促进方法

表 2-9　酒店常用的销售促进方法

顾客	中间商	销售队伍
降价或廉价出售 折扣券或优惠券 隐性降价 免费礼品 附赠产品 竞赛 常客通行证方案 抽奖	额外的佣金或超额奖励 抽奖 竞赛 免费礼品 社交集会或招待会	奖金或其他 礼品奖励 货币或奖励 旅行奖励 抽奖

2. 销售促进的典型形式

形式一：最后一分钟促销特惠。

例：当日晚上 10 点后，客房以 5 折销售。使用说明：为防止顾客出现期待效应，而且在不影响客房正常销售的情况下，酒店应只针对某些入住率偏低的房型进行促销。截止日期和入住率的标准由酒店根据实际情况决定。

形式二：特价房。

例：标准间98元，双人间128元。使用说明：特价房应该是酒店根据之前一段时间的客房销售情况，对某些总体入住率较低的房型进行一种低价销售的方式。此种方式不限时段，起始、终止时间由酒店自由决定。

形式三：超级团购价。

例：买10送1，凡当日一次性同时入住11间客房，可减免1间价格最低的客房房费。使用说明：此类促销多用于集团客户和团队客户。

形式四：延时促销。

例：如果连续住宿4夜，则1夜的住宿免费。使用说明：此类促销多用于同种房型的续住，而续住不同房型多则不退少则补。

形式五：提前预订价。

例：提前2个月预订某房型并即时确认，可享受5折疯狂优惠。使用说明：此种促销手段要求提前预订的时间相隔较长，多出现在淡季促销中，且限定某些房型，对付款或确认也有要求。

形式六：常客升级体验价。

例：在3个月内住宿达到6次，第7次入住时客房类型可享受免费升级。使用说明：此种促销旨在提高顾客的忠诚度，所以建议以入住的次数而不是房间夜数为标准。而升级的程度，也可由酒店根据当日酒店客房的入住情况做灵活处理。

形式七：热点事件促销。

例：高考期间，所有考生凭准考证入住酒店可享受8折优惠。使用说明：此类促销多以社会事件为契机，如高考、妇女节、奥运会等，但受制于热点的时效性，只能短期使用。

形式八：特殊人群促销。

例：新住客超值体验价，所有第一次入住酒店的客人均可享受8折优惠。使用说明：此类促销多为酒店根据自身特点细分市场而定，并且可以长期使用，但需限定房型。

形式九：商家联合促销。

例：凡持招行信用卡的顾客入住酒店，结账时可再享受9折优惠。使用说明：此类促销多以商家强强联合、互相共享其用户资源，而且可不限房型并长期使用。

形式十：限量超值抢购价。

例：百元超值体验价。标准房每日限量10间且只能预订1晚，先确认先得。使用说明：此类促销短期内具有很强的广告效应，但为保证酒店效益，房间不宜过多。

形式十一：最低承诺价。

例：某顾客可以多次以一定价格入住某房型。在有房的情况下，规定时段内可多次享受此房价。使用说明：此类促销多用于淡季促销活动，建议预售房费并限定入住次数。

形式十二：全国/全城联通价。

例：预付4000元，可享受本品牌内所有酒店，限房型数量但不限夜数的优惠。使用说明：此类促销多用于连锁酒店，也多用于异地旅游或出差较频繁的顾客。

形式十三：优惠顾客拓展奖励计划。

例：每月只要介绍新顾客累计达3名且每位新顾客在当月酒店消费达200元，即可获得下次入住房费减免60元的超值优惠。使用说明：此类促销需要酒店做好顾客的推荐人相关资料的记录工作。

（四）酒店公共关系策划

酒店公共关系就是指酒店为了增进与社会公众、内部员工之间的了解、信任和合作而做出的各种谨慎的、有计划的、持久不懈的沟通努力，通过各种有效活动，帮助酒店在公众的心目中建立良好的企业形象，提高酒店的知名度，减少或消除对酒店不利方面的影响，加强酒店员工的集体凝聚力，并密切与新闻界、顾客、竞争者以及社会公众搞好关系，从而为酒店创造良好的企业经营、营销环境。

酒店公共关系有着自己的主体和客体，公共关系活动本身就是一个主观见之于客观的实践活动，它由主体、客体以及媒介共同组成。具体地讲，酒店、公众和传播就是公共关系的主体、客体和媒介，它们也构成了酒店公共关系活动不可缺少的三个基本要素。

1. 酒店公共关系的目的和作用

酒店进行公共关系的主要目的：第一，利用公共关系活动来解决酒店与社会公众之间存在的交流问题，以便创造酒店良好的社会形象；第二，通过公共关系活动来避免或克服酒店在经营过程中不良后果的发生。

酒店公共关系活动的作用是十分显著的，它具体地表现在：良好的公共关系活动，可以使酒店加强与社会公众联系，可以提高酒店的知名度，有助于建立酒店的信誉和树立良好的酒店形象，并通过社会舆论影响市场上消费者的购买行为，为酒店的销售创造条件。同时，公共关系方面的活动能够激励酒店员工的工作，并有助于吸引优秀的员工来酒店工作，促使员工充分发挥为自己的酒店争光的积极性，从而增加酒店在市场上的竞争力。

2. 酒店公共关系专题活动的类型

酒店公共关系专题活动的种类很多，比较常见的有新闻发布会、庆典活动、展览与展销活动、开放参观活动、赞助活动、服务促销活动、危机事件处理、联谊活动、公共谈判、宴请等。酒店在开展这些公共关系专题活动时，必须根据公共关系专题活动的基本特点和要求，采取恰当的方法，确保公共关系专题活动取得良好的效果。

3. 酒店公共关系专题活动策划的要求

（1）目标明确。目标是公共关系专题活动的灵魂和统帅，目标直接控制着专题活动的整个过程，不仅可以提高专题活动的工作效率，而且可以增强专题活动对公众的影响，扩大专题活动的工作效果。因此，酒店在开展专题活动时首先要明确目标。酒店公共关系专题活动的目标不能过于抽象、概括，更不能含糊其词，一般地说，一个专题活动只能有一个基本目标，而且这个目标必须具体明确。常见的专题活动目标主要有：让公众接受某个信息；消除公众对酒店的误解和偏见；让公众知晓酒店的新发展；加强内部公众的相互了解和信任；巩固酒店与社区公众的友好关系；促使新闻界对酒店的关注；鼓动公众支持酒店的某项决策；收集公众对酒店的意见和对酒店提出的建议等。

（2）精选主题。公共关系专题活动的主题是目标的生动体现，主题的恰当与否将直接影响专题活动的成败。因此，酒店在开展专题活动时要精选主题。酒店公共关系专题活动主题的选择，要求：酒店围绕公共关系专题活动的目标考虑酒店、公众及社会环境三个方面的因素，使活动主题既适合酒店的公共关系目标，又适合公众的心理承受力和兴趣爱好，同时还要与社会环境相吻合。

（3）周密筹备。酒店公共关系主题活动涉及面广、工作量大，因此，酒店在开展专题活动时需要周密筹备。酒店公共关系专题活动的筹备工作主要是做好以下几件事。①确定名称。名称是公共关系专题活动的眼睛，一个好的名称可以增强公共关系专题活动的吸引力。理想的公共关系专题活动的名称，既要明确体现专题活动的主题内容，又要有丰富的文学艺术色彩。②选择日期和地点。开张吉庆、周年纪念、节假日以及某些社会活动期间，都是开展公共关系专题活动的大好时机，但应注意的是，酒店公共关系专题活动的时间安排不能与重大事件或重大节日的庆祝活动相冲突，否则不易收到好的效果。开展酒店公共关系专题活动的地点，一般应选择酒店所在地或酒店熟悉的地方，因为酒店在熟悉的地域内容易支配公众的心理。此外，也可以选择在交通方便或公众集中的地方开展活动。③选择来宾。每个公共关系专题活动都要根据活动的目标选择特定的公众，除了邀请这些公众参加活动之外，还可邀请公众所欢迎的社会名流助兴，以渲染气氛。④做好接待。酒店公共关系专题活动的效果与接待工作有很大关系。每个公共关系专题活动都要做好这些接待工作：提前一周左右发出请柬和通知，预先布置好活动现场，培训接待人员和服务人员，精心准备讲话稿和致辞等。

（4）策动宣传。为了扩大公共关系专题活动的营销范围，造成公共关系专题活动的轰动效应，使公共关系专题活动取得更大的成功，酒店在开展专题活动时需要策动宣传。比如积极制作社会组织的媒体刊物，及时向公众发布有关的信息，使公众充分知晓公共关系专题活动的内容；做好专题活动的记录工作和摄影工作，主动为新闻记者和电台报刊提供宣传材料和新闻稿；在开展专题活动时事先召开记者招待会，争取电台、电视台、报纸杂志、网络媒体等为专题活动开展大张旗鼓的宣传。

（5）灵活驾驭。公共关系专题活动内容丰富，方式灵活，因此，酒店在开展专题活动时，要灵活驾驭。每个公共关系专题活动，都需要有一个主持人，这个主持人必须具备较强的组织能力和驾驭能力，既能使专题活动按照既定的程序进行，又能及时利用专题活动过程中出现的各种机会，机智而幽默地活跃气氛，使整个活动过程趣味盎然、轻松活泼而又井然有序，提高专题活动的艺术感染力。

【同步案例2-8】

如家酒店集团声明：将对涉事酒店进行整改

如家针对北京和颐酒店女孩遇袭事件发表声明表示，将对望京798和颐酒店做出整改，追究酒店管理人员责任，并加强全国酒店出入人员核查、各区域监控、巡视检查和服务工作的力量。

4月5日，微博名为“弯弯_2016”的网友连发多条微博，讲述自己在北京和颐酒店遭受陌生男子劫持的经历。4月6日，针对此事件，如家酒店集团相继在微博及微信平台发表声明，代表酒店向当事者及社会公众致歉。

如家酒店集团CEO孙坚也在个人微信朋友圈公布了这一声明，称“没有任何理由，只有努力改进!”

声明如下：

通过对各方面情况的核查，北京望京798和颐酒店在事件处理中的确存在安保管理、顾客服务不到位等问题。酒店管理和服务人员对顾客的关注度和处理问题的响应效率也存在缺失。

在此，我们代表酒店向当事者及社会公众再次表示由衷的道歉。如家酒店集团将对望京798和颐酒店做出整改，追究酒店管理人员责任，并加强全国酒店出入人员的核查、各区域监控、巡视检查和服务工作的力量。在今后的管理和服务中，各酒店也将以此为戒，全力提供安全舒适的消费环境。

确保每位入住宾客的安全与舒适，我们责无旁贷。对于此事，再次向当事人和社会公众深深致歉！目前该事件所涉及的治安问题已交当地警方处理，对网络中的各种传言，政府和警方会给出调查结果。

诚挚地欢迎公众以及各界媒体朋友持续的监督。

如家酒店集团

2016年4月6日

资料来源：环球旅讯，http：//www.traveldaily.cn/article/101625，2016-04-06.

问题：

（1）谈谈在酒店危机事件处理中，公共关系的作用。

（2）面对酒店危机事件，酒店全员应该秉持什么态度？

任务实施

1. 将学生分成若干个实训组，每6~8位同学分成一组，每组确定1~2人负责，根据实训内容和项目需要进行任务划分，确保组织合理和每位成员的积极参与。

2. 对学生进行酒店营销策划培训，选择所在地知名酒店（或校实训基地）作为任务实施的单位。

3. 各实训小组分别选择1~2家酒店（或校实训基地），在重点参与和体验其“公共关系主题活动策划”“酒店企业营销策划”的过程中，按照“实训要求”完成各项实训任务。

4. 各实训小组在实施“酒店公共关系主题活动策划”“酒店营销策划”的过程中，融入信息收集、处理，与人沟通、交流、合作，解决问题，创新能力和职业道德等的相关训练。

5. 各实训小组撰写“酒店公共关系主题活动策划方案”“酒店企业营销策划方案”。

任务评价

详见教材附录二、附录三。

策划案例

舒州国际大酒店营销策划方案

现阶段，酒店业竞争日益激烈，消费者也变得越来越成熟，这就对酒店经营者提出了更高的要求。舒州国际大酒店，由大地房地产有限公司（前身潜山县第八建筑安装工程有限公司）投资建设，定位为“百姓的高档酒店”。在即将来临的2015年我们对舒州国际大酒店进行了营销策划，通过环境分析和市场分析，发现市场机会，回避环境威胁。通过对竞争状况的分析，明确竞争对手，做到知己知彼。通过重新市场细分，明确目标市场，明晰酒店市场定位，制订正确的营销策略，重塑酒店品牌形象、注重酒店品牌推广、策划系列主题活动，以提升酒店形象，扩大酒店知名度，提高酒店的品牌效益和经营效益。

一、市场环境分析

1. 周围环境分析

尽管当地的整体消费水平一般，但舒州国际大酒店的地理位置特点（位于舒州大道县城中心繁华地带，是去天柱山风景区的必经之路）是其位置优越，交通极为方便，是来天柱山风景区旅游的游客和商务客人入住的最佳酒店。紧随国家宏观政策的脚步，当地提倡并推广农村城市化，帮助农民创业，培训农民个人技能，增加农民就业岗位，提高农民人均收入，力求使农村走向小康村，构建美好蓝图。舒州国际大酒店是四星级高档酒店，随着当地经济发展水平的不断提高，县城周边居民也是我们的潜在客户群，也是有待开拓的市场。

2. 竞争对手分析

风景区内的酒店和七仙女大酒店都有雄厚的资金实力，有良好的软硬件设施，是非常强劲的竞争对手，他们的弱势是离县城远，市场定位高，目标市场单一，他们主要针对旅游业和政府接待这一市场。潜阳国际大酒店总的经营状态还可以，地理位置也比较优越，但如今市场竞争日益激烈，最近的客房价格折扣太大，标准间价格甚至低至140元，和快捷酒店都相差无几，这种做法虽然提高了客房入住率，但严重损害了酒店品牌形象，和酒店本身的定位形成冲突。但如果客人持有一张会员金卡而享受折扣，那效果就会不一样。恒华大酒店、皖城大酒店、天柱国际大酒店是县城档次较高的酒店，他们总体经营状况不错，但也有经营上的通病，具体分析如下。

(1) 目标顾客群定位不太准确，过于狭隘。主要原因是酒店过多，供大于求，而且经营模式雷同，没有自己的特色或定位过高，消费者难以接纳，另外就是部分酒店服务质量存在一定问题，影响了服务质量问题。例如，雪湖大酒店在几年前想开通农村婚宴市场，但在菜品质量上没有下功夫。婚宴结束有的人说菜口味不好，有顾客反映分量太少，给客户的第一印象就是饭店的菜还没农村家里烧得好，最后其酒店餐饮部经营不善只好找个人承包，到最近才收回来重新装修。

(2) 市场促销力度不够，没能在市场上引起较大的轰动效应，市场知名度较小，市民不能深入了解，对其特点、服务、宴会标准、客房价格等一概不知。

(3) 舒州大酒店周围有不少快捷宾馆、小旅馆、小餐馆。虽然其在经营能力上不具备与舒州大酒店竞争的实力，但其以低房价、低档菜物美价廉来吸引大量的附近居民和客商，总体看他们的经营情况还不错，而舒州国际大酒店虽然设施和服务都不错，但由于市场定位的差异，对我们未来开拓县城市民潜在的市场影响力是很大的，他们也是非常强劲的竞争对手之一。

(4) 川楼酒店是潜山餐饮业经营很好的酒店，位于汽车客运站旁，地理位置非常优越。其复古装饰风格也很有特色，经营时间久，有自己深厚的酒店文化、品牌形象和老顾客群。酒店经常会推出不同的促销主题活动，比如学生的拜师宴、领导来潜山考察、名人婚宴、大厨亲临川楼酒店等。最近几年在潜山开了川楼快捷宾馆，在合肥开川楼分店，市场占有率不断扩大，且离舒州国际大酒店距离只有几步之遥，是餐饮部第一大竞争对手。

3. 舒州国际大酒店的优势分析

(1) 舒州国际大酒店是大地房地产有限公司（前身是潜山县第八建筑安装有限公司）按四星级标准投资建造，林平董事长经营房地产多年，资金实力雄厚，并由安徽省海豪酒店工程管理咨询有限公司进行管理。因此在细致规划时应充分利用刚建立的酒店品牌效应，充分发掘其品牌的巨大内涵，让消费者对客房、餐饮产品不产生怀疑，充分信任大酒店提供的产品是高品质的。

(2) 舒州国际大酒店硬件设施良好，资金雄厚，而且有自己的地下停车库，可以吸引过往游客和当地客商。

酒店雄厚的实力为我们的发展提供了条件，便利的交通和优越的地理位置和巨大的潜在顾客群，良好的硬件以及正在培训的高素质的工作人员为酒店的发展提供了广阔的空间。

二、舒州国际大酒店 SWOT 分析

随着经济的不断发展和进步，城区面积逐渐从老城区向外扩张。以本县世纪大厦为中心向四周辐射，逐渐形成一个以餐饮、娱乐和休闲为重点的新商圈，目前在这个商业圈已经形成了几个大型且成熟的大酒店以及其他中小型酒店。

(一) 优势

(1) 舒州国际大酒店所在的世纪大厦有十三层，在顶层可以俯视潜山全景，有超大的停车场。本酒店位于城区中心地带，交通便利。酒店共有包间 15 个，2 个宴会厅，6 个会议室，173 间客房，同时兼备良好的硬软件设施、实力很强的管理团队等。

(2) 旅游业兴起和国家富农政策带动潜山县消费能力。

(3) 本城区第一家有粤菜的酒店。

(二) 劣势

(1) 服务人员素质达不到标准。

(2) 缺少营销团队。

(三) 机会

(1) 本县经济发展速度迅猛，企业数目快速增长。

(2) 在本县特色中餐业还没有标准的领头羊。

(3) 地理位置处于本县未来高档经济发展中心圈附近。

(4) 政府宏观政策对服务业的扶持，力争将本县服务业做大做强。

(四) 威胁

(1) 商业圈周边的其他成熟酒店对我酒店的威胁。

(2) 随着我们大酒店自身的发展，其他大酒店也在发展。

(3) 未来如“徽府皖韵休闲会所、天柱山旅游度假村、财富大酒店”等即将开张的大酒店对本酒店的威胁。

(4) 附近各大酒店，已经运作成熟，客源基本稳定，造成客源分流难。

三、目标市场分析

明确目标市场不仅可以集中使用企业的资源，也可以使广告具有针对性。没有针对目标市场的广告无异于“盲人骑瞎马”。潜山的旅游业这几年发展迅速，带动了潜山的服务业，成就了成熟的休闲娱乐市场。浙江、江苏、上海是经济比较发达的省市，动车的开通、高速路的发达，拉近了潜山县和这些省市的距离，这也是酒店的目标市场之一。要努力开拓，加强宣传，争取占领这一市场。

按人文因素细分市场，比如开发农村婚宴市场，也可以成为酒店的目标市场，别人做这个市场不成功不代表这个市场没有需求。只要做好充分的准备工作，加强品牌推广，利用有效的促销组合策略，取得客户的认可，让客户来酒店用餐享有尊贵的荣誉感。

散客市场是个不定性的市场，散客一般分为一次性顾客和无定位顾客，他们的特点是哪个酒店有特色和实惠才会被吸引。舒州国际大酒店可以充分发挥会员制营销效应，精心设计会员套餐；实时追踪、收集、分析散客市场信息，加强广告促销活动。

四、市场营销策略

（一）“百姓的高档酒店”——以独有的特色建立酒店的文化，以独特的文化吸引消费者是酒店营销的核心。酒店的目标客户是中高收入的游客和县城市民。平民化却不意味着把酒店的品位和产品的质量降低。要提供给顾客质优价廉的餐饮产品和优质的住宿体验服务。绝不用低质换取低价，这是对顾客的尊重。

（二）进行立体化宣传、突出本酒店的特色，让消费者从感性上对舒州国际大酒店有一个认识。让消费者认识到我们提供给他的是一个让他有能力享受生活的地方，可以在电视上针对酒店的环境、所处的位置吸引消费者的光顾，让顾客从心理上获得一种“尊贵”的满足。

（三）采用强势广告，如传媒、广告车走街串巷宣传、发传单，以期引起轰动效应，作为强势销售。从而吸引消费者注意，建立知名度。

五、开业庆典策划方案

（一）开业策划目的

通过开业活动策划，给舒州国际大酒店注入本县的特色味道，赋予大酒店自身独有的特色和风格，用与众不同的特点吸引顾客；使顾客在开业时，就能够对舒州国际大酒店有深刻的印象，使顾客对舒州国际大酒店的菜品品尝和客房内部环境产生浓厚的兴趣。

（二）前期运作

1. 广告宣传

（1）路灯广告。选择车流量较大的道路路灯广告位投放三个月的广告。有经济实力可以投放更长时间的广告。广告内容主要有：开业时间、地址、订餐电话、优惠政策、特色，适合婚宴、聚会、谢师宴、企业员工年夜饭，同时配有客房和餐饮部先进豪华硬件设施图片、服务员图片以及特色菜品图片来刺激顾客的好奇心和购买欲。

（2）出租车广告。与出租车公司签订协议，在出租车车顶安装舒州国际大酒店的广告灯，力求在县城各处都能从出租车上看到舒州国际大酒店的名字，突出企业文化，提升酒店的知名度和美誉度，对品牌战略推广起到非常关键的作用。

（3）在一些免费电台发布信息。提升舒州国际大酒店的知名度和美誉度。

（4）在交通台发布信息。内容同路灯广告。交通台音乐频道是出租车、私家车经常收听的一个节目，而我们的目标群体正是经常打车或者有私家车的人。通过发布信息可以让目标群体知道开业时间、地址、订餐电话等内容，吸引他们前来消费。

（5）制作宣传单（宣传单要根据不同目标市场有针对性地制作，精心设计）主要分为两种：第一种是针对城区中高收入人群，设计理念“光临舒州国际大酒店，是您高贵的象征”；第二种是针对郊区婚宴市场，这种宣传单的设计在第一种设计基础上突出婚宴套餐。①宣传单主要在人口密集的购物场所附近发放，以提高影响力引起轰动效应。②宣传单主要发放区域还包括所有麻将室，这部分受众也是潜在客户群。③宣传单主要发往郊区婚宴市场。主要为以后春节婚宴旺季下乡推销做铺垫。（农民也具备一定的消费能力，但他们会再三慎重考虑）只要努力能拉到一家，对其婚宴服务到位，让顾客感到物有所值，服务热情周到，就会带动郊区婚宴市场。带动婚宴市场不仅对本酒店有益，本县其他酒店也会受益，使得酒店业得以良性发展，刺激潜山经济消费，促进经济发展，潜山所有人都是受益者。

2. 合作渠道

（1）没有提供餐饮的快捷宾馆；

（2）茶楼足浴等商家；

（3）旅行社；

（4）婚庆公司或结婚登记处；

（5）婚纱影楼。

（三）现场活动

1. 在开业前销售部能拿到一个婚宴单是最为理想的

届时酒店与婚庆公司一起，力求做最有亮点的结婚仪式和开业典礼。这样不仅凝聚了人气，也借参加婚宴的宾客对舒州国际大酒店亲身体验来宣传，将产生非常有效的营销效果。但这个活动的前提必须有婚宴单。舒州国际大酒店第一场婚宴单给予非常优惠的折扣并请电视台报道做有偿新闻。

2. 开业当天来消费的顾客可以参加抽奖活动

3. 开业促销折扣

（1）凡是在2016年1月×日到1月×日，到舒州国际大酒店进行消费的可以享受x折的优惠。

（2）凡是在2016年1月×日到1月×日，到舒州国际大酒店进行消费的可以享受x+1折的优惠。

4. 客房促销

（1）在开业活动三个月内开特价房；

（2）在开业活动一定时期内办理会员金、银卡会比以后办理收取的卡费优惠10%；

（3）在开业抽奖活动中赠送本酒店豪华客房一晚，体验四星级的奢华；

（4）在开业活动期间在我店消费情侣赠送甜蜜情侣早餐或情侣手套或情侣饰品；

（5）外地游客来消费可以赠送当地特色瓜蒌子礼盒。

5. 餐饮部促销

（1）在开业活动期间预订婚宴会有适当折扣，还提供接送婚宴宾客班车（车档次要根据婚宴消费能力确定，若档次太低会有损酒店声誉）；

（2）在开业活动期间预订本酒店高档包间高标准菜肴赠送酒水一瓶；

（3）在开业活动期间预订本酒店中标准菜肴免费赠送一份高档菜；

（4）在开业活动期间餐饮消费 1000 元以上送一份精美礼品；

（5）在开业期间过生日的顾客，在生日当天来酒店消费，赠送生日蛋糕或毛绒玩具一个。

资料来源：学优网，http：//www. gkstk. com/article/cehuashu. htm.（有修改）

任务三

旅游交通企业营销策划

【学习目标】

● 知识目标

1. 熟悉旅游交通的概念与特征；

2. 了解旅游交通在旅游业中的地位与作用、旅游交通体系的构成及各种旅游交通方式的优缺点；

3. 掌握影响旅游交通营销的内外部制约要素、旅游交通营销的新趋势、信息技术在旅游交通营销中的应用、旅游交通营销策略等知识。

● 技能目标

1. 旅游交通方式选择的技能；

2. 旅游交通企业促销策划的技能；

3. 旅游交通企业营销策划的技能。

【任务布置】

1. 旅游交通企业促销策划；

2. 撰写旅游交通营销策划方案。

【案例导入】

沪昆高铁即将全线贯通　滇湘共谋五小时高铁旅游圈

记者李翠芳2016年11月4日从云南旅发委获悉，沪昆高铁将于11月30日全线贯通，云南省旅发委日前携当地景区开赴长沙，力邀湖南人乘坐高铁畅游云南。

2016年11月2日上午10时，“云南专场风情体验日”在同程旅游长沙店拉开序幕。该活动是“开往春天的列车——乘着高铁去云南2016年沪昆高铁云南旅游推介活动”的重要组成部分，内容包括品一杯正宗云南普洱茶，尝一块传统手工猫哆哩，领一份云南特色礼品，看一场民俗风情表演等。活动持续至11月11日，其间，同程旅游在全国的300家门店将相继展开“云南专场风情体验日”活动。

云南省旅发委区域合作与会展处处长刘晓桐介绍，举办“云南专场风情体验日”，对同程旅游来说是一种宣传促销，参与活动的市民有的现场就报名参加了云南游；而作为省旅发委来说，类似活动对云南旅游形象和客源拉动都大有裨益。高铁开通后，云南和湖南同属五小时高铁旅游圈，未来两地旅游合作前景一片大好。

当天下午3时，旅游推介会大幕开启。云南省旅发委巡视员袁光翰称，沪昆高铁开通为滇湘旅游合作带来新机遇，两地可在宣传促销、游客互换、旅游信息共享等方面展开深度合作，云南文化旅游资源丰富，仅A级景区就超过200个，而湖南近年来各项旅游数据“井喷”式增长，一些先进理念值得云南借鉴，也期待两省在旅游经济的发展中互利共赢。

湖南省旅游局党组副书记、副局长王超祥表示，云南和湖南都是旅游产业大省，滇湘两地旅游互补性强，尤其高铁开通后合作前景更加广泛。同时，他还呼吁湖南旅游界人士多宣传云南，带更多游客去云南旅游，同时也希望云南旅游业者和媒体多宣传湖南，两地携手共拓旅游市场。

随后云南省旅发委区域合作与会展处杨丽琼对云南旅游整体形象进行了推介，云南各州市旅发委也相继推介了自己的旅游品牌。昭通市借高铁开通契机为广大游客送出“礼包”，凡持沪昆高铁火车票10日内到昭通旅游的游客，境内收费景区、星级酒店给予六折以下的优惠；普洱旅游此次重点推介的“绿三角”旅游线囊括了娜允古镇、勐梭龙潭、景迈芒景等高品质景区；临沧打造的是“恒春之都大美临沧”，其中三个值得关注的旅游产品分别是沧源摸你黑民族风情之旅、茶文化寻根之旅和中缅跨境异国风情之旅。

资料来源：中国新闻网，http：//www. yangtse. com/gd/2016－11－04/1086144. html.

问题：

（1）沪昆高铁开通为滇湘旅游带来哪些市场机会？

（2）旅游交通在旅游业中的作用是什么？

相关理论知识

交通是联系客源地和旅游区的桥梁，没有良好的交通条件就不能形成旅游流（客流），交通是旅游的通道和媒介，是构成完整的旅游功能系统的必要组成部分，现代大众旅游就是在交通条件得到极大改善后才形成的。在全域旅游的时代，通过推进旅游交通环境的提升，可有效提高全域旅游的通达性，并实现旅游交通的多功能性。

一、旅游交通营销

（一）旅游交通概述

1. 旅游交通的概念

旅游交通是指因旅游需求而伴随着旅游全过程的交通线路、工具、设施以及服务的总和。实际上，旅游者在大多数情况下是先借助公共交通到达旅游目的地，然后再依靠旅游交通抵达景点。

旅游交通从空间层次上可分为三个层次：

第一个层次是外部交通，它是指从客源地到旅游地所依托的中心城市的交通，跨越大尺度的空间。外部交通的方式主要有航空交通、铁路交通、水运交通和公路交通。

第二个层次是在旅游区内由中心城市到旅游地风景区的交通，跨越的是中小尺度的空间，交通方式主要以公路和铁路为主。

第三个层次是内部交通，指旅游地风景区内部的交通，跨越的是小尺度的空间，交通方式以特种交通为主，如索道、游艇、电瓶车、畜力车、骑马、滑竿等，甚至步行。

2. 旅游交通与公共交通

旅游交通是由公路旅游交通、航空旅游交通、铁路旅游交通、水运旅游交通以及特种旅游交通共同构成的产业集合体，它介于公共交通运输业与旅游业之间，属于第三产业的范畴。一方面，它借助民用客机、旅客列车等公共交通设施，从事包括旅游者在内的所有旅客及其行李的公共运输活动。另一方面，它还利用旅游包机、旅游列车、游船等专用交通设施，在旅游客源地与目的地之间以及旅游目的地内各旅游活动场所之间，从事旅游消费者及其行李的专项运输活动。

旅游交通业是为适应旅游业发展的特殊需要，从公共交通运输业中衍生而来的新兴产业。一方面，它在很大程度上依赖公共交通基础设施，与公共交通运输业密切关联。另一方面，它以旅游消费者为主要服务对象和目标市场，与旅行社、景区、饭店等旅游企业保持着紧密的业务关系，与旅游业息息相关。

（1）公共交通也可以充当专业性的旅游交通，而专业性的旅游交通则不能担任公共交通的职能。

（2）公共交通的运输人群较广，客运总容量、载客量较大；专业性的旅游交通载客量相对较小，而且专门为旅游者提供。

（3）两者都承担着旅游者的运送任务。

（4）旅游交通是公共交通和专业性的旅游交通共同构成的。

3. 旅游交通的特征

旅游交通业依托运输设施为旅游者提供空间移动服务，并通过这种特殊的无形服务产品的生产、交换、消费创造经济产值，因而是一个新兴的交叉性、服务性、经济性、季节性产业。

（1）交叉性。首先，旅游交通企业横跨旅游和交通运输两个客源市场，可以兼顾旅游专项客运和高档公共客运两种业务，因而在某一市场需求滑坡时，能够及时调整营销策略进入另一目标市场。其次，旅游交通企业凭借公共交通基础设施为旅游业服务，由于传统的公共基础产业具有高度稳定的特征，而新兴的旅游产业具有朝阳产业的特征，因此集"稳定"与"朝阳"双重特征于一身的旅游交通业蕴藏着巨大的发展潜力。

（2）服务性。旅游交通业与工农业等生产型行业不同，旅游交通业不生产有形产品，而是提供无形的运输服务，因而具有明显的服务性，它是借助交通工具使旅游消费者及其随身物品实现地理空间的位置移动；旅游交通业也不同于商品批发、零售等流通性服务行业，它一般不代理有形产品的经销业务，而是经销自己的服务，它利用有形的各类交通工具提供并销售无形的运输服务。旅游者与普通旅客不同，他们对旅行生活的舒适性、游览性和个性化有更高要求，因此质量、品种、特色就成为旅游交通服务的核心内容和生命源，从而使旅游交通业的服务性越发重要和显著。

（3）经济性。旅游交通业通过提供符合旅游市场需求的空间移位服务产品，满足旅游消费者在旅游过程中对交通运输的需求，完全按照经济规律和市场机制运作，以追求最佳的社会经济效益为产业发展目标，是国民经济的重要组成部分之一，因而经济性是旅游交通产业的根本性质。

（4）季节性。旅游活动受季节、天气及人们闲暇时间的影响，表现出很强的季节性，比如淡旺季。旅游交通也反映了季节性，一般节假日旅游交通的客源量会出现较大的波动，因此，旅游交通企业应随旅游季节的变动调整旅游交通工具，确保游客的需要。例如，为迎接小长假，从2015年5月1日起，郑州公交二公司首条"旅游定制季节性"服务公交线路游7路开往薰衣草庄园，游7路公交车运营时间为5月1日—10月25日，起始站琉璃寺新村，终点站为普兰斯薰衣草庄园，首末班时间每天7：30—18：00，途经琉璃寺新村—杭州路—文化路—英才街—花园路—G107—黄京线—010乡道—普兰斯薰衣草庄园，每半小时一班。

4. 旅游交通的作用

旅游交通是实现旅游消费者空间移动的必要方式。通过旅游交通这一手段，达到旅游消费者的旅游目的。所以，旅游交通作为构成旅游业的六大支柱之一，在旅游业中发挥着不可替代的作用。

（1）旅游交通是旅游业发展的前提和基础。旅游者外出旅行必须完成从常住地到旅游目的地的空间转移，除步行之外，交通工具是帮助旅游者实现旅游活动的必要手段和前提，尤其是大众化的旅游，旅游交通是必不可缺的，旅游交通贯穿旅游活动的始终，是旅游活动和旅游业发展的基石。旅游者活动半径的大小、旅游业发展规模的大小，在一定程度上取决于旅游交通发展的规模和旅游交通发展的先进程度。先进发达的交通对旅游的需求有着强有力的引导效应，一旦航空公司开辟一条新航线或一条高铁、高速开通，相关旅游地的旅游就会引人注目，甚至会开辟出新的旅游目的地。例如，张承高速公路于 2015 年 12 月 30 日 10 点 58 分全线贯通。张承高速公路全长 367 公里，按双向四车道标准建设。全线设互通式立交 12 处，特大桥 2 座、大桥 80 座，特长隧道 4 座、长隧道 8 座、中长隧道 2 座，其中最长隧道平顶山隧道达 5012 米。设匝道收费站 12 处、服务区 6 处、停车区 3 处。张承高速公路是一条名副其实的富裕路、旅游路、生态路和奥运路。其沿线自然景观丰富、旅游景区密布，如闪电湖、五花草甸、丰宁京北第一草原等风景名胜，同时还连接 2022 年冬奥会举办地崇礼。它的建成通车加快了区域经济发展，能有效带动沿线旅游产业的发展。

（2）旅游交通本身有时也是旅游活动的组成部分。通常情况下，旅游交通只是旅游者前往目的地游览的手段，但在特殊情况下，它又是旅游经历的一部分。例如，长江三峡游，旅游者在湖北宜昌市登船，船逆水而上，先过西陵峡，旅游者可以从中观赏水底的景观，接着进入巫峡，旅游者从中可以欣赏幽深秀丽的美景。最后进入瞿塘峡，旅游者从中可以饱览雄奇险峻的盛景。长江三峡从湖北宜昌至重庆的白帝城，全长 198 公里，不仅使旅游者形成较长距离的空间位移，同时也是旅游者游览的过程，所以，旅游交通就成了游览的组成部分。

（3）旅游交通运输能力是旅游生产力的重要组成部分。旅游生产力一般可理解为旅游综合接待能力，它由许多因素组成，如旅游景点的承载能力、旅行社的接待能力、酒店的接待能力、旅游交通的运送能力等。上述几方面的接待能力构成综合接待能力，并必须保持一定的比例，彼此相互协调和相互配合。如果出现比例失调，某些过多的接待能力并不能发挥综合效力。旅游交通作为旅游综合接待能力的一个有机组成部分，其发展规模和水平要与旅行社、酒店等接待能力相协调，在这种情况下，旅游业才能发展顺利；否则，即使旅行社和酒店接待能力较大，但由于旅游交通发展滞后，不能提供相适应的运送能力，整个旅游业的发展也会出现困难和问题。

5. 旅游交通体系的构成

现代旅游交通业主要由公路、铁路、航空、水运、特种旅游五种交通方式构成。每种旅游交通方式又由客运工具、客运站场和客运线路三个基本生产要素构成。各种交通方式根据其自身优势分工协作，分别主导不同运距、不同运速、不同运价等旅游交通细分市场，同时又优势互补，互相衔接，彼此竞争，共同构成现代旅游交通产业综合体系。

（1）航空旅游交通。

航空旅游交通是一种现代化的先进的运输方式，在 20 世纪迅速崛起和发展，在长距离国际、国内旅游中处于绝对垄断地位，尤其是远程旅游（500 公里以上）的重要方式。航空运输不受地形地貌、山川河流的阻碍，只要有机场并有航路设施保证，即可开辟航线，随着商务旅游、度假旅游、全域旅游的兴起，旅游包机也应运而生，这对民航提出了更高的要求，航空旅游交通正以其独特的优势越来越受到游客的青睐。

航空旅游交通的优点有以下几点。一是速度快。与其他交通方式相比，航空交通速度最快。二是乘坐舒适。航空交通飞行平稳，客机内客舱宽敞，座椅行间距离大，此外，舱内设备先进齐全，保证了旅途生活的舒适愉快。三是航程远。飞机能够跨越多种地面障碍物，航行于相隔较远的世界各地。四是安全可靠，并且具有一定的机动性。随着航空技术的日臻完善和各国对航空交通管理的不断加强，乘坐飞机已经成为最安全的交通方式。

航空旅游交通的缺点有以下几点。一是不方便。航空旅游交通只能完成点对点之间的旅行，而且机场一般都设在市郊，增加了人们旅途的周折。航空交通必须同其他交通方式互相配合，才能提供完整的服务。二是噪声大。尽管飞机本身密封性较好，能减少舱内的噪声，但对周围的环境影响较大，主要是产生噪声污染。三是受气候的影响大。雨天、雾天、雪天都会影响飞行，在一定程度上影响了准时性和经济性。四是飞机机舱容积和载重量都比较小，运载成本和运价比地面交通高。

（2）铁路旅游交通。

铁路旅游交通是以铁道为交通线、旅客列车为交通工具、机车为动力的现代化交通运输方式。长期以来铁路在旅游交通中一直占据重要地位，特别是在中长途旅行客运中所占比重很大。

铁路旅游交通的优点有以下几点。一是运载能力大、运输的速度快、票价低廉。二是较少受气象、季节等自然条件的影响，能保证运行的经常性和持续性，在乘客心目中安全性较强。三是乘客能够在车厢内自由走动和放松，途中可观赏沿途风景，不会遇到交通堵塞以及对环境的污染较小等。因而，铁路运输无论是对于社会还是对于旅游者仍有其吸引力。

铁路旅游交通的缺点有以下几点。一是始建投资大，建设时间长，一旦投资，需要很长时间才能收回成本。二是由于铁轨铺设的限制，铁路网络很难直接到达旅游者的目的地，灵活性较差。

【同步思考 3－1】

面对国内航空公司机票降价促销的竞争和私人小汽车的普及，铁路在旅游交通运输中的地位不断下降，在市场中所占的份额也越来越少的现象，你认为铁路旅游交通应采取什么样的应对策略？

（3）水路旅游交通。

水路旅游交通是利用自然和人工水域作为航线，以船舶作为主要交通工具载客的一种运输方式。根据航线的不同，水路旅游交通分为远洋航运、沿海航运和内河航运。用于旅游交通的船舶，按航行目的可分为游船、客船和客货船。游船就是专门运送旅游者、供旅游者欣赏沿途风光的船舶。

水路旅游交通的优点有以下几点。一是运载量大、票价低。二是利用江、河、湖泊和海洋的“天然航道”来进行，通航能力几乎不受限制。三是投资少，建设与维护费用较低，劳动生产率高，劳动力需要量少。四是运行持续性强。五是其是融旅与游于一体的运输方式。旅游者可在航行途中欣赏沿途风光，悠然自得，舒适安逸，回味无穷，这一点是其他交通方式无法比拟的。

水路旅游交通的缺点有以下几点。一是速度慢，难以准点到达目的地，这点很难满足旅游者的需要。二是灵活性较差，受自然条件影响大，航行条件要求天气的能见度要高。

(4）公路旅游交通。

公路旅游交通是最普遍、最重要的短途运输方式。其交通工具主要有固定班次的公共汽车、包车、长途汽车和自驾车等。发达的公路交通网络，配套设施，如路边的汽车旅馆、餐厅、加油站、维修站和目的地停车场，都为公路旅游交通提供了极为便利的条件。

公路旅游交通的优点有以下几点。一是灵活自如，节约时间。公路旅游交通灵活方便，可以把旅游者直接送到目的地，实行“门对门”的服务。尤其是乘坐私人汽车旅游不受旅游时间和线路的局限，可以随时安排和调整旅游行程和目的地。二是便于游览。公路旅游交通，旅游者不仅可以观赏沿途自然风光和城乡风貌，还可以直接抵达旅游景点，便于观光游览和参加动态旅游活动。

公路旅游交通的缺点有以下几点。一是速度慢，舒适程度偏低。汽车与火车和飞机的速度相比较慢，且舒适度偏低，不适合长途旅行。二是载客量有限，能量消耗大，安全系数小。三是汽车排出的尾气对大气有污染，对旅游地也易产生拥挤和环境污染等负面影响。

【知识链接 3－1】

自驾车旅游

随着现代人们生活水平的提高，自驾游已经成为当代青年旅游的重要途径。自驾游是有组织、有计划，以自驾车为主要交通手段的旅游形式。现今的自驾游消费主体人群都是文化素质高，生活水平较高，追求自由个性、灵活、舒适的新兴消费人群。自驾游对于旅游目的有着较强的选择性和机动性，自驾游中大多是围绕自驾城市一两天的路程来作为自驾游目的地。目前，我国自驾车旅游主要包括个人自驾车游、自发群队自驾车游以及自驾车游运营商（包括旅行社）策划自驾车游三种形式。

由于自驾车外出旅游灵活方便、行止自由，并且可使家庭外出旅游的交通费用相对下降，特别是人们往往只注意到私人小汽车旅行的直接费用，而不顾及磨损、折旧之类的间接费用。而且，自行驾车旅游还有其他一些优点，如容易携带行李和娱乐器具，可以观赏沿途风光等，因而在欧美国家中，人们普遍喜欢自己驱车在国内旅游。目前自驾游业务包括以下几种。

（1）组织自驾车的包价旅游（自驾车线路）。

（2）租车业务。

（3）铁路、飞机、轮船等联运业务，让游客连同其汽车一起运送到度假目的地。

（4）自驾车服务/沿公路发展适应市场需要的汽车旅馆、咖啡厅和餐馆等中转服务和休息设施。

自驾游的发展，为社会带来一些不利问题，如旅游地的拥挤和污染问题。目前世界上很多旅游热点地区对此采取了控制措施，要求驾车旅游者把自用车辆停在游览区以外的规定地点，然后乘公共运输工具进入游览区。

【同步思考3-2】

自驾游越来越成为更多人青睐的旅游形式，对此政府及旅游企业应有哪些相应的营销措施？

【知识链接3-2】

房车旅游

房车旅游是一种以房车为载体的新型旅游方式。“车子外面是世界，车子里面是自家”，旅游和生活完全结合起来，行在路上，乐在其中。

在美国、欧洲房车早已经是人们休闲旅游甚至生活中的一部分，将家安在轮子上体现的是一种个性化的生活方式。旅游者在什么地方吃饭、在哪安营扎寨，全凭自己的兴趣所至。从2020年6月开始，欧洲旅行的恢复令房车旅游十分火爆。

房车旅游的特点：

（1）房车旅游更自由。房车不仅能提供自由化、个性化、知识化的旅游，而且还能提供休闲、探险活动方式。

（2）房车旅游更经济。房车与其他旅行方式相比，驾驶房车旅游比驾驶轿车或乘飞机、住酒店旅行更节省费用。

（3）房车旅游体验性强。房车上备有炊事设施，旅游者可以下厨大显身手，与家人朋友一起品尝、用餐，其乐融融。也可以利用车上的电视、音响等丰富行车生活，打发途中的寂寞无聊。车停靠宿营地，还可以利用有条件的宿营地所开设的游泳场、烧烤场、钓鱼场等多种休闲娱乐设施，增加旅游的体验和乐趣。

房车旅游作为一种时尚的旅游方式越来越受到人们的青睐，前景十分广阔。

（5）特种旅游交通。

特种旅游交通主要是指在旅游景区、景点的渡船、索道、缆车、轿子、滑竿、马匹、骆驼等形式的旅游交通方式，是为满足旅游者娱乐、游览的需要而产生的特殊旅游交通方式。

特种旅游交通主要有：①景区、景点或旅游区内的专门交通工具，如观光游览车、电瓶车等；②景区、景点内的某些特殊地段，为了旅客安全或节省体力而设置的交通工具，如缆车、索道、渡船等；③带有娱乐、体育及辅助老、幼、病、残旅游者游览观赏性质的旅游交通，如轿子、滑竿、马匹、骆驼等；④带有探险性质及在特殊需要下使用的交通工具，如帆船、热气球等。

特种旅游交通的优点有以下几点。一是节省游客体力，辅助老弱病残游客完成旅游。二是可以提高旅游价值，招揽游客。

特种旅游交通的缺点有：有些特种旅游交通，如索道、缆车等，有时会造成与风景名胜的不协调现象和对风景区的破坏现象。

【同步思考 3 – 3】

如何利用高铁、高速迅速发展的新机遇，做大做强旅游产业？

（二）旅游交通营销

旅游交通营销是指根据市场的需求，结合旅游交通企业的优势，确定目标市场，通过开发经营适销对路的旅游交通产品，最终满足特定市场需求的营销活动。

1. 旅游交通营销的新趋势

（1）一体化旅游交通营销模式的应用。随着旅游交通企业规模的扩大、利润链条的增长、新型营销观念的产生推动了企业一体化的经营模式形成，寻求合作成为一种普遍的选择。由于旅游企业垂直一体化趋势的出现，从交通业人士到旅游者需要通过多种交通方式的结合来完成旅程。因此，交通运输企业应该寻求能够互相替换并能够互相结合的交通方式为乘客提供一体化的服务。

【同步案例 3 – 1】

河南焦作年引十多万韩国游客　郑云高速开启“天地联运”

中新社郑州 2016 年 11 月 26 日电（记者李贵刚），目前每年有十多万人次的韩国游客到焦作来旅游、度假。郑州至云台山高速公路（简称郑云高速）26日正式全线通车，从郑州到韩国游客所钟爱的云台山景区仅需1小时。至此，郑云两地开启天上航空与地上铁路、公路的联运模式。

全长65.5公里的郑云高速全程设计速度100公里/小时，起始于郑州，终止于焦作市云台山景区。其中云台山收费站距离云台山景区仅3公里。

郑云高速的建成通车，贯通了郑州、焦作两座城市，对接桃花峪黄河大桥，可以直通云台山风景区，对促进沿线地区民众脱贫和经济社会发展具有重要意义。在此之前的2015年6月，郑焦城铁开通运营，旅客和民众均可通过这条便捷通道直达新郑国际机场。加之稍早前的诸多“云台山号”旅游专列和旅游包机，作为全国交通重要枢纽的郑州与焦作由此进入“铁公机”联运模式。

这种联运模式不仅让人们出行有了更多选择，还为境内外游客到云台山旅游提供了极大的方便。目前每年有十多万人次的韩国游客到焦作来旅游、休闲、度假，2015年焦作接待了12.4万人次的韩国游客。2013年3月，云台山景区在韩国首尔麻浦区正式设立“中国河南焦作云台山驻韩国办事处”，这是中国旅游景区设立的第一个境外办事处。

云台山上溯夏商，下至明清，文人墨客不绝于此，“竹林七贤”在此隐居。2004年，云台山被联合国教科文组织评选为全球首批世界地质公园。

资料来源：中国旅游网，http：//www.cntour2.com/viewnews/2016/11/27/ P0ZDeid94cSePdag WKCb0.shtml.

问题：

（1）郑云高速“天地联运”对河南旅游业有什么影响？

（2）结合案例说明一体化旅游交通营销的意义？

（2）“互联网+”在旅游交通营销中的应用。随着互联网的普及与电子商务营销模式的兴起，大量旅游交通服务商纷纷建设预订系统和咨询平台，方便更多的旅游者能够更快、更及时、更全面地了解自己的产品和服务，从而扩大自身的客源群体和销售收入。“互联网+”已经成为我国经济社会发展的一项重大战略，交通运输作为国民经济的重要的基础性、先导性行业和重要的民生服务业，也是实施“互联网+”战略非常重要的领域。“互联网+”的发展，特别是移动互联网技术的迅猛发展，正在深刻地影响和变革交通运输行业。旅游交通业实施“互联网+便捷交通”行动，是应移动互联网时代指尖消费的需求，打造智慧运输服务系统，使游客出行更加便捷。利用互联网整合各种运输方式资源，为社会公众提供基于移动运输的动态信息和道路状况的查询服务，加快道路客运的联网售票系统建设，逐步实现与铁路民航、旅游景点票务信息的一体化，提升城市公共交通的信息化水平，为游客提供实时的车辆运行的时刻信息，方便乘客选择出行方式。

【同步案例3-2】

法航推出旅行目的地指南网站　体验法式旅行艺术

2016年3月3日，法航推出全新的“搭乘法航旅行”网站，为所有渴望旅行、对旅行充满热情和好奇的旅行者提供出行指南。用户可以通过电脑、平板和智能手机等所有数字媒体在线登录 http：//travelby. airfrance. com/en/，使用这一专门的数字化目的地指南。

法航设计这一目的地指南不仅是为旅行者提供灵感从而选择心仪的目的地，也可以为制订该目的地出行计划提供原创参考。“搭乘法航旅行”网站是法航档次提升计划的一部分，它的开通也丰富了其订票网站的内容。

对于首批上线的89个目的地，“搭乘法航旅行”网站为每个目的地列出了许多未被大众熟知的餐厅、独具魅力的酒店以及风景如画的地标景点，这些信息均由热爱其所生活城市的本地博主、网络达人和记者提供。之后，网站每个月都会新增两个目的地。

这些实用信息以旅行日志的形式呈现，用户可以组织并下载所选内容，还可以直接从“搭乘法航旅行”网站预订机票。

目前，该网站支持法语和英语。在2016年夏季前，该网站支持的语言种类将拓展至西班牙语、巴西葡萄牙语以及简体中文。

资料来源：民航资源网，http：//tech. hexun. com/2016-03-03/182554107. html.

问题：

（1）法航推出全新的“搭乘法航旅行”网站，对其营销活动带来的影响有哪些？

（2）法航推出全新的“搭乘法航旅行”网站的创新点是什么？对旅游交通业发展的意义如何？

2. 影响旅游交通营销的外部制约因素

（1）交通工具技术。在现代市场竞争环境下，各旅游交通方式之间的竞争促使交通工具在大小、座位数、速度、最大行程、节油程度、噪声及舒适度等方面不断得到改进。这些变化影响着交通企业经营的获利能力，也影响着游客的选择。例如，随着航空技术的发展，新的航线不断开辟，空中运行时间进一步缩短，机场利用率大大提高，这些都对旅游市场产生了深远的影响；私人轿车拥有量的增加及交通工具舒适度、可靠性和效率的提高，对于旅游市场的增长同样至关重要。因此，那些对交通工具产生影响的技术也成为旅游经营商开展营销必须考虑的问题。

（2）“互联网+”新信息技术。2015年是“互联网+”元年，互联网使得中国的文化传播、信息分享更加开放与自由。作为经济发展和社会进步推动力量的互联网，其支撑地位的作用日渐凸显。因为“互联网+”时时刻刻影响着每位民众的方方面面，它在旅游交通领域也产生了“化学效应”，“互联网+旅游交通”正在逐步形成游客出行的新市场，创新了旅游交通的新业态。伴随着信息技术的迅猛发展，旅游交通企业借助一些诸如云计算、大数据等新一代信息技术来提升交通效率，将互联网产业与传统交通出行服务业进行有效融合，形成“线上资源合理分配，线下资源优质运行”的新业态和新模式。

（3）政府管制。政府管制是指政府为达到一定的目的，凭借其法定的权力对社会经济主体的经济活动所施加的某种限制和约束，其宗旨是为市场运行及企业行为建立相应的规则，以弥补市场失灵，确保微观经济的有序运行，实现社会福利的最大化。政府管制属于政府的微观经济管理职能，它与旨在保证经济稳定与增长的宏观经济调控一起构成政府干预经济的两种主要方式。如在20世纪的大部分时间里，国际级国内客运交通系统的经营活动在所有国家都受到严格控制和管理。在航空业中，机场准入、国家间飞行、飞越国家领空的许可须经政府间协议商定，这些协议包括准许哪些航空公司飞行哪些航线、允许多大运力及许可价格的范围和种类等。掌握这些决策权的政府机构，如中国民航局，实际上是直接插手营销决策的关键机构，并代替市场力量在发挥作用。无论哪个机构，如果控制了产品容量，并决定或影响价格，该机构必然会对旅行需求产生极强的影响。

【同步案例3-3】

关于对牛背山道路实行联合交通管制的公告

当前，牛背山旅游资源尚未正式开发，前往牛背山道路弯多、坡急、路面狭窄，路况极差，安全隐患严重，尚不具备旅游观光条件。受“4·20”芦山强烈地震影响，从荥经、泸定前往牛背山道路沿线地质灾害点急剧增多，加之汛期将至，极易发生塌方、泥石流等自然灾害。并且从荥经前往牛背山道路泗坪至三合段、泸定冷碛至牛背山段在“4·20”芦山强烈地震中受损严重，泗坪至三合段已启动重建，冷碛至牛背山段也即将启动重建封闭施工。为切实保障广大群众生命财产安全，荥经县人民政府、泸定县人民政府决定自即日起对从两县前往牛背山的道路实行联合交通管制，所有人员和车辆不得进入。由此带来的不便，敬请理解支持。对拒不遵守联合交通管制有关规定的人员，将依法进行处理。

特此公告。

四川省雅安市荥经县人民政府

四川省甘孜州泸定县人民政府

2014年4月25日

资料来源：http：//tieba. baidu. com/p/3009289212.

问题：案例中为什么两县实行联合交通管制？实施交通管制给牛背山旅游带来什么样的影响？

（4）环境问题。交通主要涉及五个方面的环境问题，即噪声、尾气、能源利用、拥挤、废弃物的产生与处理。20 世纪 80 年代，这些问题对营销的意义并不显著，但在 90 年代，随着社会对环境保护的重视，有关环境污染也日益成为法规管制的对象。交通拥挤，是造成环境成本增加的又一重要因素，因为拥挤导致上机或上车时间延误、更多的燃料耗费及更多的废气排放。交通系统的建设和维护产生了特殊废弃物，其中一些毒性很大，已越来越多地受到废物处理条件的严格管制。

通过上述分析我们不难发现，当对交通企业在线路、运力和价格方面的传统管制正在解除之时，新的环境保护管制却在不断引进，这些必将对旅游交通企业的营销产生深远的影响。

3. 影响旅游交通营销的内部制约因素

（1）资本投资与固定成本。现代旅游交通企业经营的主要特点是高投资与高固定成本。即购买及维护交通工具和设备、建立与维护线路网络及雇用操作系统的人员所必需的投资较高，同时经营任何服务的固定成本都很高，而变动成本则较低。从营销的角度看，一旦决定提供一项服务后，每卖出一个座位就意味着多获得了占售票收入 90% 以上的收益。这些收益或者用于补偿已承付的固定成本，或者在达到盈亏平衡点后代表毛利的获得。鉴于以上原因，交通企业在进行营销时应特别重视对座位的边际销售。

（2）上座率、收益率与设施利用频率。由于客运交通的高投资和高固定成本特征，对于营销管理者而言，有三个衡量经营效率的主要指标显得尤为重要，它们是上座率、收益率和设施利用频率。在其他条件不变的情况下，上座率的高低直接影响到经营收益。同时设备利用的频率越高，就其收益与已发生的固定成本相比，业绩就越好。例如，2014 年小长假“五一”前夕，深圳前往多个旅游城市的机票紧俏，节前国际航线机票比平日高出三成左右，“五一”期间，深圳机场的出港航班客座率预计将达到 90% 以上，尽管假日期间很少推出特价机票，但机票销售情况还是非常火爆。

二、旅游交通企业营销策划

（一）航空旅游交通企业营销策略

延伸阅读（3－1）
湖南推进航空和
旅游融合发展

1. 恰当运用价格折扣策略

航空公司应顺应大众旅游发展的趋势，不仅对旅行社的团体票打较低的折扣，更要在淡季时对散客采取较低的折扣价格策略，以尽量提高上座率和设施利用率。如特惠机票作为一种促销手段，可在淡季或者特殊时期吸引顾客。

例如，2006 年 11 月 28 日，深航刚进入河南便推出优惠机票：深航郑州至重庆、贵阳、杭州、沈阳、乌鲁木齐 5 条航线全部推出 3 折机票，以此价格购得的部分航线机票，即使加上所有税费后，也低于相应的火车硬卧车票票价。郑州至重庆的机票低至 260 元。

2. 加强与其他交通方式的联合，为旅游者提供一站式便捷服务

由于飞机具有噪声大的特点，所以飞机场都建设在离城市市区较远的地段，以减少对城市居民的噪声影响。但这样的布局导致乘客从住处到机场或从机场到住处需要花较长时间，再加上登机检查，甚至会超出空中飞行的时间，因此，机场的可进入性成了重要的竞争因素。而提高机场可进入性必须得到其他交通方式的配合，除了应注重通达机场的公路建设，还可以考虑其他交通方式，如轻轨、磁悬浮等。

如 2016 年 10 月 10 日，滴滴出行宣布已与东方航空达成战略合作伙伴关系，打造空地联运生态圈，为双方用户提供旅游出行一站式便捷服务。旅客在东方航空 APP 页面中选择“接送机”即可快速发出滴滴订单。未来东方航空的旅客在东方航空 APP 和官网购买机票和度假产品时，可打包一同购买滴滴专车的接送机服务。用户可提前预约好车辆，下了飞机后将由滴滴专车接机员在到达口接机并引导上车，遇到航班延误仍将有专车在机场守候，实现航空与地面交通的无缝衔接。

3. 多维共进改善机场总体服务

国家民航局提出，“真情服务”是民航作为服务行业的本质要求，要在保证安全的前提下，改进服务工作，让人民群众感受到民航服务品质的改善。如今的旅客在乘机时，不仅注重时间、效率，而且开始对餐饮、娱乐、购物等方面也有较高的要求。由此表明机场功能已不仅仅停留在满足旅客乘机的需要上，应从最基本的实用层次，上升到为旅客提供享受层面的服务。针对乘客候机时的生理和心理需要，加强机场的人性化设计，并在交通、标志、办理手续、信息沟通、餐饮、购物、娱乐等各服务项目和工作流程中强化针对性的措施；通过引入微信值机、手机值机等新兴技术手段，使旅客能够通过最熟悉的网络渠道预先获得机场服务，迎合现阶段大众旅客的消费习惯，使旅客体会到机场服务顺应时代的高速发展。

【同步案例 3－4】

白云机场改进服务

2016 年 1 月羊城晚报讯 经过半年多的紧张施工，白云机场一系列改造工程近期陆续完工：洗手间增加和改建、国际流程改造、无线上网设施升级、登机廊桥雨篷加建等，一个新的面貌即将在白云机场展现。

据悉，航站楼的无线 Wi－Fi 已升级为 1G，不仅带宽全面扩容，楼内覆盖也基本无死角。旅客手机经过简单的两次点击便即刻链接上互联网，下载速度很快。此外，17 套新改造的洗手间已投入使用，比原来增加厕位 170 个，相当于新增 7 套洗手间，改造后的男女厕位总体比例为 2：3，更符合国际或国内旅客的使用习惯和需求。

新的国际流程即将竣工，完成项目工程总面积逾 2 万平方米，其中新增远机位 33 个，边检通道由 45 条增加到 65 条；安检通道由 52 条增加到 66 条；国际转国内中转柜台由 8 个增加到 10 个……在 T2 航站楼投用前，资源紧张状况得到缓解。

在做好基础设施完善挖潜的同时，白云机场于去年底启动了“窗口形象综合整治工作”：一方面，大力治理局部环境脏乱差，升级改造绿化区，扮靓窗口形象，服务即将到来的春运；另一方面，联合公安、运政等相关部门，大力打击乱停乱放、拉客等现象，开辟应急通道，改善高峰期到达区车辆拥堵的现象。此外，围绕机场夜间打的难等问题，印发了服务指南，空港快线调整并增加了夜班车线路和趟次，保证有航班就有公共交通前往市区。

机场方面表示，去年因为不停航施工和航站楼各项改造工程，影响了旅客出行体验，给旅客造成不便。接下来，机场方面将开展“干净整洁和平安有序”整治活动，提升机场服务质量；同时邀请第三方机构对服务问题进行持续监测，致力于持续整改。

据悉，2015 年，全球机场服务满意度测评权威机构——国际机场协会 ACI 评比中，第一季度白云机场全球排第 8 位，第二季度排第 9 位，第三季度排第 12 位，第四季度排第 11 位。

资料来源：羊城晚报，http：//news. ifeng. com/a/20160119/47136296 _ 0. shtml，2016 - 01 - 19.

问题：白云机场改进服务对其整体营销活动有何影响？你认为白云机场还应在哪些方面进行改进？

4. 加强旅游航空交通安全管理

随着航空企业之间竞争的日趋激烈，各航空企业均在品牌文化建设上不遗余力地下功夫，力求在获取丰厚收益的同时，品牌形象也能得到旅客的广泛褒奖。事实上，在构建品牌竞争力上，最核心的要素永远都是安全。高度重视安全管理，对航空企业发展具有重要意义，有的航空公司因一次空难或重大事故，品牌形象一落千丈，甚至走向倒闭和破产的边缘，有的则依靠过硬的安全管理赢得旅客广泛赞誉。在航空企业中立足靠的是安全，谁更安全，谁就能赢得客户。作为旅客，乘坐飞机最先考虑的不是服务质量，而是飞行安全。飞天作为人类曾经的梦想，既美好又恐惧，所恐惧的无疑是发生空难后的高死亡率。因此，航空企业想要发展，首先就是要获得公众的信心，而信心的基础就是安全，可以说航空业是“得安全者，得天下”。“安全第一”不仅仅是口号，更是每个航空业者应时刻牢记于心的铭文。

5. 推出特殊旅游航线

面对当今旅游业蓬勃发展的大好时机，航空公司应当针对一些新兴的旅游热点，开辟出新的旅游航线，以取得市场先机。如 2016 年 5 月 30 日，成都又增加一条全新的旅游航线，成都—天津—海拉尔航线正式开通，此条新航线是为旅行者量身打造的，为了吸引更多的游客前往海拉尔，成都航空特别推出了成都到海拉尔往返 4 折机票，成都游客只需要花 6 个小时，就可抵达有着“牧草王国”之称的呼伦贝尔大草原，这让“草原控”的游客们欣喜若狂，对普通游客而言，夏季去呼伦贝尔大草原消夏避暑也是一个很好的选择。

6. 旅游包机策略

旅游包机是由旅行社和航空公司达成协议，以旅游目的地为终点，开辟的特殊航线。旅游包机是一种不定期的航空包乘服务业务，是航线经营的一种新型运作模式，为游客最大限度地降低出游成本。目前包机游越来越受欢迎，尤其是春节的时候，航空机票非常紧张，是一年中出游仅有的最佳时机之一，若由于机票紧张而导致不能出行，会给游客留下遗憾，但有了包机游则能解决此问题，想出行的游客无须被紧张的机位所限制。同时包机游也会给消费者省下来很多钱和时间。如南航的石家庄—大连包机线路为旅游团体提供的价格是4.5折，原价760元，打折后每个座位仅售340元，相当于火车卧铺价格，同时公务、商务客人也可享受到低至5折的团体票价。

旅游包机盈利空间大，但风险也大，包机上座率是旅行社包机游风险的最直接因素。旅行社参与旅游包机的形式大致分三种：第一种是旅行社通过与一类航空代理商合作，独家承包某个航空公司的整架旅游包机；第二种是几家旅行社联合承包一架旅游包机，以降低运营风险；第三种是本地旅行社采取“切位”的形式从外地中间经营商那里获得部分机位。

【同步案例3-5】

2016年多条旅游包机航线开通　旅游包机带旺延边出入境旅游

2016年7月12日21时35分，延吉机场迎来了首批乘坐旅游包机，从符拉迪沃斯托克到延吉旅游的游客。1小时后，国内游客乘坐该飞机从延吉出发直飞符拉迪沃斯托克，开启了为期4天的异域之旅。延吉机场公司总经理姜英民介绍，此次延吉至俄罗斯符拉迪沃斯托克复航，是延边民航与俄罗斯航空市场拓展迈出的新步伐，为延边与符拉迪沃斯托克经贸往来、经济发展，为两国人民旅游、商务搭建了新的平台。

近年来，我国出入境旅游市场火爆。据统计，截至2015年年底中国公民出境游突破1.2亿人次。受到国内游客欢迎的境外市场有东南亚海岛游、港澳游、日韩游等。延边游客出境目的地主要集中在韩国、日本、朝鲜等地。在出境旅游的诸多流量口中，航空起到非常重要的作用。

为了满足游客对出境游的需求，拉动入境旅游市场经济，州旅游局、延吉机场、各航空公司及旅行社共同推出了2016年出境游的旅游包机业务。旅游包机及直航正班航线的开通，将带旺今年延边出入境旅游市场的发展。

资料来源：刘晓陌．延边新闻网，http：//news.365jilin.com/html/20160714/2245926_2.shtml，2016-07-14.

问题：

（1）航空旅游交通企业如何实施包机游策略？

（2）分析包机游为旅行社带来哪些市场机会。

7. “航空+旅游”策略

当前，旅游业发展已进入全民旅游、个人游、自助游为主的新阶段，各旅游企业只有全维度转型升级，努力提升旅游发展质效，不断创新和丰富旅游供给，推动全领域跨界融合才能很好地顺应这种大势。为此“航空 + 旅游”的模式也应运而生，“航空 + 旅游”模式能带来旅游企业在资产、智慧、生产、竞争等多方面的优势，容易形成企业差异化的核心能力。

【同步案例 3 - 6】

“航空 + 旅游”开启吐鲁番冬春游新模式

2016 年 12 月 2 日，吐鲁番市航线推介新闻发布会在乌鲁木齐召开。吐鲁番在冬春游期间将为往返吐鲁番的游客送上准点准时、票价优惠、现金奖励、空铁联运、半价门票、中转联程六大礼包的旅游优惠政策。

在发布会上，吐鲁番市委常委、市发改委党组副书记、主任汤红杰说：“这六大礼包是我们吐鲁番献给所有往返吐鲁番游客的一个暖心礼物。从吐鲁番出发可以通过国航、南航的多条中转航线到达国内 80 多个城市，准点准时不再因遭受大雾天气而延机。为了把实惠让给每个游客，我们把往返吐鲁番的航空票价降低至 1.5 折。”

从今年 11 月 1 日开始到明年 4 月底，将对从吐鲁番机场乘机到北京、上海的旅客，往返均每人给予 100 元现金补贴、游客在机场现场兑现。旅行社组团、发接团，乘坐吐鲁番至北京、上海航班进出港，旺季累计 300 人奖励 2 万元，每递增 100 人，增加奖励 1 万元。淡季累计 300 人奖励 3 万元，递增 100 人，增加奖励 1 万元。空铁联运，旅客乘坐飞机经停吐鲁番，往返乌鲁木齐乘坐高铁只需 50 分钟。游客在吐鲁番交河机场下飞机，还可以选择铁路和长途汽车，无须等待，直通天山南北。现在起到明年 4 月底，吐鲁番市对所有景点景区门票实行半价优惠。无论淡旺季，乘坐吐鲁番至北京、上海航班从吐鲁番机场进港旅游团队，可以享受景区门票“买一送一”优惠，购买吐鲁番景区线路门票，赠同等数量线路门票。中转联程通达全国 80 多个城市，在北京 T3 航站楼内中转，避免了不同航站楼间的劳累奔波。

会上，吐鲁番市旅游局局长安金强还向与会媒体推介了吐鲁番今年冬春游的旅游项目。

安金强说：“随着吐鲁番机场设施的不断完善，随着往返吐鲁番航线的不断丰富，我们将借‘航空 + 旅游’的新模式助力吐鲁番全域旅游快速发展，通过吐鲁番机场的承载力，国航和南航提供的多条中转航线，为往返吐鲁番的游客提供更加优质、快捷、高效的服务。为此，我们在 2016 年 10 月至 2017 年 5 月冬春季旅游期间，吐鲁番围绕‘体验火洲文化·享受灿烂阳光’的主题，深入拓展吐鲁番‘阳光、绿色、健康、文化’冬春季旅游品牌，精心打造了健康养生类、文化旅游类、体育旅游类、乡村旅游类、民俗旅游类、会展旅游类、特种旅游类、家门口的旅游八大类共 30 项旅游主题活动。”

资料来源：但佳萍．新疆亚欧网，http：//www. xinjiangyaou. com/xinjiang/008/14207

49. shtml，2016－12－02.

问题：

（1）分析“航空＋旅游”策略的发展趋势。

（2）旅游航空企业如何运用“航空＋旅游”策略加强与其他旅游企业的合作？

【知识链接3－3】

低空旅游

低空旅游，在不影响国家利益与人民利益的前提下，合理利用低空领域资源，不仅开通了“低空观光旅游”这一通用航空产业的典型商业化项目，更是推开了通用航空产业大发展的一扇窗。国内低空旅游起步于20世纪90年代的八达岭长城游览（S－76机型执飞），近年来，东方通航、上海金汇、三亚美亚、亚龙通航等企业在厦门、庐山、三亚等地积极尝试开展空中游览业务。2014年8月，受国务院《关于促进旅游业改革发展的若干意见》中鼓励“低空飞行旅游”的影响，低空旅游迎来快速发展，运营企业使用小型、中型单发直升机，开展91部下的本场空中游览，时间多在8～15分钟，价格在600～1500元不等。但由于季节性强、游客数量有限、距离景区远、可供座位数少、空域航线限制、政府噪声管制等因素，目前这类项目整体营利性不强，仍未形成可持续发展的模式。

根据公开数据，自2014年8月以来，国内已陆续开通低空旅游航线88条，开展该项业务企业多达数十家，各路专家学者对发展低空旅游重要意义的论著已超百篇。在各界充分认识到低空旅游的战略意义后，如何科学合理地规划开展低空旅游业务就显得更为重要。

一、低空旅游的类型

1. 根据低空旅游的观赏对象分

（1）城市型游览。主要是对城市建筑（如北京鸟巢、水立方，纽约自由女神像）、地标性景观（如上海黄浦江等）和城市夜景（如日本东京）的空中游览，但城市运行会带来噪声和安全方面的问题。

（2）景区型游览。主要是在自然景观地，使用航空器开展空中俯瞰或穿越飞行，由于景区往往远离城市因此噪声影响不大，但路途比较遥远。

（3）旅游交通型。以通用航空短途运输的方式连接两个人口密集区，沿途赏景。

2. 从低空旅游面向的游客需求分

（1）飞行体验需求。满足没有乘坐通用航空器经历的消费者的好奇和体验心理，现阶段，我国多数低空旅游的消费者是出于此类需求特点。

（2）空中观光需求。某些景区特别是山区、峡谷，空中俯瞰伟岸壮阔、山隙飞行紧张刺激、朝霞落日光影变幻，使用航空器的空中观光成为一种特殊的赏景视角。

(3) 高端旅游需求。我国部分省份面积辽阔、景点分散、路途遥远、交通不便，使用航空器作为旅游的交通工具，既能够从空中俯瞰景点，又能有效节约时间。

二、低空旅游的典型运营模式

(1) 以单一通航运营企业为主体，以低空旅游增加飞行量和业务收入。这种模式多在某一景点或城市开展一条或多条线路的游览。由于目前国内低空旅游业务量有限，这类游览业务或季节性开展（如青海湖游览），或与培训等业务搭配开展（如天津拓航、北京精功），或采用包机模式预约后飞行（如华彬天星），并由运营企业与专业渠道商合作进行推广。多数情况下，低空旅游仅是运营企业诸多业务中的一种，换言之，单一的低空旅游业务尚难支撑一家运营企业甚至一架飞机的专门投入。

(2) 以集团化运作的通航企业为主体，以游览业务促进飞机销售或地产开发。这种模式下，开展低空旅游业务的企业往往附属于某大型集团（如正阳集旗下的金汇通航在上海黄浦江及厦门厦金湾开展的游览业务），使用的机型往往为集团代理，航空器性能好、舒适度高，但游览收费单价普遍偏低（如使用 AW109 单座价格仅为 580 元人民币），有时仅能覆盖变动成本，但通过游览业务的开展带来的航空器销售或地产开发收益则能够覆盖其亏损并带来收益。

(3) 旅游景区或旅游公司为主体的低空旅游开发。由于目前我国低空旅游规模偏小，但旅游业发展成熟，“通航＋旅游”的模式下通航企业往往要遵从旅游业的游戏规则，因此由旅游企业为主体开发低空项目更为适宜。如纽约直升机公司的空中游览是由景点与直升机运营商、旅游公司联合组成营销团队，在各大商场、酒店、景点、地铁宣传推广。首航直升机在大连、长白山、盘锦等地区开展空中游览业务，也与景区合作由景区购买保底小时后进行渠道推广和销售。

资料来源：低空旅游：“通航＋旅游”模式 从怎么看到怎么干．民航资源网，http：//www.pinchain.com/article/69522，2016－03－18.

（二）铁路旅游交通企业营销策略

1. 差异定价策略

为满足不同收入水平旅游者的需求，保证铁路旅游交通产品具有竞争力，铁路旅游交通企业应建立灵活的运价机制，根据旅游市场的变化，采取多价位的票价制定方法。

(1) 在旅游黄金线上可试行旅游列车峰谷票价。在不违反国家相关规定的前提下，对列车等级、车型、车种、席别相同，但到发时刻不同的旅游列车试行不同的票价，从而调节日间客流峰谷，提高旅游运输市场的竞争力。

(2) 在旅游黄金线上实行旅游列车梯级票价。根据不同游客的不同层次需求，采用不同车辆、不同速度等级、不同席位、不同运行时间的列车运行方案，制定不同档次票价，实现旅游交通产品及其价格的多样化，票价形成梯级定价。

【同步思考 3－4】

在旅游黄金线上试行旅游列车峰谷票价和梯级票价是否属于价格歧视？

2. 优化旅游列车环境

游客在乘坐列车出游时，需要一个安全、舒适、卫生的环境，这就需要铁路交通部门要做到：乘务员认真清扫车内卫生；提供优质的旅游服务；减少车内小贩的叫卖；对部分乘客的不文明行为，乘务员应积极引导批评；保证游客的财物安全，特别是到了旅游黄金周、春运期间，列车拥挤不堪，乘车人员也是鱼龙混杂，一些不法分子混迹其间，增加了其他乘客财物损失的风险。

3. 开发旅游宾馆列车产品

铁路旅游交通企业应积极参与旅游资源开发，开发旅游宾馆列车产品，实行旅游交通、住宿、导游等"一条龙"特色服务。在旅游旺季，旅游者往往会遇到购买往返车票、住宿、旅游目的地区内交通等方面的问题，旅游宾馆列车则可以较好地解决这方面的问题，可试行交通、住宿、导游服务、景点门票等一票制，提供全程优惠服务。

4. 旅游列车上增加娱乐项目

由于火车运行时间通常比较长，其间基本上没什么娱乐活动，大部分时间乘客只能自己消磨时间，旅途单调乏味，容易增加乘客疲劳感，甚至会诱发心理疾病。所以旅游列车上可以考虑组织一些娱乐节目和活动，增强乘客的参与性，以丰富旅途内容并消磨漫长的旅途时光。例如，哈尔滨铁路局于 2016 年 5 月 31 日首发的哈尔滨至黑河"龙江之星"旅游观光专列，已使此情此景成为现实。哈尔滨铁路局本次开行的"龙江之星"旅游观光专列，首次使用由空调车体改造的豪华观光客车。该专列由普包车厢、高包车厢和餐车组成，共计 5 辆，最高运行时速 120 公里，普包车厢每辆定员 24 人，高包车厢每辆定员 8 人。专列设有观光厅，配备高级座椅、自动麻将机、卡拉 OK 伴唱点歌机等休闲娱乐设备，提供中西式餐点、多种饮品等食品。

5. 开行不同档次的旅游列车

根据旅游者的不同需求层次，铁路旅游交通企业可开行不同档次的旅游专列。一般情况下，不同收入、不同职业、不同年龄等的旅游者在交通工具的舒适、速度、价格等方面有不同的要求，因此，旅游交通部门可根据市场的需求开行不同档次的旅游专列，以满足不同游客的需要。

延伸阅读（3－2）
高端旅游专列
"火爆"的原因

【同步案例 3－7】

旅游专列激活疆内游市场

2020 年 6 月 1 日早上 7 点多，乌鲁木齐铁道国际旅行社有限责任公司推出的“坐着火车游新疆”喀纳斯旅游专列返回乌鲁木齐站。“这次去喀纳斯旅游，门票免了，有两晚住在火车上，还省了住宿费，性价比很不错。”参加了喀纳斯双卧二日游的乌鲁木齐游客罗桂英显得格外高兴。在新冠疫情防控常态化的背景下，新疆各大旅行社将专列游市场重点转向疆内，针对省内游客出游特点调整产品，让专列旅游焕发出了新的生机，有效激活疆内游市场。

新疆疆域面积广阔，非常适合开行专列旅游。专列游产品本身的性价比和便利性与各地的优惠政策叠加，对游客来说更具吸引力，这成为疆内专列游火爆的原因之一。

据了解，阿勒泰地区 32 家旅游景区（点）针对疆内游客从 5 月 1 日至 6 月 30 日实施了免门票措施，包括喀纳斯、可可托海等景区，这些优惠措施为专列游创造了条件，喀纳斯更是成为专列游的热门目的地。

乌鲁木齐铁道国际旅行社有限责任公司负责人黄庭奋表示，在新疆各地利好政策的驱动下，从 5 月 1 日开始，新疆掀起了“坐着火车游新疆”的高潮，截至 5 月底，仅乌鲁木齐铁道国际旅行社组织的旅游专列就达 6 趟，接待疆内游客近 4000 人次。为了扩大疆内专列旅游的影响力，乌鲁木齐铁道国际旅行社与多家旅行社建立合作关系，共同推广，互利共赢。

据了解，专列游均在周末开行，夕发朝至，周五下班出发、周一早上返回是这些旅游专列的最大亮点。利用周末两日组织“夕发朝至”专列对游客来说是实现了“双省”，一是游客可以选择在火车上休息两晚，节省了时间，二是节省了酒店住宿的费用，同样也可以得到适当的休整，更利于游览特色美景。

资料来源：环球网，https：//3w. huanqiu. com/a/c91e77/3ycPjlyIiQ2？agt = 17&yidian_ docid = 0PaucM9k，2020－06－17.

问题：结合案例分析如何开行旅游专列，满足游客的需求。

6. 实施“旅游＋铁路”策略

“旅游＋铁路”将旅游资源分类整理，制订合理的行程，供游客来选择，让游客的旅游更加理性和不再盲目性，特别是高铁动车组的开行，极大地压缩了各地区间的时空距离，省去了人们在旅游过程中的一些烦琐手续，从而可以充分领略景点景色之美。“旅游＋铁路”是将来旅游的主打模式。背上行囊，仅需一张火车票就可以轻松上路，之后在旅游服务链条里自主选择所需消费，不再因参团旅游被迫消费而受气受罪，来一场说走就走的品质旅游，享受行随己意的潇洒。铁路和旅游部门共同实施融合发展战略，借助中国铁路在客源组织和交通上的强大优势将祖国正北方和祖国正南方连成一线，实现一年四季皆可旅游的前景。

铁路和旅游部门共同实施融合发展战略，借助中国铁路在客源组织和交通上的强大优势，将祖国各地连成一线，实现一年四季皆可旅游的前景。

【同步案例 3 – 8】

内蒙古、北京、广西、海南4省（市、区）开启“旅游+铁路”融合发展新模式

2016年12月11日，由国家旅游局、中国铁路总公司、自治区政府共同主办的内蒙古、北京、广西、海南4省（市、区）“旅游+铁路”融合发展暨中国铁路旅游·祖国正北方—祖国正南方主题推介活动在北京举行。

国家旅游局副局长魏洪涛、中国铁路总公司副总经理李文新、内蒙古自治区副主席王玉明出席活动并致辞。

推介活动中，内蒙古自治区、北京市、广西壮族自治区、海南省4地旅游、铁路部门相关负责人共同签订了4省（市、区）“旅游+铁路”融合发展战略合作框架协议。呼和浩特铁路局进行了“草原之星”旅游专列推介。内蒙古自治区旅游局重点推介了冰雪天路旅游区、环京津冀冰雪旅游区、现代草原冰雪旅游区和温情大漠冰雪游旅游区，集中展示了内蒙古冬季旅游的冰雪风情和民族特色。北京市旅游发展委推介了首都的人文特色、自然景观和现代时尚旅游风情。广西壮族自治区旅游发展委以当地四季自然景观、文物古迹、少数民族风情为重点内容做了推介。海南省旅游发展委的旅游产品推介突出了当地旖旎秀丽的热带风光和淳朴独特的风土人情。

本次活动是贯彻落实国家“旅游+”战略部署的重要举措，是旅游与铁路部门适应大众旅游消费需求的创新之举。4省（市、区）旅游与铁路部门共同实施融合发展战略，发挥中国铁路在客源组织和交通上的强大优势，将祖国正北方和祖国正南方连成一线，一年四季皆可旅游，既打造了铁路旅游线路品牌、搭建了旅游宣传平台，又建立起旅游合作交流纽带，必将深入推进旅游与铁路融合发展，更好地满足大众旅游消费需求，促进地区间人文交流并拉动地方经济发展。（内蒙古日报社融媒体记者 赵曦）

资料来源：中国旅游新闻网，http：//www.cntour2.com/viewnews/2016/12/12/hDvWmC55YTusla5szyXi00.shtml，2016－12－12.

问题：

（1）结合案例说明内蒙古、北京、广西、海南4省（市、区）开启“旅游+铁路”融合发展新模式的战略意义。

（2）分析“旅游+铁路”模式的发展趋势。

（三）水路（游船）旅游交通企业营销策略

1. 实施形象定位策略

目前，旅游消费者对游船的消费需求已经不仅仅是一个交通工具，而更像是对一个旅游景点的消费。人们在这个活动景点可以满足食、住、行、游、购、娱的功能，不需再转换地点。为此，游船应当树立一个高享受、高价格、高服务的综合性形象。

2. 提高正点率

由于游船受到季节、水深、天气（风力、风向）等因素影响很大，所以晚点现象比较常见，这对游船业是一个非常不利的因素。游船经营者应在可能的情况下，保证按时间表运行，提高正点率。

3. 宣传水上风情

乘游船旅游往往是旅游的一部分。例如，去悉尼港湾一定要乘游船观赏一下海港风光，悉尼歌舞剧院、悉尼大桥、林立的高楼、海港的码头、豪华的邮轮、富人居住区等，城市最精华的风景都尽收眼底。游船主要途经景点有海港大桥、悉尼歌剧院、丹尼森堡、鲨鱼岛、威特逊湾、塔隆加动物园、岩石区、环形码头。乘游船旅游不仅使旅游者实现较长距离的空间位移，同时也是旅游者游览的过程。游船经营者应充分利用这些有利条件，在游船上宣传水上风情，丰富游览内容。

4. 在游船上开发多种娱乐项目

游船速度一般较慢，如果船上没有娱乐项目，乘客会感觉速度更慢，易引起对游船旅行的不满。特别是一些需要在船上过夜的，天黑以后就观赏不到两岸景色了，又不会太早休息，所以恰当的娱乐项目就成了旅游者的最佳消遣，同时还能满足旅游者社会交往的需要。例如，金厦海域游“成功一号”豪华仿古游船是波赛东公司建造的第一艘仿古游船，游船容量258人。主航“金厦海域游”“鹭江夜游”。游船分设三楼：一楼观海厅为多功能厅，旅行途中将为游客表演戏曲“活化石”——布袋戏；二楼为望江楼，设有雅座、包厢和露天表演台，赏月观景听涛，欣赏文艺表演；三楼为凌云阁，设有咖啡茶座，品茶闲侃，另有一番情趣。

（四）公路旅游交通企业营销策略

1. 合理定位

公路旅游交通企业应当清楚，当旅游者选择乘坐旅游公共汽车旅游时，距离不能过长，否则会使人感觉不舒服，即使价格再合理，舒适度再改进，由于在汽车上的时间过长，也容易使旅游者产生烦躁情绪。为此，公路旅游交通企业应在进行市场细分的基础上，针对目标市场上的旅游消费者，进行准确定位，以满足不同旅游者的需求，例如，对于差旅型旅游者而言，他们最关心的是安全、便利、快速和舒适，因此可通过改进舒适性和运用价格策略来吸引这类旅游者；对于消遣性旅游者而言，他们关心的是安全、经济和高效，对价格比较敏感，会尽量选择价格较低廉的旅行方式，选择长途汽车旅行的可能性相对较大，改进舒适性和运用价格策略对他们能产生一定的吸引力。

2. 做好与其他交通方式的衔接

航空旅行、铁路旅行、游船旅行，均偏向于点到点的旅行，要展开面上的旅行，旅游者还是需要依赖汽车。因此旅游交通企业应做好汽车与其他交通方式的衔接，做好旅游团的衔接工作。争取与其他交通运营商进行合作互助，以达到双赢或多赢的目的。例如为了满足市民自驾游和“候鸟族”对私家车运输的个性化需求，2016 年 11 月 24 日，沈阳铁路局开行首趟海南自驾游汽车运输班列，该运输班列每周四固定开行一趟，每趟最多可一次性运输家用轿车 150 辆。班列实行运输费“一口价”，随车赠送车辆运输险，提供城市两端的短途摆渡，还可提供预订火车票、宾馆及景区门票、设计海南旅游方案等延伸服务。

（五）特种旅游交通经营者营销策略

1. 特色化、个性化营销策略

一般情况下，特种旅游交通方式都是存在于特定的社会文化环境之中，旅游者可以从中体验到这些方式所代表的地方民俗文化。比如，羊皮筏漂流可以使旅游者亲身体验我国西北部黄河中游回族传统的水上交通文化；溜索使人领略到西南山区少数民族的传统山地交通文化；乌篷船则令人感受到绍兴地方特色浓郁的水乡交通民俗。特种旅游交通企业应秉着在旅游业中“人无我有，人有我优”的特点，注重其特色化、个性化的开发与发展，以此来适应旅游市场的需要。

2. 产品创新策略

舒适性、游览性和灵活性是影响旅游者选择交通方式的主要因素。而特种旅游交通除游览性可占上乘之外，其舒适性、灵活性都有不足之处，因此，特种旅游交通经营者应根据市场需要，加大技术的改革，使其舒适性、灵活性相对得到一定的提高。

3. 加强安全措施，提高游客参与度

由于特种旅游交通存在于特殊的地理环境中，加之经营者技术条件、安全服务和宣传力度不够等原因，一些游客出于安全和自身因素的考虑，参与度不是很高，为此，特种旅游交通经营者应进一步加强特种旅游交通工具的安全性，增强其趣味性和刺激性，使旅游者能恰到好处地体会到特种旅游交通的魅力，吸引更多的旅游者。

【同步案例 3 - 9】

河南商报“一元旅游”策划草案

一、前言

“一元旅游”运作方式巧妙，新景区进入市场或者老牌景区进入新市场都是不错的炒作、宣传方法。新闻策划、事件营销在沿海城市，发达地区已经有所应用，郑州还比较少，不成系统。“商气就是人气，人气就有社会舆论的导向。”——美国经济学家《第五项修炼》作者彼得·圣吉的这句话，深刻地揭示了社会舆论在市场营销中的重要性。

在河南省委省政府大力提倡“把旅游的高门槛降下来”号召的背景下，我们可能是全国头一例的“一元钱旅游”，就显得顺潮流，应民意。

事件营销讲究的是借助媒体，而不是控制媒体，因此就需要考虑新闻的风险。我们在“一元旅游”运作之前，多方考证，景区领导认为一元旅游数量有限，不会影响品牌形象；旅行社觉得不会影响销售景区；报社也对活动预期非常乐观的情况下，我们才向前推进。

活动见报的当天上午，2000 多个咨询电话就打进了河南商报旅游工作室，质疑的、报名的、询问的、感谢的……不一而足。交钱的群众在河南商报社排成了长龙。现场工作人员给老年人准备了凳子，给年轻人准备了景区画册，现场火爆而秩序井然。热度持续了三天，还有电话打入咨询景区的这一活动。

“一元旅游”赶赴焦作丹河峡谷发团的当日，河南大河锦江国际旅行社也同步发团(正常报价)，经证实，方知许多团友就是没有幸运报上名参加“一元游丹河”活动的群众。

我们认为达到了预期目标，报社获得了良好的社会公益形象和火爆的人气；景区明星般地切入市场，获得了两个半版图片加文字的广告回报和经济效益；群众得到了实惠，旅行社和记者也采风考察了景区的情况。继续发力，我们公司联合商报开展了云梦山古灵山“一元旅游”(50 人)，嵩县六龙山“一元旅游”(50 人)，信阳灵山“一元旅游”(50 人)，郑州凤凰岛开业庆典“一元旅游”(500 人) 等活动，逐步把“一元旅游”推向了顶点。

花絮：

500 人的“一元旅游”交通工具是公交车，10 辆公交大巴披红挂彩，张贴着凤凰岛的宣传语，到景区之前，绕着郑州最繁华的街道行驶一周，游客的欢笑声撒满了郑州市区。

由于公交车满载着报名的 500 人，没有报上名的游客很多开着电动车要求随队加入。我们考虑安全因素，没有应允，但是答应随后会组织千辆电动车畅游凤凰岛的活动。

二、具体方案

1. 活动目标

协助商报旅游版面提高影响力，扩大知名度，以宣传平民消费为核心内容。

通过此次活动吸引更多的旅游者加入《河南商报》旅游活动中，为《河南商报》旅游版面长期发展打下基础。

传达商报“一元游”旅游精神，体现活动主题。

2. 活动主题

【趣味丹河一元抢购】

3. 活动内容

【趣味丹河一元抢购】

机会千载难逢，先抢先赢！……动作慢了，别说商报没有通知哟！丹河驻郑办为推广“丹河旅游”，鼓励民众踊跃参与，创造话题、吸引观光游客青睐，特举办一元抢购活动。

4. 活动时间：4月4—8日

5. 集合时间：4月8日　6：30

6. 集合地点：河南商报社（纬一路与花园路交叉口）

7. 活动内容：安排一日河南最美的乡村——丹河之旅。

8. 专车于郑州市指定地点接送，并随车安排导游。

9. 报名电话：××××××××

谢谢大家的热情参与！

（需在中午前交纳订金，逾期视同放弃！保证金将在旅途中归还予您！）恭喜诸位幸运儿参加一元丹河旅游团，麻烦诸位幸运儿提前交纳订金100元/人

10. 招募对象：年满18周岁社会各个阶层爱好旅游人群

11. 计划安排

①活动预热时间：4月1日，以愚人节为起点，推出活动前期概念“愚人节不忽悠　一元踏春游”——（详情请看4月4日商报旅游版）。

②具体活动时间：4月4日14：00整起开抢！截止时间为4月5日17：00。

③参加人数：限定名额35人。

④交通工具：豪华空调大巴。

12. 注意事项

①活动必须始终秉承商报一元游，平民消费的宣传理念。

②旅行者要严格遵守这次活动的旅行纪律。

③注重活动互动性。

13. 安全问题

①保险：1元为保险费。

②突发事件：为了应对这类事件的发生，景区驻郑办准备好医疗用品。

资料来源：胡森．河南商报“一元旅游”策划草案．河南交广传媒旅游策划营销公司，http：//hi. baidu. com/jointmedia，2008－06－25.

问题：“一元旅游”的影响作用是什么？如果在你所在地区实施该方案是否可行？为什么？

任务实施

1. 将学生分成若干个实训组，每6～8位同学分成一组，每组确定1～2人负责，根

据实训内容和项目需要进行任务划分，确保组织合理和每位成员的积极参与。

2. 对学生进行旅游交通企业营销策划培训，选择几类不同旅游交通企业（或校实训基地）作为任务实施的单位。

3. 各实训小组分别选择1～2家旅游交通企业（或校实训基地），在重点参与和体验其“旅游交通企业促销策划”“旅游交通企业营销策划”的过程中，按照“实训要求”完成各项实训任务。

4. 各实训小组在实施“旅游交通企业促销策划”“旅游交通企业营销策划”的过程中，融入信息收集、处理，与人沟通、交流、合作，解决问题，创新能力和职业道德等的相关训练。

5. 各实训小组撰写“旅游交通企业促销策划方案”“旅游交通企业营销策划方案”。

任务评价

详见教材附录二、附录三。

策划案例

斯里兰卡航空公司营销方案

一、斯航市场分析

（一）斯航简介

斯里兰卡航空1979年7月在锡兰成立。最初航空公司运营的两架波音707飞机由新加坡航空公司租借。在20世纪80年代期间，该航空公司增加了目的地，并扩大了机队。到1990年，斯里兰卡航空可抵达26个目的地。1992年12月，该公司购买了第一架空中客车A320。斯里兰卡航空公司是亚洲第一家采用A340空中客车飞行的航空公司，也是南亚第一家购买空客A330－200机型的航空公司。

斯里兰卡航空多次被Travel Trade Gazette杂志评为“南亚最佳航空公司”，还在2005—2006年度被Skytrax评为“中亚最佳机组人员”；获得Community Leadership Awards颁发的共同社会责任银奖；被Galileo Indian Express评选为“印度最佳东向国际航空公司”；获得Asia Travel & Tourism Creative Awards银奖；斯航餐饮获得11个烹饪大奖；冲天飞行常客计划获颁三个Freddie奖项，其中包括2006年的飞行常客计划，斯航获得World Airline Entertainment Association评选出的最佳机上娱乐设施的年度大奖。

快速发展的斯里兰卡航空，“提供优质服务，让人舒适如家”。

宗旨：最开心的微笑，你是我们的世界。

表现：2006年在中国市场一年完成了0～98%客座率。

愿望：以低廉的票价和高质的服务实现人人都有个快乐假期的梦想。

亮点：与佛同行、南亚航空枢纽、浪漫海滩之旅、斯里兰卡高尔夫之旅、单价双飞斯里兰卡旅游套票等。

（二）市场分析

1. 环境分析（略）

2. 斯航市场背景：经济一体化，旅游国际化

中国—欧洲乘客经停斯里兰卡科伦坡飞往伦敦、巴黎、法兰克福，可以免费享受斯航提供的海滨酒店的住宿服务。在南亚旅游圈中，中国—曼谷、斯里兰卡、马尔代夫及印度；选择北京出发或者在当地购票，可享受一站式的联乘服务。来自斯里兰卡旅游局的最新数据表明，中国公民前往斯里兰卡旅游的增长速度位居亚洲第二。

3. SWOT 分析

优势：可直达斯国的航班，硬件设施优良，整体服务完善。

劣势：知名度不高，航线不多。

机遇：亚洲旅游和经济发展势头迅猛，南亚度假旅游成热点，休闲、佛文化等主题游成亮点。

威胁：面对全球实力航空公司竞争，国内对国外航空公司概念浅，相邻国家航空公司航线众多。

斯航是一家提供优质服务，让人舒适如家的航班。主要差别优势是可直飞斯里兰卡，是南亚地区的航空枢纽。须解决问题：为什么要去斯里兰卡？为什么要选择斯航？

二、营销策略——品牌文化吸引乘客

（一）斯里兰卡旅游定位

在分析了近邻印度的古老文化、曼谷的佛寺、马尔代夫的度假胜地之后，斯里兰卡旅游定位于神秘宝岛，南亚旅游圈核心地。

（二）斯航品牌口号

1. 两千年辉煌文明、佛国、宝石之国→所以，斯航人很虔诚、热情好客、品质珍贵，定能感动佛祖和乘客：心诚则灵→口号一：心诚则灵——斯里兰卡航空。

2. 热带海滩、佛迹、古都、佛牙节、卫塞节、南传佛教源地→斯航人助您实现梦中向往的神秘地方→口号二：飞向神秘的地方——斯里兰卡航空。

三、活动方案——感动乘客

（一）斯航企业文化篇活动

1. 斯航文化访谈录；

2. 走进斯航，感受神秘的斯里兰卡；

3. 斯航空姐讲述身边的故事等。

其宗旨是传播企业精神、文化、理念、使命、服务、理想。

（二）斯航系列营销活动篇

1. 暑假营销策略（2007 年 8 月、9 月）“斯航真情、暑假行动”——斯里兰卡暑假

游活动。

2. 探索营销（2007 年 8 月、9 月、10 月）“斯航相伴，与佛同行”——寻访南传佛教源地斯里兰卡；说明：联合中国佛教协会相关机构组织访问团。

3. 心灵营销（2007 年 7 月、8 月）康提佛牙节——宗教盛典、斯航遂愿中国团。

4. 体育营销（2007 年 9 月、10 月、11 月）斯航杯世界高尔夫精英赛；参赛团、观摩团等；10 月中旬；“徐静蕾相邀”——斯航杯中斯高尔夫友谊赛活动（联合体育局或高尔夫俱乐部）。

5. 国事营销（2007 年 10 月、11 月）、斯航真情推出——5058 计划活动。

说明：

（1）庆贺中斯建交 50 周年，斯航相邀 50 对新人斯里兰卡蜜月行。

（2）恭贺新中国成立 58 周年，邀请 100 名共和国同龄人到斯里兰卡访问游览。

6. 节庆营销（2007 年 12 月，2008 年 1 月、2 月）

（1）穿越时空，共度圣诞——相约斯里兰卡。

（2）情人节去哪？——斯里兰卡！（终成眷属，斯航相助）

（3）“热情的冬天，快乐的海滩”——到斯里兰卡过春节。

7. 蜜月营销（2008 年 3 月）

“浪漫三月，蜜月之旅”——斯航为您安排（联合中国妇联或媒体机构征集）。

8. 情感营销（2008 年 5 月、6 月）

（1）流光溢彩卫塞节——朝觐佛家圣地斯里兰卡（于 5 月份组织朝觐团）。

（2）中斯儿童手拉手，斯航心系儿童节活动。

（3）祝福北京奥运，向中国健儿致敬——斯航关爱中国运动员家庭南亚游大行动。

（三）斯航终端促销活动篇：终端促销战略（以实惠关爱乘客）

1. 斯航“一票四重奏，多彩四国游”：泰国曼谷、斯里兰卡、马尔代夫、印度。

2. 斯航“三国演义”，天下英雄相聚：“印度、斯里兰卡、阿联酋三国游”。

（四）斯航组织机构营销活动篇：组织营销战略（以组织方便受众）

1. 成立“斯航自助游”俱乐部（使用“机 + 酒”营销模式）。

2. 成立“斯航高尔夫”精英俱乐部。

3. 斯航斯里兰卡图片展——相见南亚风情“北京柠檬叶餐厅”或旅行社。

4. 拍摄“有多远走多远——行者无疆”——《专访斯里兰卡》电视专题片。

5. 出版《探路者——自助走斯里兰卡》。

四、品牌传播——媒体整合方案（略）

资料来源：九鼎辉煌，http：//blog. 163. com/cctv1010%40126/blog/static/120763871201172494434995/，2011 - 08 - 24.（略有改编）

任务四

旅行社营销策划

【学习目标】

• 知识目标

1. 熟悉旅行社营销的概念、内容及程序；
2. 了解旅行社产品策划的内容及流程；
3. 了解旅行社产品价格制定的影响因素及定价策略、方法；
4. 了解旅行社渠道建设的概念、类型及渠道策略；
5. 掌握旅行社各种促销方式的选择应用、旅行社各种营销手段的组合；
6. 掌握旅行社主题线路策划及旅行社本身各种活动策划的方法。

• 技能目标

1. 旅行社促销方式选择的技能；
2. 旅行社主题线路产品促销策划的技能；
3. 旅行社主题活动营销策划的技能。

【任务布置】

1. 旅行社主题线路产品促销策划；
2. 撰写旅行社营销策划方案。

【案例导入】

多位旅行社明星做客“欣”访谈　共话旅行社发展

12 月 1 日，欣欣旅游正式启动“欣”动计划，全力聚焦，回归服务本质，该计划将持续半年时间，首期推出“欣”访谈，倾听旅行社用户心声。自访谈上线以来，已有多位旅行社明星热情参与：在行业奋战多年的厦门宝中总经理林志晖、敢为人先的欣欣旅游顾问张岩以及同为顾问的营销达人项超等，他们分别围绕旅行社如何更好获客、进行市场营销、信息化升级以及线上线下一体化经营等方面与旅业同行分享了各自的经验及观点。

1. 传统旅行社优势

2014 年开始，不少旅游电商平台利用资金优势烧钱补贴，抢占市场，与传统旅行社经销商争得头破血流，这是大环境之外困扰旅行社经营的地方。那么，传统旅行社优势何在？

对此，林志晖表示，最大的优势在于客户的信赖感与服务的把控度。无独有偶，一直把自己定位为“销售＋服务”旅游顾问的项超也认为，服务是根基，“服务靠什么？就是把我知道的毫无保留地分享给你，我于客户来说：亦师亦友”。

项超认为，在旅游产品售卖完成后，出现纠纷或旅途意外等相关情况，传统旅行社能够凭借多年的产品操作经验更为快速、及时、妥善地处理问题，对旅游各个环节的要素把控更为有力。而门店作为市场最前端，有更好的服务掌控能力，能更精准直达营销对象。另外，用产品说话，尽可能地掌握主动权，传统旅行社的产品最出众的地方就在于，其附加了更多专业性的服务在里面。

2. OTA 巨头触角伸到线下，中小旅行社如何寻求突围

近两年，OTA 们的线下“攻势”如火如荼，同程、途牛、驴妈妈等在线旅游平台纷纷加快线下布局、加盟销售端。对此，林志晖表示，OTA 布局线下，旨在打通线上线下渠道。它会让传统旅行社更有危机意识，被动或者主动地去创新。

张岩认为任何事物都有两面性，同样互联网对旅行社业态的影响也分“好消息和坏消息”：好的方面，提高了办事效率，比如线上支付等功能的开通，大大缩短了中间流程，节省了人力、物力和财力，再如旅行社借助欣欣的 ERP 系统，可以实现内部系统智能化管理、随时随地移动办公，多渠道分销等；坏的方面，信息更加透明，竞争加剧，直接“动了旅行社的奶酪”，一旦遭遇 OTA 原始粗放的竞争方式——价格战，游客足不出户就可查询到多种报价，简单比较之后，直接导致旅行社利润减少或客源流失。“传统旅行社和电商之间不是打倒和被打倒的关系，也不是谁会取代谁，互联网应该是一种工具，是需要被利用的一种工具”，张岩这样说。

对于如何突围，张岩谈到了“用户思维”。他说，旅游行业的特殊性注定其产品很难标准化、规范化，对于机票、酒店等标品来说，产品思维做主导可以闯出一片天地，但是对于传统旅行社来说，更多的是用户思维做主导，良好的细节服务把控能力加上有着丰富从业经验的人员结构，让“穿鞋的跑不过光脚”的。

3. 旅行社如何将技术与自身更好地结合

未来旅行社如何形成自己的竞争壁垒来减轻电商的冲击？除服务之外，旅行社还应

注意在哪些板块建立优势？在"欣"访谈中，林志晖根据多年的行业观察做出了分析。

林志晖强调，旅行社需要更专业的从业人员。何为专业？对客户的理解，对新技术的理解。他始终认为术业有专攻，让专业的人做专业的事。"比如当前宝中的做法就是：我们做好服务，欣欣旅游做好技术。"

由于技术研发、维护成本非常高，如果旅行社直接花钱找人做网站很难行得通，再加上客户需求是不断变化的，网站需要升级更新，旅行社也需要与时俱进。旅行社只有找对位置，加强合作，才能优化资源配置，提升整体运营效率，在旅游市场上获得更大的竞争优势。林志晖认为欣欣合作的模式值得借鉴，"技术＋旅行社"实现化学反应，让欣欣去帮旅行社实现技术的一切，而旅行社只需做好服务。

资料来源：中国旅游新闻网，http：//www. cntour2. com/viewnews/2016/12/21/uLVsl9jKyqP625BhbJ150. shtml，2016－12－21.

问题：

（1）当今旅行社发展中有哪些机遇和挑战？

（2）旅行社应如何开展营销活动以促进企业发展？

相关理论知识

旅行社作为服务主体，需要经营者精心进行策划、宣传，设计开发旅游产品，借助多种手段实现整合营销，为游客提供更好的服务，从而促进旅行社的生存发展。

一、旅行社营销概述

课堂讲解4－1：旅行社营销策划

（一）旅行社营销的概念

在当今网络经济时代，旅行社面临着营销模式的创新考验，加快推动旅游在线服务、网络营销、网上预订、网上支付等智慧旅游服务，体现品牌战略，提高旅行社知名度将是旅行社在未来竞争中脱颖而出的必由之路。如何利用各种营销手段塑造旅行社崭新品牌形象，赋予旅行社新的活力成为旅行社营销要思考的问题。

旅行社营销是指旅行社在充分了解旅游消费者需求的基础上所进行的对其产品、服务和经营理念的构思、预测、开发、定价、促销、分销及售后服务的计划和执行过程。旅行社营销是旅游产品和旅游消费者之间的桥梁，旅行社的规模大小、业绩好坏、盈利情况都取决于旅游营销的成功与否。

（二）旅行社营销的内容

由于旅行社的主要产品是旅游线路，旅行社营销的主要内容是对旅游线路的营销。

旅游线路是指为了使旅游者能够以最短的时间获得最大的观赏效果，由旅游经营部门利用交通线串联若干旅游点或旅游城市（镇）所形成的具有一定特色的合理走向。

旅游线路由旅游服务部门设计，贯穿整个游览过程，包括若干活动内容和服务内容，最终能够体现顾客价值需求。旅行社营销的内容主要包括包价旅游线路、散客旅游线路、自助游旅游线路。

1. 包价旅游线路营销

（1）全包价。全包价是指将交通、住宿、门票、餐饮和文娱等费用全部包含在内的旅游产品形式。按照国际惯例，包价旅游也叫团体旅游，是指参加旅游的为15人以上的旅游团。包价旅游线路一般规定旅游的日程、目的地、交通、住宿、饮食、游览的具体地点及服务等级和各处旅游活动安排，并以总价格的形式一次性收取费用。这种产品是旅行社的主要产品形式，是旅行社的主要业务，也是传统产品。

（2）半包价旅游。半包价旅游是指在全包价旅游的基础上，扣除中、晚餐费用的一种包价形式。

（3）小包价旅游。小包价旅游是指并非将旅游全程的食、住、行、游全部包含在内，只是其中的某几项串联组合而成。又称可选择性旅游，它由非选择部分和可选择部分构成。非选择部分包括接送、住房和早餐，旅游者在旅游前预付旅游费用，选择部分包括导游、风味餐、节目欣赏和参观游览等。旅游者可根据时间、兴趣和经济情况自由选择，费用可预付，也可现付。

（4）零包价旅游。零包价旅游是一种独特的产品形态，多见于发达国家，参加这种旅游的旅游消费者必须随团前往和离开旅游目的地，但在旅游目的地的活动是全自由的，形同散客。

2. 散客旅游线路营销

散客旅游是相对团体旅游而言，主要是指个人或10人以下的自行结伴旅游。散客旅游线路通常只是旅行社为散客设计组合单项或部分旅游产品。

3. 自助游旅游线路营销

一般是由旅行社提供打折机票、火车票和酒店折扣，游客自行决定旅游日期和行程安排，自己安排旅游期间的一切活动，包括景点选择等。

（三）旅行社营销策划程序

旅行社营销策划是指在对旅行社企业内外环境予以准确分析，并有效地运用经营资源的基础上，对一定时间内的企业（产品）营销活动的方针、目标、战略以及实施方案进行的设计和谋划。

1. 市场调研

旅行社进行营销策划首先要通过科学的方法去寻找市场信息，捕捉商机。一般而言，旅行社信息来源主要有：门市部游客的咨询、旅游目的地旅行社或旅游部门的推介、各种国内与国际的旅游交易会、展览会等其他渠道。

2. 产品开发

从操作层面对选定的旅游目的地进行考察（旅游目的地可进入性、区域位置、旅游景点、旅游接待设施、容量等），挖掘产品（线路）能提供给游客的核心价值，同时调查游客的可接受性，即是否有足够时间、支付能力，以及游客对本产品的兴趣程度（市场需求偏好）。在统筹各项旅游资源要素的基础上，根据线路主题，确定线路名称。

3. 确定价格

旅行社对其所开发的产品（线路），在充分考虑各种定价因素和定价目标的基础上，确定产品的合理价格，并进行报价。

4. 寻找销售渠道

与当地供应商谈判或协商，选取合适的地接社。

5. 市场促销

选择包括电视广告、报纸广告、宣传手册、网络广告、人员推销等方式。通过有特色的宣传活动、灵活的推销手段、周到的售后服务，在消费者心目中树立起良好的形象。

6. 效果评估

对旅行社实施方案的情况进行效果评估，随时调整并优化策划方案。

二、旅行社产品策划

旅行社产品是高附加值产品，是原本分散的旅游吸引物、旅游设施和旅游服务，经过旅行社的开发、组合，提高了其原有价值。旅行社产品开发集中表现为旅游线路设计。旅游线路是一种组合产品，旅行社在组合时凭借一定的旅游吸引物、旅游设施和旅游服务，借助旅游主题、节庆活动等依托，有目的、有计划地进行加工，最终以旅游线路的形式推出，如“古北水镇白加黑圣诞特辑”“双十一系列活动——但愿人长久、光棍不再有，邂逅上禾园采摘”“匆匆毕业季——诱惑的日本特别行程”等产品。

（一）旅行社产品策划流程

旅行社产品策划包括线路构思、线路编排、线路定价与报价、产品试销与线路调整四个步骤。

步骤一：线路构思。

旅行社在开发新产品时线路构思阶段主要是进行市场调研和线路确定两方面的工作。

（1）市场调研。主要目的是了解旅游者的现实旅游需求，确定目标市场，形成产品构思，调研的主要内容是外部市场环境分析，内部能力分析，竞争对手分析。调研方法可以采用访谈法、观察法、实验法、问卷调查法、抽样调查法等。

（2）线路确定。经过市场调研，初步形成构思，形成几个方案，然后进行构思筛选，根据旅行社发展目标、业务专长和接待能力进行可行性论证，确定主要旅游吸引物。

步骤二：线路编排。

旅行社根据可行性的分析论证，以及旅游吸引物的特点进行线路编排和制作。

（1）统筹各资源要素。首先确定旅游吸引物，根据旅游吸引物确定旅游节点，从而确定住宿、餐饮、购物、文化娱乐活动、景点的具体位置、时间。最后用效益比较法，以一定的交通方式把各节点合理串联形成旅游线路。

（2）制作《线路行程表》。首先根据线路主题，确定线路名称，然后编制线路行程，最后编制业务提示、友情提示、儿童政策以及景点介绍的制作。

步骤三：线路定价与报价。

旅行社完成线路编排以后要进行定价与报价。定价时首先要确定各资源要素价格，进行成本核算，设置利润，最终根据不同的方法确定价格，详见后面的定价策略。在报价时要了解同行报价，并制作自己的《报价表》。

步骤四：产品试销与线路调整。

产品投放市场后，根据旅游者的意见反馈，可以做线路的调整。如果符合市场需求，就可以制作《线路宣传手册》。

（二）旅游线路策划原则

旅游线路策划是旅行社的生命力，旅游线路策划需要创新，通过策划来打造品牌，赢得旅游消费者认同，才能创造效益。旅游线路策划的主要原则有以下几个方面。

一是坚持市场导向。旅游线路策划要以旅游需要为中心，坚持市场导向就是要分析市场现状，预测市场趋势，针对目标市场设计出适销的旅游线路，并适时调整，最大限度地满足旅游者的需要。坚持市场导向主要体现在根据市场需求变化状况策划旅游线路，根据旅游者或者中间商的要求策划旅游线路，创造性地引导旅游消费。

二是保证经济效益。旅行社产品同其他产品一样，有各种成本支出，特别是旅游吸引物资源开发的成本。旅行社在进行旅游线路策划时依赖的是现实的旅游吸引物资源，尽量绕开潜在的旅游吸引物资源。旅行社产品策划要加强成本核算和控制，保证经济效益。

三是主题内容鲜明。在策划旅行社的旅游线路时，一般应突出某个主题，做到特色鲜明。特色是旅游线路的卖点，是旅游者得到满足的关键。主题鲜明的旅游线路，主要依赖有共同主题倾向的旅游点的组合，并选择与此相适应的旅游交通、食宿、娱乐、购物等内容，渲染气氛、营造主题，并将主题贯穿于丰富的旅游内容中。如丝绸之路旅游线将西安、兰州、武威、酒泉、嘉峪关、敦煌、吐鲁番等与古代丝绸贸易有关的旅游点组合成一条旅游线路，线路中参观文物古迹、民族风情，观赏仿古歌舞，品尝名菜佳肴，下榻具有地方特色和民族特色的饭店，体验骑骆驼，购买旅游商店的古碑刻拓片、唐三彩，让游客充分体验古代丝绸之路的情调美、历史美。同时，旅行社还应围绕主题策划丰富多彩的旅游项目，让旅游者通过各种活动，从不同的侧面了解旅游目的地的文化和生活，领略美好的景色，满足旅游者休息、娱乐和求知的欲望。

四是顺序节奏适当。即在条件许可的情况下，一条旅游线路应尽量避免重复经过同一旅游点；景点间距离要适中，在交通安排合理的前提下，同一线路旅游点的游览顺序应由一般的旅游点逐步过渡到吸引力较大的旅游点。旅游线路设计要合理构筑空间布局，优化点线结构，做到旅速游缓。

五是行程丰富节约便利。行程安排是旅游产品的主要组成部分，直接关系着游客对产品的整体感受和印象。行程的丰富既要体现出产品内涵的丰富，又要创造性地设定每天的行程主题，使得每天都有一个核心的亮点，有一个体验的高潮。同时在行程的安排上不应将性质相同、景色相近的旅游点编排在同一线路中。

六是服务设施确有保障。旅游线路途经旅游点的各种服务设施必须得到保障，如交通、住宿、饮食等。这是旅行社向旅游者提供旅游服务的物质保证，缺少这种保证的旅游点一般不应考虑编入旅游线路。

【同步案例4-1】

重庆市发布8条泡泉赏雪精品旅游线路

近日，记者从市政府新闻办与市旅游局联合举行的新闻发布会上获悉，重庆市最新的8条泡泉赏雪精品旅游线路出炉。这些线路根据重庆市高速路、高铁、动车沿线的温泉、冰雪等冬季特色旅游资源编制而成。

1. 内环（外环）沿线温泉养生之旅

江北（铁山坪森林公园、鸿恩寺公园、五宝乡村温泉）—渝北（统景温泉、玉峰山森林公园、园博园）—南岸（海棠晓月圣地温泉、南山植物园）—大渡口（南海温泉、华生园金色蛋糕王国）—沙坪坝（融汇温泉、大学城各大校区、歌乐山国际慢城）—巴南（东温泉风景区、南温泉风景区、云篆山）。

2. 渝沪高速（动车）沿线冬韵之旅

长寿（长寿湖、长寿古镇、菩提山）—涪陵（沙溪温泉、武陵山大裂谷、816地下核工程）—丰都（南天湖景区、雪玉山）—石柱（黄水森林公园、西沱古镇、千野草场）—忠县（三峡港湾、八斗台景区、石宝寨）。

3. 渝宜高速（渝万高铁）沿线山水寻冬之旅

垫江（乐天花谷、牡丹源）—梁平（百里竹海、和林响水峡谷、滑石古寨景区）—万州（古红桔主题公园、万州大瀑布、凤凰茶乡）—开州（汉丰湖、举子园、雪宝山）—城口（九重花岭、亢谷、黄安坝）—巫溪（兰英大峡谷、红池坝）。

渝北（张关水溶洞、龙兴古镇）—长寿（长寿湖、长寿古镇、菩提山）—垫江（乐天花谷、牡丹源）—梁平（百里竹海、和林响水峡谷、滑石古寨景区）—万州（古红桔主题公园、万州大瀑布、凤凰茶乡）—云阳（龙缸景区、岐山草场、平湖度假村）—奉节（白帝城、夔门、兴隆旅游环线）—巫山（官渡古镇、神女峰、小三峡、当阳大峡谷）。

4. 成渝高速（高铁）沿线冬韵之旅

九龙坡（贝迪颐园温泉旅游度假区、上邦高尔夫温泉旅游度假区、海兰云天温泉旅游度假区）—璧山（天赐华汤温泉、秀湖公园、青龙湖）—永川（香海温泉、乐和乐都）—荣昌（清流伊斯兰风情小镇、昌州故里、安陶古镇）。

5. 渝湘高速沿线浪漫玩雪之旅

武隆（仙女山、天生三硚、天坑寨子）—彭水（摩围山、阿依河、蚩尤九黎城）—黔江（板夹溪十三寨、小南海、蒲花暗河）—酉阳（桃花源国家森林公园、龚滩古镇）—秀山（川河盖、黑洞河、大溪酉水）。

6. 三环高速公路沿线踏雪之旅

（成渝高速永川转）大足（龙水湖温泉、大足石刻）—铜梁（巴岳山玄天湖度假区、奇彩梦园、安居古城）—潼南（双江古镇、东升茶山农业园、马龙山卧佛）—合川（钓鱼城、涞滩古镇）—北碚（北温泉风景区、胜天湖、缙云山风景区）。

（成渝高速永川转）江津（四面山景区、中山古镇、鼎山公园）—綦江（古剑山、横山、花坝旅游区、高庙坝旅游区）—万盛（南天门风雪世界、九锅箐森林公园）—南川（金佛山、山王坪国家生态公园、黎香湖湿地生态园）。

资料来源：中国旅游新闻网，http：//www.cntour2.com/viewnews/2016/12/23/mY1vL3T5G36BCccLNWLk0.shtml，2016－12－23.

问题：旅行社在进行线路策划时应考虑哪些问题？

三、旅行社价格策划

旅行社与旅游中间商签订的产品销售合同中的产品价格是一个基本价，销售给每个具体旅游团的真实产品价格要在与旅游中间商的传真件中视具体情况而定。旅行社的基本价格应根据定价策略，用确定的定价方法制定。

（一）影响旅行社产品价格制定的因素

影响旅行社产品价格制定的因素包括产品的内部因素和外部因素两部分。产品的内部因素是指构成旅行社产品的各项成本和利润；产品的外部因素则包括旅游市场的供求状况、竞争状况、汇率、季节等。

（1）内部因素。第一，固定成本。是指在一定范围内和一定时间内总额不随经营业务量的增减而变动的产品成本，包括旅行社的房屋租金或房屋折旧、其他固定资产折旧、宣传促销费用、销售费用、员工工资等。固定成本应分摊到旅行社所销售的全部产品中。固定成本分摊到单个产品里的份额同旅行社的总销售量成反比关系，产品的销售量越大，分摊到每个产品中的固定成本份额就越小。第二，变动成本。是指随着旅行社产品销售量的变化而变化的各种成本，与产品的销售总量成正比例关系。旅行社产品销售得越多，变动成本就越大。变动成本通常包括旅游者的交通、餐饮、住宿、导游讲解、景点门票、旅游保险、旅游团队陪同人员的交通和住宿等项成本费用及旅行社交纳的营业税金等。变动成本是旅行社产品的主要成分，是决定旅行社产品价格的主要因素。第三，利润。是旅行社通过销售其产品所获得的收入与旅行社为生产和销售产品所付出的成本费用相抵后的余额，是旅行社经营的财务成果。旅行社产品的价格中必须包含一定比例的利润。

（2）外部因素。第一，供求状况。旅行社在制定产品价格时必须充分考虑旅游市场上的供求状况。当旅游市场上对于旅行社的某种产品的需求增加时，旅行社常常提高该产品的销售价格；反之，则降低该产品的销售价格。第二，竞争状况。旅行社应把旅游市场上的竞争状况作为制定产品价格的重要参考依据。如果市场上经营同类产品的旅行社数量众多，且呈现供大于求的局面时，旅行社通常将价格定得较低；反之，则将价格定得较高。第三，汇率。经营入境旅游和出境旅游的旅行社在制定价格时，除了需要考虑上述各种影响价格制定的因素外，还应考虑货币的汇率因素。汇率变化会对旅行社产品的价格产生一定的影响，旅行社在制定入境旅游产品和出境旅游产品的价格时，必须关注货币汇率变化，根据具体情况对产品的价格做出相应的调整。第四，季节。旅游由于季节性（旺季和淡季之间差别明显）较强。旅行社在制定产品价格时，必须将产品销售季节因素考虑进去，一般情况下，旅行社在旅游旺季时会保持其产品售价不变或产品售价上调，旅游淡季时往往适当降低价格，吸引旅游者。

（二）旅行社产品定价策略

旅行社经营管理者在制定产品价格时，应遵循市场导向原则，坚持质价相符，并在制定和调整产品价格时，在一段时间内使产品价格保持相对稳定。旅行社应根据不同的产品和市场情况，采取适当的定价策略，以实现其产品定价目标。旅行社的产品定价策略一般分为新产品定价策略、心理定价策略和品质定价策略。

（1）新产品定价策略。新产品在开发之后，旅行社应制定恰当的定价策略，以便及时打开市场，占领市场并得到满意的效益。因此，在新产品投放市场时，一般采用撇脂定价策略或渗透定价策略。此种策略同景区产品定价策略，详见任务一。

（2）心理定价策略。心理定价策略是旅行社利用旅游者对价格的心理反应，刺激旅游者购买产品的产品定价策略。常见的心理定价策略有尾数定价策略、整数定价策略和声望定价策略。第一，尾数定价策略。这种定价方法通常采用吉祥尾数，又称奇数定价策略，它的价格在制定时通常有意识地带有吉祥尾数，如988、999元的定价，给人以享受了折扣优惠的心理错觉，满足了游客追求吉祥的心理。这种方法多适用于散客旅游产品和单项旅游产品的定价。第二，整数定价策略。整数定价策略适用于价格较高的豪华旅游，这种方法有利于提高产品的形象，销售给旅游中间商的团体全包价旅游产品可采用这种策略。第三，声望定价策略。此种策略只适用于具有品牌效应的旅行社产品，声望定价策略必须物有所值，保证利润高的产品服务高，遵循“价高质必优”的原则。

（3）品质定价策略。目前一些旅行社推出“品质团”产品，不进店、不过多加点，但定价高于同类产品，拒绝零利润、负利润，以品质定价。

（三）旅行社产品定价方法

合理的旅行社产品价格受三个因素影响，包括旅行社产品成本规定的最低价格，旅游者购买承受能力规定的最高价格，旅行社竞争对手同类产品的价格。从宏观上说，定价的方法有三种。

（1）成本加成法。根据成本加成法，旅行社产品价格 = 成本 + 目标利润 + 税金。其中成本是指旅游者在旅游目的地计划内的全部食、住、行、游、娱消费成本，即单位产品变动成本总额。单位变动成本总额一般含餐费、房费、交通费、景点门票费、保险费和导游服务费等。

（2）目标利润定价法。这种定价法只适用于具有广泛客源或雄厚经济实力的旅行社。其价格计算公式与成本加成法相同，但旅行社在促销前首先明确了目标利润，此目标利润为销售谈判过程中的利润底线。如果估算产品销售后的实际盈利低于此目标利润，宁可放弃此交易。

（3）竞争导向定价法。此种定价方法不需计算，只需弄清竞争对手同类产品的价格，再根据旅行社实力、声誉以及目标客户旅行社的意愿，将竞争对手同类产品的价格适当调高或者适当调低，即旅行社报价。

【知识链接 4－1】

谈判定价

旅行社谈判定价有两种方式：第一种，地接社报价 + 组团社经营成本 + 利润 + 往返交通 = 游客报价；第二种，旅行社与航空公司、饭店和其他供应商谈判直至最后签约。定价方法和策略：成本加成法、随行就市法和心理定价策略等。

四、旅行社分销渠道策划

课堂讲解 4－2：旅行社分销渠道策划

（1）旅行社产品销售渠道的概念及类型。

旅行社产品的销售渠道是旅游线路报价后的完善，旅游线路报价即使很有竞争力也需要正确的销售渠道进行分销。因此旅行社销售渠道选择的正确与否直接关系到前续工作的成效。

①旅行社产品销售渠道的概念。旅行社产品销售渠道是指旅行社产品从生产领域到达旅游消费领域所经过的线路或途径，又称销售分配系统。旅游产品销售渠道的选择是否合理，直接影响着旅游产品的销售。

②旅行社产品销售渠道的类型。旅行社产品的销售渠道主要包括两大类：直接销售

渠道和间接销售渠道。第一，直接销售渠道。直接销售渠道又称为零环节分销渠道，是指在旅行社和旅游消费者之间不存在任何中间环节，旅行社将产品直接销售给旅游消费者的一种销售方式。直接销售渠道的形式有两种：一种是旅行社直接在当地旅游市场上销售其产品；另一种是旅行社在主要客源地区建立分支机构或销售点，通过这些机构或销售点向当地居民销售该旅行社的旅游产品。第二，间接销售渠道。间接销售渠道是指旅行社通过旅游客源地旅行社等中间环节将旅行社产品销售给旅游消费者的途径。按照销售渠道所包含的中间环节数量，间接销售渠道包括单环节分销渠道、双环节分销渠道和多环节分销渠道。

（2）旅游中间商的选择与管理。

①旅游中间商的分类。旅游中间商是指介于旅游产品生产者与旅游消费者之间，专门从事销售旅游产品的组织或个人，它可以形象地理解为旅游产品从生产者到消费者的分销链条上的连接环。旅游中间商包括旅游批发商、旅游零售商。第一，旅游批发商。是指专门从事各种旅游产品的组合，然后通过零售商网络或航空公司向公众进行推销的旅行社。第二，旅游零售商，是指从事旅游产品零售业务，直接面向广大旅游者销售旅游产品和提供旅游咨询等旅游服务的组织或个人。

②旅游中间商的选择。在选择旅游中间商之前，旅行社应首先进行综合分析，明确自己的目标市场、产品的种类、数量和质量、旅游市场需求状况和销售渠道策略，在此基础上才能有针对性地选择适合自己需要的旅游中间商。

【知识链接 4－2】

旅行社对中间商考察的方法

旅行社可以通过有关专业出版物、参加国际旅游博览会、派遣出访团、向潜在的中间商寄发信件资料或通过接团等方式发现合适的旅游中间商，并主动与旅游中间商进行接触和联系。但必须首先对旅游中间商的情况进行详细的调查与分析，待时机成熟时，再与旅游中间商合作。旅行社对旅游中间商的考察主要包括以下几个方面：中间商可能带来的经济效益、中间商目标市场与旅行社目标市场的一致性、中间商的商誉与能力、中间商对旅行社的业务依赖性、中间商的规模与数量、中间商的合作意向。

③旅游中间商的管理。第一，日常管理。旅行社对旅游中间商常用的日常管理方式有以下两种。A. 建立业务档案。建立业务档案是旅行社管理中间商的一种重要方法，业务档案应按照旅游中间商的名称建立，记录每个旅游中间商的历史和现状、输送旅游者的人数频率、档次、欠款情况、付款时间等信息。通过对这些信息的分析和研究，旅行社销售人员能够对不同旅游中间商的能力、信誉、合作程度、合作前景等做出预测，并据此对他们分别采取相应的对策。B. 及时沟通信息。及时沟通信息是旅行社加强对旅

游中间商管理的重要措施之一。旅行社及时向旅游中间商提供各种产品信息有助于旅游中间商提高产品推销的效果。同时，旅行社也能够根据旅游中间商提供的市场信息改进产品的设计，开发出更多的适销对路产品。第二，折扣策略。折扣策略是以经济手段鼓励旅游中间商多向旅行社输送客源、调节旅游中间商输送旅游者的时间或鼓励中间商及时向旅行社付款，以避免不良债权的重要方法。折扣策略包括数量折扣策略、季节折扣策略和现金折扣策略三种类型。第三，实施客户评价。旅行社应对客户档案中的信息进行评价，以掌握每位旅游中间商的现实表现及合作前景。客户评价应包括：客户的积极性、中间商的经营能力、旅游中间商的信誉。第四，适当调整客户。旅行社在管理旅游中间商的过程中还可以根据旅游市场、旅游中间商和旅行社的自身发展等因素的变化对与之合作的旅游中间商做出适当的调整。

【同步思考 4－1】

旅行社和旅游分销商由于各有自己的利益，所以时有冲突发生，请问他们之间经常会发生哪些方面的冲突？作为旅行社的营销人员应该如何处理？

（3）旅行社产品销售渠道策略的选择。

激烈的竞争促使越来越多的旅行社特别重视销售渠道策略的研究，因为这是影响旅行社产品销量的关键因素之一。可供旅行社选择的销售渠道策略包括直接销售渠道策略和间接销售渠道策略两大类。目前我国大部分旅行社广泛采用间接销售渠道策略，所以，下面主要介绍旅行社常用的几种分销渠道策略。

①广泛性销售渠道策略。广泛性销售渠道策略是指旅行社通过多家旅游中间商把产品广泛散布到各个零售商，以便及时满足旅游消费者需求的一种销售渠道策略。广泛性销售渠道策略的优点是采用间接销售方式，选择较多的旅游批发商和旅游零售商销售产品，可方便旅游者购买。由于销售渠道广泛，便于旅行社联系广大旅游者和潜在旅游者，在旅行社开始向某市场推销产品时，采取这种渠道策略有利于旅行社发现理想的中间商。不利之处在于成本较高，而且由于产品销售过于分散，会给旅行社的销售管理增加一定的困难。

②选择性销售渠道策略。选择性销售渠道策略是指旅行社只在一定市场中选择少数几个中间商的渠道策略。在旅游市场中采用广泛性销售渠道策略的旅行社在经过一段时间后，往往可以根据中间商在市场营销中的作用、组团能力以销售量变化情况，选择其中有实力的几家中间商。这种策略的优点在于集中少数有销售能力的中间商进行产品销售，可以降低成本。缺点是如果中间商选择不当，会影响旅行社产品的销售状况。

③专营性销售渠道策略。专营性销售渠道策略是指旅行社在一定时期、一定地区内只选择一家中间商的渠道策略。通常情况下，作为旅行社总代理的中间商不能同时代销其他竞争对手的产品。专营性销售渠道策略的优点在于可以提高中间商的积极性和推销

效率，更好地为旅游者服务。此外，旅行社与中间商联系单一，可以最大限度地降低销售成本，由于产销双方利害关系紧密，能更好地相互支持和合作。这种销售渠道策略的不足之处在于，如果专营中间商经营失误，有可能降低市场份额，甚至完全失去该市场。

五、旅行社促销策划

旅行社促销就是将本旅行社所能提供的旅游产品信息传递给客源市场中间商和潜在的目标旅游者，促使他们购买自己产品的各种市场营销活动。旅行社促销是旅行社营销中的重要环节，是旅行社外联销售部门最重要的工作之一，促销的成败，决定着旅行社的兴衰存亡。旅行社促销的主要功能是刺激旅行社产品交易。

（一）旅行社促销阶段分析

旅行社促销有三个阶段，即开拓期、交易期和巩固期，不同的阶段有不同的促销重点。

第一阶段：开拓期。

旅行社促销是旅行社为推销自己的产品而进行的企业行为，开拓期的主要对象是潜在的客户旅行社和潜在的旅游者。开拓期促销主要是对旅游目的地促销和对旅游客户的宣传促销。第一，旅游目的地促销。旅游目的地促销是对旅游目的地的资源、旅游软硬件环境整体进行宣传促销，多半是由旅游目的地的旅游主管部门推出，也可以是由旅游目的地的旅游主管部门或当地的旅游行业协会组织多家旅游企业联合促销。通过促销影响异地旅行社及潜在的旅游者对旅游目的地的选择意愿。第二，旅游客户的宣传促销。旅行社的外联人员或销售人员要不断开拓客户市场，与固定合作伙伴和新客户进行多种方式的沟通，最终达成合作意向。

第二阶段：交易期。

在交易期制定令客户满意的价格是促销成功的关键，有了意向促销的基础，当机遇来临时，最后促成合作与交易成功的关键因素是产品价格。旅行社在争取新客户的交易初期，应实行薄利多销的让利策略，制定出让对方动心的产品价格。

第三阶段：巩固期。

在巩固期，确保质量与信誉是进一步促销成功的关键。只有重信誉的旅行社才能巩固促销成果，创造进一步的促销优势。

（二）旅行社促销方式选择

方式一：广告促销。

广告促销是一种高效的促销工具，通过媒体为产品做公开宣传，以影响旅游消费者与中间商的购买行为，促进产品的销售。旅行社的旅游促销广告可分为自办媒体型广告和大众传播媒体型广告两种。广告的设计要遵循真实性、针对性、创造性、简明性、艺术性原则，要符合国家与地方的有关法规。

①自办媒体型广告。自办媒体型广告具有自主选择宣传对象、广告命中率高的优点。旅行社的自办媒体型广告包括户外广告牌、广告传单、印有旅行社名称、联络电话或旅行社产品信息的纪念品。如赠送给团队旅游者的旅游帽、文化衫、旅行袋、旅游团徽章等；或者分发给旅游中间商、散客、潜在旅游者、企业的不干胶招贴、宣传折页、手册、画册、个性化明信片、自制音像制品、年历、台历等。

②大众传播媒体型广告。大众传播媒体型广告传播面广、效率高、影响力强，但成本高。主要包括电视、报纸、旅游杂志、广播电台、旅游网站等形式。

方式二：直接促销。

①人员推销。人员推销是旅行社在旺季前或推出重点旅游新线路时派出外联人员，直接上门介绍、推销旅行社产品的促销行为。如果说国际社受经费的制约，在派员出境直接推销方面持慎重态度的话，国内社则普遍在一年中至少派出外联人员向客户旅行社推销三次：春节前后或3月中旬前一次，6月一次，赴每年的国内旅游交易会一次。而新组建的旅行社对旅游目标市场的旅行社第一轮登门推销更是必不可少。人员推销应以感情联络为主，达成合作意向为目的，最好能签一个大致的基本合作协议。有了感情，要保持、发展感情，才有长期的合作保障。至于具体的每一次产品销售，双方一般通过传真、电话协商进行。

②电话促销。电话促销一般仅用于向国内重点老客户推出新产品，或通过电话向重点老客户征询对产品的意见、解答客户的询问，促使客户旅行社更大量地购买本社产品。由于电话通信费远高于直接邮寄费，且由于缺乏信任感，潜在的客户对电话促销一般反应不积极，故不宜对新客户采用电话促销方式，更不宜用于国际旅游产品促销。

③直接邮寄促销。旅行社将精印或打印的旅行社产品的线路、报价、优惠条件、说明、联络方式、线路沿线景点宣传资料邮寄给客户旅行社及挑选出来的各地潜在的客户，称之为直接邮寄促销。邮寄促销的促销宣传品外观上一定要设计得有特色才能引人注意。此外，旅行社可以通过旅游展览会促销进行产品推介，增进老交情，开拓新客户；还可以通过文化广场促销，在城市大型文化或中心广场，散发促销宣传资料或举办促销宣传演出；旅行社还可以组织旅游大篷车促销提高知名度、引起旅游兴趣。

【知识链接4-3】

旅行社销售在接听呼入电话时应做好的准备工作

1. 要加强对旅行社产品的了解

旅行社销售人员应该对自己旅行社的产品尽可能烂熟于心，尤其是最近旅行社主推的拳头产品，做到来电中潜在客户提出的每个问题都能马上做出专业的回答，这是在客户心中树立形象的首要条件。另外，对于同一城市其他竞争性旅行社的相关产品与价格等，尤其是与自己旅行社产品的区别等，也应该有所了解。

2. 要调整心态和摆正位置

一个响亮的电话问候语，“您好！×××旅行社！”有助于提升客户的第一印象。问候语过后，要尽快弄清客户的来电目的。一般来说，旅行社的客户致电过来，内心的想法还没有成熟，这时候，他需要的是一个可以针对他的情况做出建议的旅游专家。甚至还有一种情况，就是电话打过来是想要投诉，因而，旅行社销售人员接听电话前必须调整心态和摆正自己的位置，这样才能够对客户做出合适的引导。

3. 把握好正确接听电话的时机

接听电话的最佳时机在电话铃第二次响完之后。原因在于第一声铃响就接电话让客户感觉旅行社很急切很想做成这笔生意，从而增加客户讨价还价的砝码。而超过3声铃响的话，又会让人久等，这种情况就应该向对方致歉。

4. 时刻做好记录准备

在接听呼入电话的时候，旅行社销售人员应该不断重复客户的谈话要点，做好记录，从而做出概括，给客户更好的引导。而这些在呼入电话结束后，都需要马上整理，录入客户管理资料，为以后的呼出电话做准备。切不可将客户的来电内容概括成一张表格后，就放在一边。譬如，一个客户在晚报上看到了A旅行社打的一个“夏日黄金海岸风情”的情侣旅游广告，来电咨询后，最后与太太一起成行。之后，旅行社销售人员利用呼入电话中记录的资料，对该客户进行持续跟进，利用邮寄小纪念品、节日发送短信、每个季度的电话跟进等内容，和客户保持好联系，当下次旅行社推出“亲子旅游”这一产品的时候，就极有可能让该客户成为旅行社的长期客户。

必须说明，旅行社的电话销售不能完全替代面对面的销售。电话营销作为一种销售方式，更多的是在扮演一个角色——加速引导客户与销售人员面谈。

方式三：间接促销。

间接促销手段通常有公关促销、礼品促销、口碑促销等形式。通过业内人士之间的交往，权衡感情因素、经济利害关系以及产品品质，提高旅行社知名度，起到间接促销的作用。

方式四：其他手段促销。

当今旅游市场，促销手段多样，除了传统的促销方式以外，还有一些特殊手段盛行。主要包括价格促销、踩点促销、联营促销、代理促销、奖金促销等，无论采用什么样的促销手段，旅行社一定要做到合法竞争，依法促销，维护旅行社市场秩序。

为了促销目标的实现，将各种可互相替换的促销要素组合在一起，不同的促销手段和工具同步使用，称为促销组合。广义上讲，旅游产品的广告、价格、优惠促销手段、展销会等与旅游市场有关的营销因素都可以归为旅游促销组合。狭义来讲，促销组合是由人员推销、广告、销售促进、公关宣传四种主要的促销工具组成的，其中，销售促进是指主要面对客户旅行社制定的各种鼓励购买的优惠条件或策划在短期内可见成效的销售策略并付诸实施的活动。

【同步案例 4-2】

三月“疯”线路促销方案

一、促销主题

放松自我，体验生活，走进桂林，让你的“视”界更精彩——体验“疯”一般的感觉。

二、促销目的

让广大白领放松自我、减轻工作压力；提高本社知名度，树立良好形象，提高本社的经营管理水平；拉动桂林旅游的发展。

三、促销对象

北京白领阶层。

四、促销场地

桂林市。

五、促销时间

2 月中旬至 4 月初。

六、促销内容

桂林三晚四天，三月“疯”旅游线路

D1：北京—桂林—七星公园—两江四湖；

D2：漓江—阳朔；

D3：十里画廊—图腾古道—蝴蝶泉—大榕树公园—月亮山—刀锋野战场—桂林大正温泉酒店；

D4：靖江王府—北京。

七、促销运作

1. 自 1 月 11 日起至 2 月底，销售部门的负责人员向老客户每周一次进行电子邮件访问，收集客户的意见和建议。

2. 1 月 20 日至 2 月底，销售部门的销售人员每两周一次电话访问，进行线路推销和收集反馈。

3. 自 2 月 1 日起，将旅游线路的宣传单发送到北京各个组团社请各社代为推销。

4. 2 月 1—7 日，销售部门的相关负责人员做好宣传网页，进行网络促销。

5. 2 月 10 日至活动结束，在国内相关的旅游报纸、书籍、杂志刊登线路广告；在桂林市进行展板、海报宣传。

6. 自 2 月 15 日起至活动结束期间将借助广大媒体进行宣传（网络微博、电视广告片）。

7. 自2月17日起至活动结束在广播电台进行宣传。

8.2月20日至3月1日，进行户外广告宣传。

9.3月份进行活动宣传、套餐宣传。

10. 其他促销活动

（1）给力团购（20人以上）。

（2）会员、老客户优惠。

（3）赠送旅游纪念品。

（4）抽奖（奖品：餐券、三花酒、桂花糕等）。

八、促销费

1. 媒体广告费：2000元。

2. 户外广告费：1000元。

3. 展板、书籍、杂志、报纸宣传费：1000元。

4. 传单宣传费：500元。

5. 其他（电话费、上网费、赠品、奖品等）：300元。

总计：4800元

九、注意事项

1. 督促各宣传活动的进行，及时发现问题，找出解决方案，保证促销活动的顺利进行。

2. 时刻关注市场动态、及时调整相关事项。

3. 各部门要明确分工：市场部提前半个月做好影像制作、海报设计、媒体订购、广告宣传以及活动后期的整体效果分析，计划部提前一个月落实推出主题旅游产品，财务部提前10天做好费用折让审核备案，信息部确定旅游产品准确的价格变动，外联部负责宣传活动的开展。

4. 最后审核方案：主题突出产品特点，推销对象与时间地点相一致。

资料来源：百度文库，http://wenku.baidu.com/link?url=YSRDFy4cMnAqhKZGRs3NMvOj9_qx3YvwP8HtwKEKPMuI4980ttyO-qgCkFLTVtGe5zpK3cZnIbFd8fJUFvS_5BCde-0c9wr2GyIWMeC297m.

问题：

（1）旅行社应如何开展宣传促销活动？

（2）案例中线路产品的促销运作手段是否合理？请提供其他促销方案。

六、旅行社其他营销手段

互联网快速发展，给旅行社带来了机会的同时，也使其面临着巨大的挑战。信息不对称的格局逐渐被打破，旅游者出行越来越便捷，对旅行社的依赖自然越来越小。以往单一做包价团的时代已经过去，面对散客时代的到来，旅行社要主动了解、适应消费主体的需求，运用现代技术和多种营销手段，确保产品和服务这两大核心竞争力，在服务意识、服务手段、服务模式、产品策划等方面都要有一个颠覆性的改变。

（一）品牌营销

旅行社品牌营销是旅行社利用旅游消费者的品牌需求，创造品牌价值，最终形成品牌效益的营销策略和过程，是运用各种营销策略使目标客户形成对旅行社品牌、产品和服务的认知过程。旅行社品牌营销就是把旅行社的形象、知名度、良好的信誉等展示给旅游者，从而在其心目中树立旅行社的产品或者服务的品牌形象。旅行社可以采用人员推销、广告促销、营业推广以及公共关系的手段实现品牌建设。

（二）定制营销

定制营销是旅行社将每位旅游消费者都视为一个单独的细分市场，根据旅游消费者个人的特定需求来进行市场营销组合，以满足每位旅游消费者特定需求的一种营销方式。定制营销最突出的特点是根据旅游消费者的特殊要求来进行产品的开发。

【同步思考4-2】

谈谈你是如何理解旅行社定制营销业务的以及旅行社开展定制营销的必要性是什么。

（三）关系营销

旅行社关系营销是把营销活动看成是一个旅行社与游客、供应商、分销商、竞争者、政府机构及其他公众发生互动作用的过程，其核心是建立和发展与这些公众的良好关系。

（四）事件营销

旅行社事件营销是指旅行社通过策划、组织和利用具有新闻价值、社会影响以及名人效应的人物或事件，吸引媒体、社会团体和消费者的兴趣与关注，以求提高旅行社企业或产品的知名度、美誉度，树立良好品牌形象，并最终促成产品或服务销售的手段和方式。事件营销是近年来国内外十分流行的一种公关传播与市场推广手段，集新闻效应、广告效应、公共关系、形象传播、客户关系于一体，并为新产品推介、品牌展示创造机会，建立品牌识别和品牌定位，形成一种快速提升品牌知名度与美誉度的营销手段。这种营销方式具有受众面广、突发性强的特点，能够在短时间内使信息达到最大、最优传播的效果，为旅行社节约大量的宣传成本。

（五）新媒体营销

现在的消费者，绝大部分是互联网忠实用户。他们的时间大部分花在网上，时时刻刻离不开手机、电脑，这些消费特征和行为方式，都决定了今天的商家想要成功占领消费者的心智，就需要做吸引用户的内容，吸引他们的注意力。

延伸阅读（4－1）
拥有900多万粉丝的网红导游“普陀山小帅”，是怎么走红的？

新媒体营销是指利用微信、微博、抖音、快手、小红书等社交平台，以及其他的百家号、今日头条、大鱼号、公众号、网易号、微信公众号、搜狐号、一点号、知乎、简书等内容为主体的自媒体平台进行推广的一种宣传方式。通常大家看到的视频网站里面的内容植入、短视频网站上的视频广告、新闻 App 上的信息流广告、网红直播等均属于新媒体营销。展现形式可以是图文、视频，也可以是小程序、H5、网络直播，等等。

【同步思考4－3】

微信营销的模式在旅行社营销中如何应用？旅行社微信营销有哪些策略？

七、旅行社活动策划

旅行社可根据不同的主题类型进行主题线路的策划。

1. 民族性和宗教性

中国是一个多民族、多宗教的国家，为了发展旅游，一些地区围绕民族节庆或宗教活动开展旅游活动，为了吸引更多的游客，旅行社针对这些地区进行以民族节庆或宗教活动为主题的线路设计。例如，傣族的泼水节、维吾尔族和回族的古尔邦节、蒙古族的那达慕大会，还有龙舟节、各种庙会和其他祭祀活动。

2. 文化性和艺术性的活动

除了民族性和宗教性的节庆活动外，有些地区也举办一些文化性和艺术性的活动，如歌会、灯会、锣鼓节、唢呐节、年画节、杂技节、艺术节、书法节、电影节、戏剧节、木偶节以及只是根据地方命名的艺术节，这些活动主要依附于当地的文化传统。因此，旅行社可以结合当地的文化性、艺术性的活动进行产品的开发，设计丰富多彩的线路产品。

3. 地方产品展示、展销活动

中国地大物博，很多地方因其当地的特产而出名，这些地方便围绕当地特产发展旅游。并围绕旅游举办大量的旅游活动，如糖球节（青岛）、啤酒节（青岛）、风筝节（潍坊）、陶瓷节（景德镇）、茶文化节（杭州、安溪）、中药节（安国）、西瓜节

（大兴）等。这些活动围绕某一特产延伸，一是向交易会延伸，将产品的生产和销售联系起来；二是向文化方面延伸，把生产过程与产品和文化联系起来。旅行社在进行线路设计时，通常围绕因特产而举办的节日，进行合理的产品设计，将特产与旅游联系起来。

4. 娱乐性的节庆活动

一些地区为了旅游业的发展，创造性地开发了娱乐性的节庆活动，通过活动的开展提高目的地或旅游景区的知名度、美誉度，增加旅游的人气。例如，文化节、美食节、老人节、赏花节、民间艺术节、冰雪节、冰雕节、沙雕节等。旅行社围绕这些节日主题，设计的“一日游”等产品深受游客的喜爱。

5. 体育赛事类活动

当前，全民健身成为促进体育产业发展、拉动内需和形成新经济增长点的动力源。国家倡导大力发展健身跑、健步走、骑行、登山、徒步、游泳、球类、广场舞等群众喜闻乐见的运动项目，积极培育帆船、击剑、赛车、马术、极限运动、航空等具有消费引领特征的时尚休闲运动项目，扶持推广武术、太极拳、健身气功等民俗民间传统和乡村农味农趣运动项目。支持各地、各行业结合地域文化、农耕文化、旅游休闲等资源，打造具有区域特色、行业特点、影响力大、可持续强的品牌赛事活动。目前体育旅游正在成为旅游业的一个重要细分市场。“体育＋旅游”前景大好，旅行社须深耕市场提升服务，开发针对各种体育赛事的旅游线路，如观赛旅游、票务服务等各项产品及服务，掌控资源，谋求更好发展。

【同步案例 4－3】

旅游业内人士：“体育＋旅游”前景看好　须深耕市场提升服务

今年的体育圈可谓大赛不断，精彩纷呈。欧锦赛、奥运会以及持续进行的世界杯预选赛、亚冠等轮番上演，前往观赛的体育爱好者也从原来的自发出游，变成由专业旅行社参与进来，组织、设计内容丰富、更加有范儿的观赛之旅。就此，旅游业内人士表示，体育与旅游结合的前景从未像现在这般被看好。

1. 提前布局掌握资源

体育观赛游虽然是近几年才兴起的，但业内已可窥竞争硝烟。人才、客源、赛事资源……旅游机构的资源争夺战早已打响。其中竞争最激烈，也是最核心的就是票务资源的竞争。

据悉，2010—2014 年，国内前往海外观赛旅游的人数每年呈 3 倍增长，谁先获得票务资源的优势，谁就在行业竞争中掌握了主动权。

众信旅游从早年冠名赞助覆盖北京足球、篮球、排球三大球球迷群体的“京都球侠”评选，与首钢篮球俱乐部达成合作关系成为其唯一指定旅行社等项目，又在今年欧洲杯上，与乐视体育携手，通过众信旅游参加欧洲团的乐视体育会员有获得欧洲杯观赛门票的机会。凯撒旅游也借助里约奥运会的契机，进一步促进体育旅游市场的发展，其作为里约奥运会中国奥委会票务代理及接待服务供应商顶级合作伙伴，在中国市场推出了包括开、闭幕式在内的近26大类，40小类200多个场次赛事的观赛门票，同时推出了巴西一国、巴西及南美多国的观赛团队游产品。

随着新兴民营资本的进入，作为最早一批开拓体育旅游产品的传统旅行社也备感竞争的压力。不过以中旅体育旅行社为代表的传统旅行社仍坚信体育旅游的前景，并企图扬长避短。庞云兵说："传统旅行社在地接资源上还是有优势的，另外根据我们多年的从业经验，往往在别家旅行社还没有行动时，我们已经先行布局了。"据悉，中旅体育已经开始布局2018年俄罗斯世界杯和2020年东京奥运会的酒店。"提前把酒店房间拿下来，这样就会使成本降低，也在随后的竞争中更具竞争力。"

2. 深耕市场升级服务

坐在英超现场，观一场酣畅淋漓的比赛，是国内无数球迷的愿望。因此各大旅行社纷纷推出的英超观赛团，也成为最走俏的产品。如果你以为他们只是得到了一场英超观赛体验的服务，然后便是与普通旅行团一样的观光行程，那你就OUT了。

上海赵先生是曼联队的"死忠"球迷，今年5月他就与朋友参与观赛团赴英观看比赛，据赵先生介绍："我们在比赛前一天前往曼联的卡灵顿训练基地，观看曼联球员在训练基地进行赛前最后一次训练。团里一些球迷还在训练基地外碰到了偶像球员，并获得了合影的机会。"

在与曼联球员实现零距离接触之后，观赛团一行还被安排前往英国国家足球博物馆参观；在比赛日当天，观赛团前往由曼联传奇球星吉格斯和内维尔经营的酒店参观，然后前往老特拉福德球场，感受赛前气氛，并于当晚观看英超曼联对莱斯特城的比赛。赵先生的讲述也令记者颇为动心："坐在死忠球迷区，聆听曼联球迷的歌声，感受老特拉福德主场气氛……这种足球体验之旅，真的让我终生难忘。"

"观赛旅游不仅仅是旅行社提供一张简单的观赛门票，而是为球迷提供全方位的极致体验。"旅游专家刘思敏说，目前，市场上的体育旅游大致分为三类：第一类是初级入门级的赛事场馆朝圣游；第二类是参与型的休闲体验，以高尔夫、马拉松、滑雪等诸多以运动为主题的产品为主；第三类是门槛较高的顶级赛事观赛旅游。

作为体育旅游机构，围绕赛事IP，把比赛、运动员、酒店、交通、餐厅等一系列元素整合联系到一起，形成完整产业链。丰富和完善球迷追逐赛事、追随明星的过程，从而释放出巨大的购买力和社交黏性，才是观赛旅游未来发展的方向。

未来几年，中国发展体育旅游似乎具备了天时地利。2019年篮球世界杯、2022年北京张家口冬奥会、2022年杭州亚运会……中国不仅处于自身迎接国际大赛的井喷期，也会因消费升级、全民健身概念普及等因素向国外赛事输送大量的观赛者和参与者。

体育旅游正在成为旅游业的一个重要细分市场。其中，以观赛为主的赛事旅游服务也正走上一条提档升级之路。

资料来源：中国旅游新闻网，http：//www. cntour2. com/viewnews/2016/12/23/LvPCcQWqRMWjwVnxnr0I0. shtml，2016 - 12 - 23.

问题：

（1）旅行社如何深耕细分市场？

（2）各旅行社如何抓住发展体育旅游的机会？

6. 特定消费群体类活动

当今社会，敬老爱老成为传统，银发旅游已占据旅行社总业务量的半壁江山，老年人从追求“大而全”转向“慢而深”的旅游，消费层次的观念在转变，对于主题产品的需求在增加。而随着老年人出行次数的增多和经验的累积，他们开始关注品质和性价比，主要表现在错峰出行会越来越多，一些特色的旅行方式也越来越被接纳。除了银发团，各种主题的亲子游、夏令营、体验营线路产品深受家长和孩子的欢迎。

【同步案例 4 - 4】

不少旅行社被“银发团”包了月

记者采访了解到，近段时间，“银发族”已悄然成为甬城各大旅行社组团出游的主力。而受此影响，越来越多的旅行社也转变观念乐于招募老年游客，有的专门建起老年游客俱乐部，还有的甚至参与打造专属旅游基地。

1. 现象——近期超八成出游者年龄超 60 周岁

前天早上，记者跟随导游小梁带领的旅行团一起出行时发现，该旅游团共有 80 多名游客，清一色都是老年人。这些老年人非常活跃，车子一到象山石浦铜瓦门不夜岛海鲜基地，他们便迅速四散开来，满腔热情地投入到采购、生火、洗菜、切菜、烧菜等野炊活动流程当中。只见，一位姓张的大伯亲自下厨，油焖大虾、鱼滋面、手工鱼丸等一道道海鲜大餐纷纷出锅……

事实上，像这样充满活力的“银发”旅游团，近期有不少。采访中，不少旅行社均表示，这个月以来，其所组织的旅行团，基本上都被类似的“银发团”包下了。“与国庆、春节等节假日出游不同，11 月处于旅游淡季，超八成出游者都是时间充裕、年龄在 60 周岁以上的老年游客。”甬城一家大型旅行社的负责人这样跟记者说。

而比起往年，眼下到旅行社报名出游的老年游客，更加注重旅游产品的舒适度和主题性。“车子一定要新，要有空调。吃一定要卫生，要有特色菜……”昨天，记者在市区一家旅行社采访时，就看到几名老年游客在跟旅行社工作人员谈条件。

有意思的是，这些老年游客都有结伴出游的习惯。“很多老年人爱玩、会玩，圈层比较明显，多是三四对结伴出行，报名时‘以一带十’的现象很普遍。”昨天的走访中，不少旅行社的有关人士都这样表示。

2. 商机——不少旅行社建起老年游客俱乐部

老年群体出游活跃，我市一些旅游企业看到商机陆续着手细分市场，通过建立自有品牌等方式迅速“圈粉”。

“多是依托于本企业线下布局和流量资源，发力这一细分市场。从服务、品牌和口碑等方面，致力于为中老年人打造高品质、高标准和高性价比的旅游产品。”据宁波旅游协会旅行社分会人士介绍，目前，已有多家旅行社专门为中老年游客打造了会员俱乐部。如浙江飞扬旅游集团先后推出了老班长俱乐部和翰林旅院；中国国旅（601888，股吧）宁波公司则有阿爸阿妈旅行俱乐部等；国内在线旅游企业中，携程也推出了“爸妈放心游”“老友惠”，途牛则有“乐开花爸妈游”等。

以本土旅行社为例，目前，浙江飞扬成立四年的老班长俱乐部已有成员30000多人，覆盖周边县市区，而刚刚成立一年的翰林旅院也已有六七百人。“绝大多数都是退休老人，前者提倡花更少的钱去更多地方旅游，而后者，更注重旅行品质。”有关负责人郑浩告诉记者，其中的翰林旅院产品设立了准入门槛，达到一定社会资历和文化基础才可以加入。“我们设立舞蹈、声乐、摄影、珠宝鉴定等学习小组，还定期组织互动活动。”他说。

另据记者了解，我市个别旅行社针对老年群体在市郊注资参与打造旅游基地。“未来一年，我们将在象山那里打造一个专为老年游客服务的渔船码头和海钓平台等。”一家大型旅行社的有关负责人这样向记者透露。

3. 新规——已有专门规范为（博客、微博）老年游保驾护航

事实上，“银发族”出游在几年前还是另一番光景。“之前，老年群体还不受旅行社重视，不少旅行社都有‘70岁以上老人必须有人陪同’‘报名前必须提供体检证明’等要求。在《旅游法》实施前，有的旅行团甚至还让老人多支付团费，或者直接拒绝参团。”资深旅友夏磊告诉记者。

但在眼下，老年旅游市场却与以往已发生变化。“一方面，不少旅行社发现，现在出来旅游的老年游客，实际上身体状况都比较好。另一方面，国家有关规定，也为老年游客出游提供了更好的保障。”例如，国家旅游局于今年9月初出台了《旅行社老年旅游服务规范》（简称《规范》），《规范》指出：由老年人组建的旅游团，不适合过于紧凑的日程安排；连续游览时间不宜超过3小时，连续乘车时间不超过3小时；100人以上的老年团，需配随团医生；75岁以上老人报团，应请成年直系家属签字，且宜由成年家属陪同等。

“新规的出台对老年人出游安全上更有保障，虽说会在一定程度上增加旅行社的成本，但为了在旅游市场中赢得更多客源，旅行社愿意投入更多的精力，在老年游市场的线路开发和设计上下功夫，推出更多的性价比高的旅游产品来满足老年市场的需求。”中国国旅宁波公司有关负责人说。

“虽说有了新规做后盾，但老人出游仍要多注意。”业内人士提醒广大老年游客，尽

量选择规模大、有信誉的旅行社参团，签订正规旅游合同，选择节奏舒缓的线路。需要强调的是，老年人出游前应对自身健康状况全面了解，对于患有慢性病的老人务必在出游时携带所需药物，并事先告知导游和团友，切忌隐瞒病史。

资料来源：中国旅游新闻网，http：//www. cntour2. com/viewnews/2016/11/09/kjiVUyvBOdN XMLmIs6VZ0. shtml，2016－11－09.

问题：

（1）旅行社进行市场细分的标准都有哪些？

（2）针对特殊消费群群体，旅行社应提供哪些产品和服务满足旅游消费者的需求？

7. 旅行社公益活动

当前，一些旅行社为弘扬公益理念，承担一份社会责任，构建旅行社公益关爱活动的长效机制，参加了义务服务、公益活动、慈善活动等有效回报社会的活动，并有效使用公益关爱基金。例如，一些旅行社参与策划“文明旅游，从我做起”万人签名公益活动。再如，某旅行社成立公益慈善协会，开展了一系列活动。

公益活动主要形式：

第一，旅行社每年在冬季（淡季）组织本地区学生参加“革命历史大家知”活动，由导游人员免费为大家讲解革命历史、各个主要旅游景点，使学生对革命历史主要事迹、革命人物更加了解，旨在不断提高学生的爱国主义热情。

第二，每年定期组织旅行社全体员工参与捐助，包括衣物、书本、资金、文具等，再统一寄往西部较为偏远的山区学校。

第三，由总经理办公室组织员工参与社会环保宣传，通过定点讲解环保小常识及发放宣传单、免费赠送低碳环保购物袋旅游套装、外出旅游常备物品以及小常识等形式，使大家增强爱护环境的意识，投身到爱护环境的行动中。

第四，积极参加社区以及其他团体组织的各种公益活动、慈善捐助。

【知识链接4－4】

旅行社营销策划案的撰写

旅行社策划书具体内容：

一、摘要

二、旅行社简介

（1）旅行社定位。

（2）旅行社的发展目标（包括企业文化、企业口号、企业核心竞争力等）。

三、可行性分析

（1）市场调查（宏观市场分析、微观市场分析）。

(2) 竞争对手分析。

(3) SWOT 分析。

四、产品介绍（以某旅行社产品为例）

(1) 会展旅游产品。

(2)"团队自由行"产品。

(3) 海岛游产品。

(4) 春节系列游产品。

(5)"宝贝计划"智趣之旅产品。

(6) 暑期夏令营产品。

五、当季主打产品

六、新型产品营销

(1) 产品。

(2) 价格。

(3) 渠道。

(4) 促销。

七、旅行社组织结构

八、财务预算

九、行政部工作计划

(1) 人员队伍的选拔与建设。

(2) 员工的奖励制度。

(3) 业绩的考评。

(4) 公共关系管理。

(5) 旅行社内部活动。

(6) 会议。

十、结束语

资料来源：http：//www. doc88. com/p－733454947515. html.

8. 其他节日活动

当前，各行业的商家为了促销产品，利用各种节日进行促销活动的宣传，用以刺激消费，旅游行业也加入了这些节日大战。例如，一些"洋节"，圣诞节、情人节、母亲节、父亲节，还有"双十一""双十二"等购物节日，这些节日不断因各种商业机构的促销活动而引起社会的注意，因此，旅行社也逐渐加入节日促销的大军，不断开发设计新的线路产品，抢占商机。

【同步案例4-5】

12月24号古北水镇【白加黑】圣诞特辑
——【带上心爱的她，一起去古北过圣诞】

每年的圣诞季，人们都会夜逛小城，吃美食，看夜景，或是三五好友一起盛装出席来个舞会狂欢。今年，在京郊长城脚下的古北水镇，正在为人们呈上一个不一样的圣诞体验。

愿有一景，终安你心，有座小镇，心之所向，这一处凡尘美景不似人间。我们每个人心中都住着一个关于英雄的梦，不管是成为英雄还是遇见英雄，那些最打动人心的往往是我们擦肩的错过，人生不过如此，有几何风景经得起错过？每一步行走的路上，不错过身后风景才是人生的真心英雄。

1. 圣诞集市　圣诞巡游

夜色还未很深，天空还泛着一丝蔚蓝，一盏盏路灯、屋顶、小桥各个角落都一圈圈亮了起来，点缀得整个长城脚下的小镇更温暖、更美丽。这里的空气比城里清新通透，户外的寒风也无法阻挡人们热情喜悦的内心。为了迎接圣诞，古镇内外灯光点缀，圣诞树、雪人、气球、灯笼把这个小镇装扮得美轮美奂，到处都充满着圣诞的气氛。一盏盏欧式的路灯照得更亮，头顶天空挂满繁星，水镇的桥头、屋顶、树枝上，都亮起了温暖的光。赏夜景，喝茶吃美食，古镇全能满足。

2. 圣诞比萨DIY　唱诗吟祝

夕阳西下，来到山顶教堂，看落日，俯瞰整个长城下的水镇，这里是观景的绝佳位置。随着夜幕慢慢降临，教堂里缓缓地响起了圣洁的颂歌，人们听着一首首颂歌洗礼着心灵，感受着快乐和感动。

山顶教堂的咖啡馆露台，是俯瞰水镇夜景的绝佳地点，居高临下，眼前的远山、河流、房舍都被灯光勾勒着，流光溢彩。不同于常见的五彩斑斓的夜景，以素淡的黄色调为主的灯火，不焦躁、不凌乱，更显得温暖沉静。还可以乘坐缆车（单程90元/人、往返160元/人）夜游中国唯一夜间开放的长城——司马台长城，在长城之巅，看城墙逶迤、观水镇绚烂、闻清风徐来，这应该是最美的夜游体验吧！

满天的星斗，像一场极不真实的童话，它正漫过我们的头顶，漫过灯火未央的古北水镇。

假期的夜生活怎么能缺少美食？水镇的餐厅或临水、或临街，在长城脚下，鸳鸯湖畔，与家人朋友一起，尽享浪漫精致的一餐。既可在日月岛广场品尝到英国大厨神秘配方的地道比萨，又可露天边看京剧边享受啤酒烤串的夜晚，在长城脚下品味接地气的美食。

水镇的店铺古老而有特色，也许你会收获很多不一样的小惊喜哦！

登高远望思绪萦，司马台上叹长城，长城虽残韵犹在，绝壁耸立威武逞。我应向天刀自横，披荆斩棘浴火生。华发早生笑多情，古北水镇逍遥行。镇中游戏恍若梦，江南乌镇移其中。乌棚摇橹穿山过，龙凤汤池笑声盈。南北名吃排街中，摩肩接踵人攒动。看似非似望长城，古北水镇灯月明。物换星移嫁接来，南北精华成一统。

3. 行程

13：30东大街保险宾馆集合，认蓝色“同行之旅”导游旗，14：00发车赴【古北水镇】（约1.5小时）。

（1）抵达长城脚下·圣诞小镇——【古北水镇】（含门票），可参加各类圣诞主题活动：

冰雪嘉年华通票（120元/人、费用自理、不限时、单次进入）开放时间：09：00—17：00；

冰场地点：日月岛码头河面区域；

冰上项目：溜冰、滑冰车、冰山碰碰车（单项收费以景区实际价格为准）；

雪场地点：后川入口（水厂下空地区）；

雪场项目：滑雪圈、雪地坦克、儿童戏雪区（单项收费以景区实际价格为准）。

（2）圣诞集市地点：日月岛广场 开放时间：09：00—21：00。

圣诞木屋安排：礼品屋、糖果屋、灯笼铺、保暖物资屋；

圣诞摊位：拉洋片、魔术、糖画、糖人、内画、草编、名字作画。

（3）圣诞老人屋——水镇邮局，邀请小朋友来做客，做客时间：15：30—16：30，与圣诞老人合影互动，邮寄圣诞祝福，可以现场打印照片带走作为与圣诞老人的留念。

（4）圣诞巡游——时间及地点：16：00—16：30（日月岛—山顶教堂）圣诞玩偶每天巡游与游客互动拍照，引领游客至山顶教堂后，发放圣诞唱诗帽，引领客人进入教堂唱诗。

15：30—16：00（游客服务广场及大厅互动）圣诞玩偶互动合影，邀请客人手写心愿卡、装饰圣诞树。

（5）山顶教堂圣诞吟诗16：30—17：00（24日当天配合点灯仪式17：00—17：20）

唱诗曲目：

第一首《欢乐颂》（中文版）；

第二首《雪绒花》（英文版）；

第三首《平安夜》（中文版）；

第四首《铃儿响叮当》（英文版）。

晚餐自理。古北水镇之美食：火锅城、烧肉馆、饺子馆（镖局客栈）、烧饼铺、司马缸大酒楼、清真餐厅等。

可乘坐缆车（单程90元/人，往返160元/人）夜游中国唯一夜间开放的长城——司马台长城（40元/人自理），在长城之巅，看城墙逶迤、观水镇绚烂、闻清风徐来，感受最美的夜游体验！

20：30 指定地点集合，21：00 乘车返回承德温馨的家！

4. 服务标准

交通：往返空调旅游用车（根据人数安排用车，保证每人一个正座，座位按报名顺序排列）。

门票：景点首道大门票，古北水镇门票。

导服：全程优秀导游员。

保险：旅行社责任险、人身意外险。

用餐：无。

住宿：无。

集合时间、地点以导游通知为准！见“同行之旅”导游旗。

5. 友情提示

（1）此团为散客拼团。

（2）儿童价格标准：儿童身高 1.2 米以下，价格包含旅游车费、导游服务费、保险费。

（3）自由活动时间：自由活动期间请游客注意自己的人身和财产安全，此期间如发生意外我社不承担任何责任，但我社有义务为每位游客提供力所能及的帮助。

（4）以上景点的游览时间仅供参考，具体时间安排是根据旅游淡季和旺季不同的时节来约定的；赠送项目若因游览时间不足、个人原因等原因导致不能赠送的，我社不退任何费用！关于行程上约定的城市之间、景点之间的车程时间是以除去以下情况：如堵车、下雨、下雪、修路或意外等特殊状况的出现为标准来测算的，如有以上任何一种情况发生都有可能造成时间的变化，请各位游客理解。

（5）以上行程为参考行程，旅游者在行程中自愿放弃某项旅游项目的，旅行社有权不予退还相应旅游费用。旅游者未能按照合同约定及时参加旅游项目或未能及时搭乘交通工具的，视为自愿放弃。因飞机延误、天气或人力不可抗拒因素，在内容不减少的前提下，旅行社可以调整行程游览顺序，造成的行程费用增加由客人自理，根据实际情况，未产生的费用按成本退还客人，不承担由此造成的损失和责任。行程中的赠送项目或赠送自费活动券为我社安排赠送给旅游者的景点或活动，如自愿放弃，旅行社有权不予退还相应旅游费用（旅行社有最终解释权）；因人力不可抗拒因素（自然灾害、交通状况、政府行为等）影响行程，我社可以做出行程调整，尽力确保行程的顺利进行，实在导致无法按照约定计划执行的，因变更而超出的费用由旅游者承担。

（6）参团或退团有关约定请参阅《国内旅游合同》。

（7）参团者请在合同中如实填写个人身体情况！请注意选择自己能够控制风险的活动项目。特别是患有中耳炎、心血管、心脏病、哮喘病、高血压、恐高症等不宜参加剧烈或激烈活动的旅游者，请千万注意了解活动项目的具体情况，不要选择与自身身体情况不相适应的活动，以免发生不测。

（8）我们非常重视您的感受，请您认真填写意见单，我社以团友当地填写意见书为处理投诉依据，恕不受理团友因虚填或不填意见书而产生的后续争议。

（9）景区内、用餐地或住宿地内有当地居民、便利店等商贩或店铺均非旅游购物地，属个人行为，购物与旅行社无关。

6. 注意事项

旅行社有义务为每位游客提供力所能及的帮助。

（1）发团的前一天 18：00 左右，导游会给客人打电话确认，请客人保持电话通畅。

（2）游客不得擅自离团，如有离团请客人必须写离团申请书，经我社导游签字确认后方可脱团，未发生的一切费用一概不退，离团后所发生的任何情况均与旅行社无关。

（3）未及时随团出发，我社须扣除旅游车往返空座费用、当地住房费。

（4）请在出团前付清团款，谢谢合作！

7. 景点知识、节目单及购物店分布（略）

资料来源：承德出游旅游咨询微信公众号，2016－12－16.

问题：

（1）旅行社是如何进行线路产品主题活动促销策划的？

（2）旅行社在进行新产品开发时应考虑哪些因素？

任务实施

1. 将学生分成若干个实训组，每 6～8 位同学分成一组，每组确定 1～2 人负责，根据实训内容和项目需要进行任务划分，确保组织合理和每位成员的积极参与。

2. 对学生进行旅行社营销策划培训，选择不同类型的旅行社作为任务实施的单位。

3. 各实训小组分别选择 1～2 家旅行社（或校实训基地），在重点参与和体验其“旅行社促销策划”“旅行社营销策划”的过程中，按照“实训要求”完成各项实训任务。

4. 各实训小组在实施“旅行社促销策划”“旅行社营销策划”的过程中，融入信息收集、处理，与人沟通、交流、合作，解决问题，创新能力和职业道德等的相关训练。

5. 各实训小组撰写“旅行社促销策划方案”“旅行社营销策划方案”。

任务评价

详见教材附录二、附录三。

策划案例

承德旅苑旅行社策划方案
——大学生市场策划案

承德旅苑旅行社为河北旅游职业学院校内教学实训基地，以教师培训和学生实习为主。一直坚持以人为本的理念，坚持以诚信为宗旨、以市场为导向、以创新为动力、以游客满意为目标，不断推出新的产品和提高服务质量。为进一步提升影响力，吸引更多的游客，特进行此次策划。

旅苑旅行社位于河北省著名旅游城市承德市，市内有六所大学，在校生五万多人。近年来，旅游消费成为大学生的消费热点，他们不再满足于读万卷书，更热衷于行万里路。尤其是河北旅游学院的大学生，作为全省唯一一所旅游类院校，学生们不仅进行专业知识的学习，旅游实践也成为他们的必修课。因此，承德旅苑旅行社以承德市大学生为目标消费群体，挖掘其蕴藏的巨大商机，特进行了如下策划。

一、大学生旅游市场分析

（一）旅游消费水平较低

大学生仍属于消费一族，他们的日常生活费用主要来源于家庭，大学生在经济上对父母的依赖性还是非常大的。所以旅游消费对于大学生而言在现阶段仍属于奢侈消费。他们渴望外出旅游，但由于经济来源的制约，消费能力不高，因此，他们一般对旅游的条件要求不高。

（二）旅游时间比较集中

大学生的主要任务是完成学业，因此只能利用课余时间旅游，而他们的闲暇时间主要是周末、法定假日、寒暑假，大约有170天假期，约占全年的47%。

（三）出游方式呈现多样性

现在大学校园内通过网络寻找一起出游的同学已经逐渐成为一种潮流，志同道合的年轻人一起出游，都选用AA制，不但能拓宽自己的人际交往，在选择上又有更大的自主权。另外假期单骑远征、情侣自助游等其他的旅游方式也越来越受到大学生的欢迎。出游方式的多样化反映了大学生的个性化。

（四）大学生人数多，基数大

自1999年教育制度改革以来，全国各高校连年扩招，在校本专科学生人数日益增多。承德市内六所高校即有在校生五万多人，庞大的大学生消费市场已逐渐形成并成为旅游企业必争的重要市场部分，作为旅游专业实训基地性质的旅苑旅行社更是有着得天独厚的优势。

二、大学生旅游市场开发的可行性

（一）大学生的旅游动机强烈

虽然大学生已经从繁重的高中课业中摆脱出来，进入了相对轻松的大学生活，但是大学生的活动范围往往局限于教室、食堂和宿舍的三点一线。枯燥的生活和他们所面对的压力使得他们有着强烈的出游愿望，渴望走出校园，亲近大自然，身心彻底放松，消除忧愁与烦恼。并且自古中国就有教育旅游、认知旅游的存在，以及“行万里路，破万卷书”的古训，使得当代大学生一拥有较多的闲暇时间，就迫不及待地背上书包走出校园去体验“行天下”的感觉。

（二）旅游设施的日趋完善

我国旅游业经过多年的发展，已经具备了相当规模，基本能满足中国旅游市场发展的需要。其中青年旅舍、大学生旅游网等与大学生旅游市场相关的旅游基础设施开始崭露头角，并得到市场的肯定，这都为大学生旅游市场的开发奠定了基础。因为景点门票价格相对较高，部分大学生倾向于跟旅行社出游。

三、市场营销组合策略

大学生对旅游市场，以及旅游产品的提供商知之甚少，由此造成的信息不对称，极易造成其对品牌的依赖性。因为在他们看来，品牌意味着品位、安全系数高，服务产品、服务态度好这样的既定价值性判断。因此从某种程度上来说，谁能越早成功打造自己的具有良好口碑的优质品牌，谁就能越早形成自己的竞争比较优势。

（一）旅游产品和线路开发

推出多种有特色的旅游产品，满足大学生旅游者的需要，这是从根本上有效地开发大学生旅游市场的途径。大学生对旅游的偏好较为广泛，对各种事物的接受能力强，旅行社可以开发以观光旅游为主、其他形式为辅的旅游产品来吸引高校大学生旅游。如体育旅游、探险旅游、生态旅游和休闲旅游等；旅游产品组合要重点开拓、机动灵活。经济条件较好的大学生（包括家庭条件较好的大学生和独立性较强、可自创收入的大学生）大都具有较强的旅游动机。

同时，高年级大学生比低年级大学生思想更成熟，行为更独立，旅游倾向更强烈。因此在旅游产品的组合上要机动灵活。一是食、住、行、游、娱、购的项目分别列示，供大学生根据自身情况，自由选择，自由组合，形成短、中、长线的包价旅游或小包价旅游；二是旅游方式多样化，针对大学生不同的需求，设计多种可选择的旅游方式，如远足、自行车、汽车、火车等，也可将它们进行组合；三是组团要机动灵活，大学生出游前大都需要找志同道合的出游者，尤其是女生。旅行社根据各自的特点，推行自组旅游团。

针对大学生群体对于旅游消费动机及产品需求的特点，在旅游产品的开发上除了大众型的自然风光、名胜古迹的休闲观光旅游外，又为其开发了一些特色旅游产品。

1. 求知学习类认知游

开发以文化艺术考察、历史文物考古、地理地质类科考旅游，风景名胜写生等主题的旅游产品，与高校的考察实践等项目形成合作，进行有效推广。而且有些内容在一线进行教学要比课堂讲授好得多，学校既节约了设备购置与管理费用，也保证了教学设备的先进性、学习场景的真实性、教学活动的趣味性。例如，旅苑旅行社每年在旅游淡季都组织河北旅游职业学院旅行社管理系学生到河北省清东陵、北京的旅游景区进行长线教学实习。

2. 就业考察类体验游

针对学生比较关心的就业问题，设计以就业培训、就业考察，开阔眼界为主题的寒暑假就业游，到知名企业考察工作环境。通过这种专题旅游，让大学生全面感受城市的环境文化氛围，了解城市的消费水平、生活方式、发展趋势以及心仪单位或行业的工作环境、收入状况等。

3. 节庆民俗类主题游

根据不同的时节、依托当地文化特色开发一些节庆民俗旅游线路，如清明节寻根祭祖、端午节民族美食农家乐、情人节情侣特色线路等。通过不同的主题组合形成特色旅游产品。

4. 符合大学生心理特点的特色游

如体育旅游、探险旅游等。大学生精力充沛，活泼好动，追求个性化，喜爱标新立异，且好奇心重，多数酷爱体育运动，可根据这一特点开展具有健身和娱乐性的旅游活动，如滑雪、游泳、冲浪、沙滩排球，或开展漂流、攀岩、探秘等探险旅游活动。

（二）价格策略

旅游产品的价格是高校大学生在选择旅游产品时首先考虑的因素，他们也关心旅游产品的便捷程度、安全保障等，旅行社在充分考虑此种条件的情况下不断提高产品、服务、人员和形象价值的同时，设定了一个比较客观理性的收费标准，杜绝定价过程中虚高虚低等商业欺诈行为。通过降低顾客在购买旅游产品时的时间、精力和货币成本，使大学生获得更大的满足感，吸引更多的大学生客源，创造更多的利润。

同时，为了适应大学生的心理特点，结合不同的旅游产品类型，制定更加灵活而有针对性的价格策略，进一步提升大学生旅游的满意度。

1. 明码实价

明码实价能令消费者感到诚实可信，增强大学生的出游信心。若设置多种折扣，只会增加他们对旅游企业利润的怀疑，促使他们放弃通过旅游企业来安排旅游行程的可能。

2. 根据不同的时间和空间制定不同的价格

旅游景区有热、温、冷景区之分，旅游时间有旺、淡季之分。旅行社根据出游时间和空间的不同，制定不同的价格。这样既可利用淡季和温、冷景区的优惠价格吸引大学生，又可充分合理地利用旅游资源。

3. 根据可选择的旅游项目分别标价

这样既可降低旅游产品的直观价格，又可让大学生根据自身经济条件选择旅游项目，使其从心理上更能关注旅游产品。

（三）分销渠道策略

旅行社在旅游市场的开发上，与在分销渠道上担任旅游中介的各成员进行紧密合作，如营运商、代理机构、旅游目的地等，以保证旅程的顺利。具体措施包括：

（1）与各高校学生社团等相关组织建立联系；

（2）研究和选择旅游市场营销的各个环节；

（3）为旅游中介设置促销组合，如广告、促销、展览展示和小册子等。

（四）促销策略

旅行社在旅游促销中，利用大学生从众心理显著，信息传递快这一特点，采用一些低成本的促销方式，取得较为良好的效果。如网络促销、宣传单、报纸、海报等宣传形式及直接面对面的销售方式等；与旅游社团或专门的旅游专业部门合作，深入大学生内部，开拓大学生旅游市场；在校园的广播台进行宣传等。

1. 建立地方大学生形象大使团队

把本地每年出外求学的大学生归档，并出台相关规定，凡本地大学生组织同学好友来地区旅游皆实行门票、住宿方面的大幅优惠政策（以身份证和学生证为标准）。同时与各个高校的老乡会进行深度合作，把老乡会当作与非本地学生交流的中介，进行全方位的推广，以奖励措施鼓励本地学生组织师生来旅游。

2. 广告策划

（1）与各高校社团建立联系，通过社团发放宣传单页达到传播旅游信息的目的；

（2）在各高校运营的微信公众号上发布产品信息及促销信息；

（3）在各高校派发宣传单页，让宣传单页进宿舍；

（4）利用高校广播站发布产品及促销信息。

3. 公共关系策略

为建立一个良好的公共关系，树立一个良好的企业形象，旅苑旅行社将举行一个“235”的献爱心活动。即将每个游客所交旅游费用的0.2%用于捐助承德地区的敬老院，0.3%用于资助承德地区高校贫困大学生，0.5%用于筹建“大学生创业”基金。

4. 人员推销策略

大学生作为一个集中的旅游群体，旅游决策易受同学或朋友等相关群体影响，再加上旅游信息不对称等原因，大学生旅游常常没有充分的前期准备，情绪易波动，从众心理显著；同时，由于市场集中，群体间联系广泛，旅游信息传递迅速，大学生消费心理、消费习惯尚不稳定，消费需求具有较大弹性和可诱导性；他们感性消费、个性消费、群体消费、社交娱乐倾向明显，因此旅行社宜充分利用这些特点进行相关的产品推销。

建立一支专业、敬业的销售人员团队，深入各大高校，如宿舍、食堂、操场等，与潜在顾客面对面沟通信息。

四、市场推广活动策划

（一）五一“青春欢乐之旅”活动

活动主题：让青春在欢乐的旅途上飞翔。

活动目的：扩大旅苑旅行社知名度，为“五一”旅游项目进行宣传促销。

活动时间：2017 年 4 月 27 日—5 月 3 日。

活动地点：承德市内各高校。

活动方式：在以上各大高校广播台播放广告音频。

目标人群：各学院全校师生。

活动流程：4 月 27 日到 5 月 3 日期间在承德各学院播放广告音频，广告词由旅行社提供，音频由各高校广播台录制提供。播放频次为每日两次，分别在中午和晚上。

广告词：

亲爱的同学们，

旅苑旅行社“青春欢乐之旅”开始啦！

即日起凡报名参加线路一：木兰围场之旅，立返 88 元现金券（凭此券可到指定超市消费）；报名参加线路二：丰宁坝上草原——大汗行宫游，组团达 12 人次，所有成员都将享受 8.8 折。个人电话报名每日前 30 名还可获得精美小礼品一份哦！

还在等什么！“五一”我们一起旅游去！

（二）周末主题促销活动

活动主题：放飞梦想、我心飞扬。

活动时间：周六日。

活动内容：在承德市内各高校开展以我的梦想职业、梦想城市、梦想景点为主线的大学生线上线下投票活动。

宣传方式：将印有活动参与方式与个性旅游线路的宣传单在目标群体中散发，同时在网上进行宣传，以提高旅苑旅行社的关注度，同时挖掘潜在客户、提升业绩。

参与方式：线上投票抽奖、线下手机投票抽奖、校园广场集中活动，现场投票抽奖。

旅苑旅行社立足校园，以大学生这一特殊群体为目标消费者，致力于通过一系列营销策略的执行成功开拓大学生市场。大学生旅游市场具有巨大潜力，是旅苑旅行社重点开拓的市场，通过本策划案的执行，旅苑旅行社在承德市大学生中的知名度和美誉度不断提高，做大学生出游的首选旅行社将成为旅行社经营的目标。

资料来源：改编自：http：//www. docin. com/p－650719273. html，

http：//wenku. baidu. com/view/d7bc7055ad02de80d4d840f9. html，

http：//www. doc88. com/p－952219273316. html.

任 务 五

旅游目的地营销策划

【学习目标】

- **知识目标**

1. 理解旅游目的地营销的内涵；
2. 了解旅游目的地营销的主体及政府组织在旅游目的地营销中的职能；
3. 了解旅游目的地营销的特点及过程；
4. 掌握旅游目的地的形象特征、具体构成要素以及 CI 战略；
5. 掌握旅游目的地的营销传播渠道及主要营销策略。

- **技能目标**

1. 旅游目的地形象策划的技能；
2. 旅游目的地整合营销传播策划的技能；
3. 旅游目的地营销活动策划的技能。

【任务布置】

1. 旅游目的地整合营销传播策划；
2. 撰写旅游目的地营销策划方案。

【案例导入】

承德从 2017 年起每年举办一次旅发大会

本报承德电（记者陈宝云）11 月 16 日，记者从承德市旅游工作推进大会上了解到，为了更好地推进文化旅游产业发展，承德市明确了文化旅游产业作为“第一主导产业”的战略位置，并决定从2017年起，将在该市各县区轮流举办承德市旅游产业发展大会。

承德是习近平总书记亲自定位的“京津冀水源涵养功能区”，是国家和省协同发展规划确定的“京津冀西北部生态涵养功能区”。承德市委书记周仲明表示，发展文化旅游产业，就是要深入落实习近平总书记对承德的功能定位，以及国家和省对承德的规划定位。

作为一个旅游大市，目前，承德市有5A级景区1处，4A级景区10处，A级以上景区31处。作为国家首批历史文化名城，承德拥有2处世界文化遗产，22处国家级文物保护单位，64处省级文物保护单位，4253处文化遗存，皇家文化、长城文化、佛教文化、民俗文化等传承融合，交相辉映，并且很多具有“唯一性”和“不可复制性”。加上拥有冰雪、温泉、森林、草原、奇峰、峡谷、溶洞等特色自然景观，都为该市发展文化旅游产业提供了得天独厚的条件。

周仲明表示，尽管承德文化旅游产业取得了长足发展，但承德仍是“旅游资源大市”，而非“旅游产业强市”。“全省首届旅发大会，给我们带来极大震撼。用当地人的话讲‘一年跨越了十年’。这让我们既看到了承德的巨大差距，也看到了文化旅游产业的信心。”周仲明表示，承德市兴隆、滦平两县将在2018年承办省第三届旅发大会。为此，承德市将举全市之力，合力攻坚，坚持“一流标准”，办出一届高水平、高质量的旅发大会，从而推动该市构筑“大旅游”发展的格局。

同时，承德市决定2017年举办首届承德市旅发大会。首届大会指定由兴隆和滦平县举办，从第二届开始，由各县区申办，一年举办一届，一届两个县区，每个县区奖补2000万元，同时在基础设施建设、重大项目摆布上给予重点倾斜。

资料来源：燕赵都市报，2016－11－17.

问题：

（1）旅游目的地营销的主体和企业产品营销的主体有何不同？

（2）谈谈承德市旅发大会将会给承德市旅游业发展产生怎样的影响。

相关理论知识

一、旅游目的地营销概述

（一）旅游目的地营销的含义

旅游目的地是指能够激发旅游者产生旅游动机，并能实现旅游动机追求的由旅游吸引物与旅游接待设施组成的各类地域空间要素的综合，是旅游者停留、活动的复合型地域空间。主要表现为区位条件、旅游资源、旅游服务设施、旅游目的地管理、旅游目的地形象、旅游目的地可持续发展、价格等方面。安全、友好、高质、特色，构成了一个旅游目的地的主体形象。

1. 旅游目的地营销

旅游目的地营销是指由某地政府旅游组织将本地作为旅游目的地而负责的营销活动。

延伸阅读（5-1）
“中国这十年·青海”
主题新闻发布会：
打造国际生态旅游目的地

政府旅游组织一般包括国家旅游组织和地方旅游组织。世界旅游组织将国家旅游组织定义为国家政府所承认的负责管理全国旅游事务的组织。一般情况下，一个国家的最高旅游行政管理机构通常代表这个国家的旅游组织。地方旅游组织与地方政府的关系同国家旅游组织与国家政府之间的关系相似，所不同的是，地方旅游组织负责地方旅游事务，其职能与某一地区的旅游发展相联系。另外，地方旅游组织要受国家旅游组织的领导，对国家旅游组织负责。据世界旅游组织预测，到2020年，中国将成为世界第一旅游目的地国，旅游目的地营销的作用将日益凸显。

我国的政府旅游组织基本上可划分为三大类，即旅游行政组织、旅游行业组织和旅游教育与学术组织。我国的旅游行政组织主要包括：文化和旅游部，省、自治区、直辖市的文旅部门，省级以下的地方旅游行政机构；旅游行业组织泛指旅游业中的各种行业协会。目前全国性的旅游行业组织主要有：中国旅游协会、中国旅游饭店协会、中国旅游车船协会和中国国内旅游协会；旅游教育与学术组织为数较少，主要有高等旅游院校协会和中国旅游未来协会。

为了正确理解旅游目的地营销的概念，须明确以下几点：

（1）旅游目的地营销的参与者不是某个旅游企业，而是地区内所有相关的机构和人员；

（2）营销对象不是某个旅游产品和服务，而是地区内所有的旅游产品和服务；

（3）获益者不是某个旅游企业，而是整个地区。

2. 旅游目的地营销参与者

旅游目的地营销的参与者是地区内所有相关的机构和人员，包括政府、企业、居民、各种正式及非正式的社会机构，一般可以分为两类：

一是来自公共层面的政府管理者，营销对象是地区内所有的旅游产品和服务，营销获益者是整个旅游地区；

二是来自私人层面的，如房地产商、金融机构、接待业、旅行社、出租车行业、其他相关行业及当地居民。

可以看出，与单纯的商业或贸易产品的市场营销不同，旅游目的地营销的成功需要得到公众和私人机构、有兴趣的群体及当地居民的积极支持，需要各行动者的参与和相互合作，特别是政府部门与企业、居民间的合作。

【同步思考5-1】

你认为旅游目的地营销和旅游景区营销在营销主体上有何异同？二者有着怎样的关系？

3. 旅游目的地政府组织的营销职能

大部分政府旅游组织都不是旅游产品的生产者和经营者，它们通常不直接向旅游者销售产品，不直接对所提供的服务质量负责。过去政府旅游组织的营销作用主要局限在促销的狭窄层面上，即主要应用广告、公共关系和印刷品等手段创造良好的目的地形象，并提供相关信息，加强与潜在消费者的沟通，最终使潜在消费者向现实消费者转化。政府旅游组织的这些促销工作为旅游经营者进行具体产品营销创造了前提条件。

然而，从近些年的经验来看，传统营销（单纯地进行形象塑造和宣传）的效果越来越不理想，在发达的旅游目的地，如英国、美国和西班牙更是如此。于是，政府旅游组织的目标越来越多地集中到营销支持上：它们代表国家或地方政府工作，直接或间接协助执行国家制定旅游政策，并负责使本国或本地区的旅游业朝优化的方向发展；它们往往在政府其他部门与旅游部门之间、在旅游组织与旅游企业之间架起桥梁。基于这种架构，政府组织的营销职能主要表现在以下几个方面。

（1）负责制定国家或地区旅游发展总体规划。这是政府组织最重要的营销职能之一。国家或地区旅游发展总体规划工作是具有整体性和长期性的战略性工作，单个旅游企业难以完成，而政府旅游组织所特有的地位赋予了它履行此项职能的绝对条件优势，确定并参与发展旅游地区的开发工作。

【同步案例5-1】

承德将着力做“优”五大旅游板块

承德将着力打造旅游大品牌。做“优”旅游板块，打造“避暑山庄及周围寺庙、金山岭长城、围场—丰宁森林草原、隆化温泉、兴隆—宽城塞外山水旅游区”五大精品板块；做“精”旅游度假区，加快承德县唐家湾丹霞地貌、宽城蟠龙湖等十大度假区建设；做“特”节庆品牌，办好中国承德国际旅游文化节，策划组织丰宁“马背嘉年华”等节庆活动。

着眼资源整合，承德市将成立旅游发展委员会，组建旅游发展集团，加快推进木兰围场现代服务业合作区建设。同时，将着力引进大型旅游集团，引进战略投资企业，引进先进经营理念，做到管住规划、放活市场，不断增强旅游业发展软实力。大力发展乡村游，创新发展文化游，培育发展健康游，积极开展研学游，并因地制宜地发展旅游相关产业。突出规划对接、线路对接、营销对接，抓住协同发展机遇，实现旅游大发展。

承德还将进一步优化城市环境，牢固树立“生态、宜居、宜游、宜业”的城市理念，明确功能定位，优化空间布局，建设山水园林城市。同时，完善配套设施，加强以交通为重点的旅游基础设施建设。强化业内管理，打造良好的旅游软硬件接待环境，严厉打击宰客行为。

资料来源：张义杰．河北日报，2015－06－17.

问题：结合案例说明政府旅游组织对目的地旅游业发展的重要作用。

（2）根据旅游发展问题的调查研究结果分析和预测未来的市场需求。国家旅游组织通过收集、提供和统计数据，发布关于市场趋势的简要报告，并通过帮助调研查询的方式，定期向旅游行业提供研究信息，为旅游企业的营销规划提供有价值的支持。例如，由原国家旅游局政策法规司、国家统计局农村社会经济调查司每年编写的《旅游抽样调查资料》、原国家旅游局编纂的《中国旅游年鉴》等，为旅游企业提供了数量丰富、内容全面的资料。

（3）确定特定市场和细分市场的促销重点。区域旅游组织通过旅游市场的调研与预测，更加具体地了解了旅游市场的特征和演变规律，从而更好地把握市场机会对旅游目的地的实际价值，以便从中找出具体营销对象。在对旅游市场进行细分以后，旅游目的地需要根据自身资源优势和经营特点，从不同的细分市场中选择适合自己的对象，最终选定的细分市场就成为旅游目的地的目标市场。

（4）就旅游业的发展问题同政府有关部门协调。旅游发展要靠一种社会环境来支撑，这种社会环境的创造要靠政府旅游组织出面，与决策层各部门协商合作，使它们认识到旅游对当地各方面发展的作用，进而制定出有利于旅游业发展的规划及政策。

（5）协调旅游产品的各组成要素。旅游产品是由交通、住宿、景点等各单项产品组成的综合性产品，这些单项产品往往是由独立的旅游企业提供的。由于经济利益的驱动，各旅游企业常常为了眼前利益而忽略了自己在旅游总体发展中应承担的责任。这种状况的改变就要求政府旅游组织协调各经济主体之间的责任和义务，以保证本国或本地区旅游业的整体协调和持续发展。

（6）规定和控制旅游服务的质量标准和基本价格。我国按照国际惯例对酒店进行的星级评定以及对旅游景点的星级评定工作，都是我国旅游组织对旅游产品服务质量标准的控制，同时，对交通、旅行社尤其是包价旅游的质量规范在相应的旅游政策法规中已有明确规定。这不仅为旅游企业的经营提供了一定的依据，同时也为旅游消费者保护自己的消费权益提供了法律依据。

（7）对符合发展政策的新产品或增长型产品提供支持。按照本国或本地区旅游规划所确立的发展思路，政府旅游组织可以选择符合标准的新产品或增长型产品进行前瞻性营销支持。这种支持可以帮助新产品在开发后2～3年内在市场崭露头角并站稳脚跟。

（8）开展多种活动帮助中小旅游企业。一般情况下，中小旅游企业往往无力承担在全国和国际上进行营销的高额费用。通过开展合作营销活动，尤其是帮助众多中小旅游企业参与国际性或全国性的营销活动和采取所谓的“助燃自启”的支持方式，是政府旅游组织实现长期政策目标的行之有效的方法。

由此可见，政府旅游组织的营销职能主要体现在两个层面：设计、开发旅游产品或旅游目的地产品和向恰当的市场促销。

4. 以政府为主导发展全域旅游

（1）全域旅游的概念。“全域旅游”是指在一定行政区域内，以旅游业为优势主导产业，实现区域资源有机整合、产业深度融合发展和社会共同参与，通过旅游业带动乃至于统领经济社会全面发展的一种新的区域旅游发展理念和模式。

（2）全域旅游的区域发展指引——五大战略路径。一是产业围绕旅游转，推动旅游业与其他产业共生共荣，旅游关联产业在布局中需充分考虑旅游业发展的需要；二是产品围绕旅游造，围绕市场需求，着力构建主打旅游产品，实现产品围绕旅游造，打造产品的全域化发展；三是结构围绕旅游调，加大旅游人才培育力度，鼓励招商引资，旅游业引领第三产业比重加速提升，实现产业结构优化；四是功能围绕旅游配，区域功能布局、基础设施建设紧密围绕旅游业发展合理配置；五是民生围绕旅游兴，切实增强区域旅游产业实力，使旅游业成为改善民生的主力。

全域旅游区别于景点旅游，是将一个城市作为旅游景区来规划建设，通过对城市旅游资源、相关产业、生态环境、公共服务、文明素质等资源进行优化，对旅游质量及生活品质进行提升。全域旅游要求各行业积极融入其中，各部门齐抓共管，全城居民共同参与，充分利用目的地全部的吸引物要素，为前来旅游的游客提供全过程、全时空的体验产品，从而全面地满足游客的全方位体验需求。

“全域旅游”所追求的不再停留在旅游人数的增长上，而是旅游质量的提升，追求的是旅游对人们生活品质提升的意义，追求的是旅游在人们新财富革命中的价值。与之相应地，全域旅游目的地就是一个旅游相关要素配置完备、能够全面满足游客体验需求的综合性旅游目的地、开放式旅游目的地，是一个能够全面动员（资源）、立足全面创新（产品）、可以全面满足（需求）的旅游目的地。从实践的角度，以城市（镇）为全域旅游目的地的空间尺度最为适宜。

【同步案例 5－2】

满洲里：融入“一带一路”打造全域旅游新概念

国家5A级旅游景区创建取得实质性突破，套娃广场二期、扎赉诺尔猛犸公园等一批特色主题景区建成运营，木屋博览园、了凡水世界等一批项目开工建设，新增了一批星级酒店、快捷酒店、家庭旅馆和特色文化餐饮……随着“一带一路”倡议的实施推进，满洲里加强旅游业转型升级，着力推动产业融合发展，构建“全域旅游”大格局，实现了当地旅游由“走马观花、下马看花”到“养马种花”的转变，旅游产业核心竞争力不断提升。

1. 从景点景区到全城皆景

“俄罗斯大马戏表演、卢布里西餐厅的烤牛排、敖尔金牧场的赛马、旺泉市场的鲜牛奶……”在游客苏珊的游记里，关于满洲里的记忆绝不仅仅是那些人头攒动的景区景点，除去国门、套娃、呼伦湖这些耳熟能详的名字，苏珊还爱上了这里的风土人情。在她的口中，“满洲里就像一个大景区，城市里的每一处都好似迷人的小风景，让人回味无穷”。

满洲里的旅游产业发展有着优越的资源优势，夏季7月、8月、9月平均气温23℃，气候条件宜人，属于黄金旅游时段，前来观光的游客可尽享独特的草原自然风光。冬季气温较低，平均气温在零下18℃左右，气候严寒，对于挑战严寒、冰雪项目爱好者，冬季的满洲里可谓一个天然的娱乐胜地。近年来，满洲里市委、市政府在“全域旅游”中把全市当作一个大景区来高水平规划、高标准设计、高品质建设。不断加大旅游资源开发，依托口岸国门、呼伦湖景区独特的人文资源、自然景观，在深入挖掘旅游文化资源、丰富旅游文化内涵等方面做了诸多有益尝试，提出了以草原文化为载体的独特旅游文化，涉及景点十多个。目前已经形成以国门景区、套娃广场为代表的异域景观，以呼伦湖为代表的自然人文景观，以东湖区二子湖景区为代表的生态景观组成的满洲里市丰富的旅游资源。“十二五”期间，满洲里市还积极推动旅游项目的发展，打造具有强势品牌竞争力的景区景点。其中，满洲里市将国门景区、套娃广场景区、查干湖景区及互贸区的旅游资源整合为满洲里市中俄边境旅游区，整体包装申报国家5A级景区。

今年，满洲里以中俄边境旅游区5A级创建工作为统领，跟踪指导彰显各区风格特点的重点旅游项目，通过开展旅游项目宣传推介、争取上级政策资金等方式，支持重点旅游项目建设。此外，满洲里今年大力推进中俄满洲里—后贝加尔斯克跨境旅游合作区建设，争取纳入中俄两国高层会晤机制。今年7月，以中俄满洲里—后贝加尔斯克互市贸易旅游区为载体，加快推动俄方一侧园区建设，拓展中方一侧服务功能，增加旅游要素，形成了中俄边民互市贸易、旅游免税购物、餐饮住宿服务、文化娱乐表演等为一体的中俄跨境旅游合作区。

“看草原必去呼伦贝尔，到呼伦贝尔必去满洲里。”今天的满洲里已成为草原旅游线路上不可或缺的一个重要节点。

2. 从节庆活动到品牌营销

旅游业的发展，离不开龙头的牵引。在满洲里，每年一度的中俄蒙国际冰雪节、选美大赛，这些无疑成为最主要的龙头，他们充分融入“一带一路”构想，重点突出中、俄、蒙三国艺术风格，“节赛搭台、产业唱戏”，大力推进“草原丝绸之路经济带”建设，促进中俄蒙毗邻地区友好交流合作，提升满洲里旅游文化产业发展活力，其带动、辐射作用，在当地旅游经济中得到了充分体现。

“干出租车这一行最挣钱的就是冰雪节和选美大赛那些日子，游客那个多啊，有的是来看冰雪的，有的是来看国际美女的。”出租车王师傅说，每到游客多的时候，一天赚三四百元很轻松。王师傅还经常拉着游客四处找宾馆和饭店，因为哪哪都爆满。

围绕全域旅游，满洲里利用冰雪节和选美大赛的品牌效应及其对周边业态的聚集效应，科学、合理布局旅游业态，高标准地满足游客对“食、住、行、游、购、娱”六要素的需求。

这两年，在冰雪节和选美大赛的带动下，满洲里想方设法拉动文化旅游融合发展，除了政企组团在国内外举办各种旅游推介会外，全国艺术体操比赛、中俄蒙国际旅游节、国际呼麦大赛、俄罗斯大马戏团表演、“情动满洲里”大型音舞杂技秀等节庆会展和旅游文化活动，催生了新的旅游消费热点，延长了游客在满洲里游玩的时间，使其成为文化与旅游融合发展的积极参与者。一系列措施下来，普通游客进来了，当地的普通百姓也进来了，各种商务活动纷至沓来。

3. 从假日火爆到全年恒温

“虽不是草长莺飞的季节，但满洲里可看的东西仍然很多。我们去牧户家里做客，感受蒙古族的文化，还出境去了俄罗斯伊尔库茨克，体验俄罗斯风情，感触很深。”正在满洲里火车站等车的深圳游客莫先生，特意错过暑期，赶在国庆节前夕来满洲里游玩。

虽然，距离旅游旺季结束已有大半个月之久，但满洲里国门、套娃广场等景区旅游生意依然很火爆。近年来，满洲里加速推动旅游模式由观光游为主向休闲度假游为主导的转型升级，积极推动由“旅游名市”向“旅游强市”的跨越升级。

满洲里中国国际旅行社是满洲里市一家以出境游业务为主的旅游企业。近年来，跨境旅游逐渐成为这家旅行社的主打旅游产品。该旅行社总经理赵向国介绍说，旅行社加大了满洲里出境一日游的开发力度，结合大量草原地接团队的优势，重点把草原游和出境一日游的行程有效地结合起来，收到了出境人数成倍增长的良好效果。除此之外还进一步拓展了中俄蒙自驾游市场，把茶叶之路的相关历史和遗迹融入行程当中，2013 年以来每年自驾游团队都有 30% 左右的增长。

“十二五”期间，按照“互联互通，旅游先通”这一总体思路，满洲里市不断巩固和加强中俄蒙跨境旅游交流合作，组织承办的中俄蒙“茶叶之路”和平之旅、青少年夏令营和环线自驾游等系列活动，不仅成为自治区对俄蒙旅游交流的重要品牌，也为满洲里市拓展跨境旅游产品，打造精品旅游品牌提供了强大动力。

为了促进旅游产业更好、更快地发展，满洲里市委、市政府出台了“一揽子”政策来扶持和支持旅游企业。边境旅游“异地办照”、ATA 单证册和机场落地签等旅游优惠政策，相继在满洲里市实施，这对拉动满洲里市口岸旅游产业增添了助力。“十二五”期间，满洲里市旅游总人数 3017.7 万人次，旅游总收入 208.6 亿元，旅游创汇累计达到 13.47 亿美元。旅行社从原有的 14 家增至 51 家。具有中俄边境旅游经营资质的旅行社

14家，国内旅行社37家。星级饭店从13家增至16家。A级景区从5个增至6个。旅游交通方面，满洲里市共开通国际国内航线28条，可直达国内24个城市。国际航线辐射俄、蒙、韩3个国家8个城市，国际航班进出港人次居自治区之首。

“十三五”时期，满洲里市将统筹协调草原生态、民族风情、红色经典及中俄蒙文化等旅游资源，创新文化旅游产业产品，重点推进中俄蒙文化产业园区、俄式建筑群保护开发等工程，并以承办冬季旅游赛事为抓手，大力推动旅游产品向观光与休闲、度假并重转变。同时，满洲里市还将积极打造核心旅游品牌，努力把满洲里市建成我国北疆著名的边境国际旅游目的地和东北亚跨境旅游中转枢纽，让游客任意时候来满洲里都能玩。

4. 把满洲里的文明形象带出国门

为进一步提升出境游客素质，营造良好、文明、和谐的出境游环境，树立游客“为中国加分，做文明游客”文明旅游意识。自今年6月份满洲里市进入旅游旺季以来，满洲里市旅游局组织全市国际旅行社开展了“为中国加分·为满洲里添彩”文明旅游走出国门活动。

该活动是满洲里市“为中国加分·为满洲里添彩”文明旅游系列活动的一个重要内容，主要针对旅游旺季出境旅游市场火爆开展的文明旅游宣传活动，旨在引导广大游客强化文明出游意识，传递文明出境旅游正能量。此次活动以出境旅游团队为重点，在出行说明会上，每位领队认真向游客宣传观光文明、言行文明、食宿文明、娱乐文明等旅游具体内容，讲解俄罗斯当地风俗和禁忌，提醒游客注意出行文明。同时向游客发放《中国公民国内旅游文明行为公约》《中国公民出境旅游文明行为指南》《“为中国加分·为满洲里添彩”文明旅游出行提示》《为中国加分·文明旅游伴我行》《中国公民文明旅游出行提示》等宣传折页。旅游行程中在公路口岸出入境大厅、俄罗斯餐厅、旅游景点等公共场所对游客大声喧哗、吸烟、强行拉俄罗斯居民拍照、乱扔垃圾等不文明行为进行劝导，引导广大游客遵守秩序、爱护环境、文明旅游，做文明游客，为中国加分。

随着边境旅游的发展，满洲里市将继续采取有效措施引导和强化出境旅游文明意识，提升文明素质，以良好的形象走出国门，为中国加分，为满洲里添彩。

资料来源：吴彦鑫. 正北方网－内蒙古日报，2016－09－30.

问题：

（1）如何理解全域旅游？

（2）你认为满洲里在全域旅游方面还应该做好哪些工作？

（二）旅游目的地营销的特点与过程

1. 旅游目的地营销的特点

旅游目的地营销有别于单独的企业或部门的营销活动，它是以区域性的旅游组织（或政府旅游主管部门）为主体，在区域层面上进行的一种新的营销方式。

旅游目的地营销采用的一般理论和方法与旅游企业营销是一致的。旅游目的地在营销活动中与旅游企业有很多业务交叉，因此，不能简单地把两者对立或割裂开来。但是旅游目的地营销和旅游企业营销之间的差异足以影响彼此的营销目的、手段和进行方式。这些差异主要表现在以下五个方面，如表 5－1 所示。

表 5－1 旅游目的地营销与旅游企业营销的差异

项目	旅游目的地	旅游企业
营销主体	政府或区域旅游组织	旅游企业
营销目的	提升区域旅游吸引力和竞争力	提升盈利能力（或利润最大化）
营销对象	区域旅游形象	旅游产品
营销手段	旅游活动和信息服务	4P（产品、价格、分销、促销）
营销流程	由确定营销目标入手	从旅游市场分析入手

与旅游企业营销相比，旅游目的地营销具有以下特点：

（1）整体性。政府旅游组织在对外促销时，将本国或本地区旅游业作为一个整体推出，为境外旅游消费者或客源地旅游消费者提供一种从他离开居住地旅游到结束、再返回居住地过程中所有不同时间范围和空间跨度中的“经历”，让本国或本地区旅游业作为这种“经历”的生产者出现，并完整、全面地说明这种旅游产品的特质，树立独特、鲜明的旅游目的地形象。旅游目的地营销的整体性还体现在政府旅游组织在制定全国或地区旅游发展战略、确定支持方向和支持程度时是将它们作为一个整体进行规划，并权衡不同区域、不同部门之间的利益及发展潜力，做出支持决策。

（2）政策性。政府旅游组织在进行营销支持和促销的过程中，可以通过制定相应的政策达到营销的目的，这与某一企业经营部门就某一产品的直接营销有本质的区别。通常，这种政策包括产品早期开发时所需的政策支持、必要公共基础建设所需的财政支持、为旅游者提供签证方便、保护旅游消费者权益、提升旅游产品和旅游环境质量等。

（3）长期性。直接生产和经营旅游产品的旅游企业的营销行为相对来说是一种微观、短期的行为，是针对某一条旅游线路或某一项旅游产品而进行的。而旅游目的地营销则是一种着眼于未来的长期行为。就整个国家的旅游产品开发而言，往往要分未来几年、几十年等几个层次进行规划。就对外促销而言，某一种目的地形象一旦形成，这种形象对客源市场的影响以及在顾客心目中的地位就会保持相当长时间。因此，政府旅游组织的营销投资对本国或本地区旅游业来说是一种长期的投资行为，且具有时间上的延展性。

（4）营销费用受政府预算限制。政府旅游组织与作为独立经济实体的旅游企业不同，它们本身没有利润收入，其营销费用依赖政府拨款，而这种拨款与政府旅游组织营销所需费用相比，往往是非常有限的。最近几年，许多政府旅游组织开展联合促销活动，利用旅游企业的资金支持来进行必要的广告和大众宣传活动，以克服经费紧张的困难；而旅游企业也可以利用政府强大的政治、经济影响来扩大宣传力度，增强宣传效果。

2. 旅游目的地营销的过程

（1）外部营销环境分析。旅游目的地营销过程同样也始于对外部环境的分析和研究。它需要进行大规模的营销调研，尤其是国际市场调研，需要大量的人力、物力支持，对于旅游企业来说，除了少数大型企业如航空公司、国际饭店集团等具备这种能力以外，大多数中小旅游企业无力承担，而政府旅游组织在收集有关市场分析和趋势的数据方面却能发挥独特的作用，而这些数据正可以为整个旅游业服务。

（2）制定旅游政策。政府旅游组织大多数都是由国家出资建立的，因此国家往往要求其营销目标与国家的经济发展目标相一致，并在相关的国家经济发展政策中得到体现，但这种要求一般并不具体，只是一个概括性的描述，例如，争取增加旅游外汇收入，处理好旅游需求在季节和地区之间的平衡，处理好资源保护和利用的关系，保护旅游消费者利益等。政府旅游组织在制定旅游政策时，必须按上述要求进行。旅游政策一般有以下几个方面的内容：①通过控制价格来影响需求；②通过制定入境手续办理规则控制客流量；③通过立法和制定法规对旅游企业的市场行为进行管制和规范；④通过投资鼓励政策鼓励发展旅游业，协调旅游业发展的地区布局和消除旅游业发展中的“瓶颈”问题等。

（3）营销规划。由于政府旅游组织的营销预算一般都非常有限，如何选择营销的重点，制定产品组合和市场细分的战略和战略目标，从而使营销预算得到合理有效的分配，是至关重要的。在实践中，政府旅游组织的营销规划具有两个不同的功能：第一个功能与在主要客源市场的促销活动计划有关；第二个功能与其为整个旅游业提供指导、扶持和营销支持有关。

（4）确定营销目的和目标。政府旅游组织营销规划最重要的产物是确定产品组合和市场细分的战略，使之符合市场趋势和自身的资源基础，并选定具体的、已加以粗略地量化的目标以便分配营销经费。规划制定后，就应该对具体产品的市场进一步细分，并通过研究市场信息估算不同产品、不同市场的可能的游客数量和可能的旅游收入，以此作为开展营销的目的和目标。

（5）预算决策。预算通常是指上述营销步骤中估算出的政府旅游组织营销组合中每个主要的产品市场组合所需的费用，它代表了为实现该组合期望产生的目标销售量和销售收入而必须“先期”或提前花费的资金。预算决策的过程通常包括：第一，确定为实现国家或地区总体旅游营销目标而需用于营销活动的资金总量；第二，预算总额在行动方案的构成要素间进行分配。

【知识链接 5－1】

表 5－2　政府、旅游企业整合营销的方式和作用

		政府和旅游企业整合营销的主要方式	政府活动的作用	旅游企业的响应
政府的职能	促销者	参与联合促销计划或行动	通过公共资金（财政）预算直接对城市旅游地形象进行策划、包装	旅游业进行准确的形象定位，确立六要素合理配置、档次和谐的旅游地形象
		组织言谈会和展销会	选择主题、提供食宿和旅行补助	借助政府的形象宣传活动，与市场对接
		争取重大会议、赛事、展览的举办权	开发旅游基础设施	借助基础设施的建设调整、开发、组合新产品
		组织业务旅行	完善旅游企业对顾客提供的咨询和信息	可以争取到更好的展示空间，借机向分销渠道和媒体传达重要信息
	激励者	提供研究数据	刺激相关信息流动，对旅游企业的营销战略施加影响	联合研究调查，利用定期报告为营销规划提供有价值的支持
		旅游行业指南、支持宣传片制作和发放	为旅游商提供参考，优先提供行业信息	以低成本进入旅游市场，与分销系统更方便建立联系
		在客源市场建立办事处	充当目的地各类旅游产品的分销点	根据旅游办事处的营销情报信息，促销相应的产品
		信息和预订系统	为旅游业的一些部门提供支持	旅游产品的分销商和代理商可迅速与其他旅游企业获得联系
	介入者	支持新产品	运用营销规划所确立的标准，有选择地给予前瞻性的支持	利用“助燃启动”的支持方式，制订新产品开发后 2～3 年的营销计划
		支持和保护消费者	对旅游经营者进行管制，尽量规避旅游业的负外部性	制订长远的营销工作战略规划

二、旅游目的地形象策划

延伸阅读（5－2）
承德市形象标识推广工程启动

旅游目的地形象是公众对旅游地总体的、抽象的、概括的认识和评价，是对区域内在和外在精神价值进行提升的无形价值，是旅游目的地现实的一种理性再现，是旅游者、社会公众对某一旅游目

的地的总体印象和综合评价。我们必须认识到，旅游目的地形象是影响目标市场购买决策的主要因素，旅游消费者首先认可旅游目的地是一个宜人的所在，才会到该目的地旅行。一个声誉、形象欠佳的旅游目的地，必定会陷入营销的困境。

（一）旅游目的地形象的特征

1. 综合性

旅游目的地形象是由多种要素构成的，由于观察的角度不同，公众对同一旅游目的地市场形象的心理感受是多方面的。就旅游目的地而言，旅游者一般从评价旅游产品和区域特色的角度来认识该地区的旅游形象，而社区居民往往从旅游业的社会贡献、管理水平等方面来认识区域旅游形象。可见旅游目的地形象具有明显的综合性，这种特征会直接影响旅游者的购买决策，同时也影响到区域旅游业的发展。

2. 标志性

旅游目的地形象是旅游目的地的象征，它往往能集中反映一个地区或企业特色。旅游者自身所感受到的，总是能自觉地记住。而且，只要一提到某个旅游目的地，旅游者就会想起其标志性的景观或产品。从这个意义上说，旅游目的地形象即为目的地的标志，其主要表现之一是旅游品牌已成为企业塑造市场形象的重要手段。

3. 稳定性

旅游目的地形象一旦形成，便会在旅游者心目中留下深刻印象，并具有相对的稳定性。鲜明的旅游目的地形象有助于旅游目的地形成良好的市场口碑，并充分发挥“水波纹”效应，对更多的旅游者产生吸引力。

4. 可塑性

旅游目的地形象并不是一成不变的，只不过形象的改变是一个渐进的过程。人们对旅游目的地的认识往往是通过各种信息的传递而形成的，这种信息传递作用既有稳定性，又具有无形性和易变性。对于旅游目的地而言，随着时间的推移，目的地在游客心目中的形象期望值会有所下降，从而导致旅游者的购买兴趣下降，最终改变地区旅游业在他们心目中的地位。因而，就需要不断丰富旅游形象的内涵，重塑目的地的旅游形象。

（二）旅游目的地形象的具体构成

1. 主题旅游形象

地区主题旅游形象是某一地区内外公众对该地区旅游业的总体认识和评价，是旅游地区的历史、现实及未来的一种理性再现。

2. 品牌支撑形象

从某种程度上来说，品牌支撑形象是主题旅游形象的具体化。对于一个拥有众多优势旅游资源的地区，旅游市场形象策划的主要任务就是把这些优势资源加以提炼，形成有较强吸引力和竞争力的品牌产品，并运用适当的形象传播方式将其传达给旅游者和社会公众，以迅速提高旅游目的地的知名度。

3. 市场指引形象

市场指引形象是一个地区面向不同的客源市场推出的旅游分体形象，因而它比地区旅游形象更具针对性。市场指引形象的确定建立在旅游者利益细分的基础上，塑造市场指引形象的关键是识别和突出特定目标顾客的利益点。

4. 产业贡献形象

产业贡献形象是指旅游产业对地区社会经济发展的推动作用，因此，产业贡献形象识别的主体，或者说产业贡献形象推广的目标受众主要是社区居民和政府。良好的旅游产业贡献形象将赢得政府对旅游业的更大投入。

5. 创意策划形象

创意策划形象即地区旅游形象的具体设计，主要包括旅游标志、旅游口号、旅游吉祥物和旅游形象大使等。与地区旅游的其他分体形象相比，创意策划形象具有相对的有形性和可操作性。设计新颖的旅游标志、简洁明了的旅游宣传口号以及形象鲜明的吉祥物或旅游形象大使往往能引起受众的极大共鸣，尤其是给旅游者造成强烈的视觉冲击。

【同步案例 5－3】

“好客山东十大文化旅游目的地”品牌标识敲定六个

山东省推进好客山东十大文化旅游目的地品牌编制工作取得最新进展，目前已敲定六个品牌标识及释义并对外发布，包括仙境海岸、鲁风运河、亲情沂蒙、水浒故里、泉城济南、平安泰山。除了上述六个文化旅游目的地品牌标识进行先期发布外，其余四个品牌包括东方圣地、黄河入海、齐国故都、鸢都龙城面向社会公众的标识征集即将启动。

仙境海岸：标识以书法字体为设计元素，具有浓郁的东方文化气息；丰富色彩的鲜活性，流露出天高云淡的仙家气质，翻涌的海浪似弥漫的云雾，烘托出闲云野鹤般的脱俗意境，犹如伸展好客的臂膀，欢迎五湖四海的游客；中英文字体与图形符号组合，将“仙境海岸”的品质内涵予以形象化的表达，营造出从容、独特的审美意境，使人印象深刻。

鲁风运河：昔年圣人遗纶羽，今成载道润万民。LOGO 的整体形象含义是上古先贤遗留下的羽扇纶巾（此处寓意圣人留下的思想）在今日成了一条载道（此处为双关语，一意为承载客货的运河，二指其为承载了文化的载体起到传道授业解惑的作用），滋润万民，体现鲁风运河不仅是在民生上润泽万民的运河更是一条蕴含着深厚文化的运河。运河颜色由西至东由深蓝渐变为浅绿，与中华西高东低的地形相反，暗合“门前流水尚能西”的万古名句。右上方的建筑形象以运河两边的真实房屋为基础，运用大地的颜色，增添LOGO整体的沉稳感和古朴感，通过“地势坤，君子以厚德载物”的方式表达运河中包含的诚信、仁义与包容的思想。

亲情沂蒙：标识整体以“沂”字为主形象，运用中国书法手法流畅、遒劲，传承王羲之书法作风，体现沂蒙地区浓厚文化底蕴；同时颇有水墨画韵味，描绘出一幅自然秀丽的生态画卷；分解看来，右部以沂蒙山、沂水为缩影，色彩青色、绿色代表“青山绿水”；左部色彩采用红色，形态为红嫂缩影，代表革命圣地，歌颂沂蒙精神；“一山一人一水”的标识表达“亲情沂蒙”的品牌性格。

水浒故里：水浒中的替天行道是一种信仰、一种图腾，豪爽好客的态度、忠勇侠义的精神也是山东最为国人所熟知的特色，这种顶天立地铮铮铁骨的形象，让我们无可厚非地选择了竖版的方式，向游客传达水浒中屹立不倒的精神和中国传承千年的侠义文化。标识造型的本身含义就是水浒忠义堂前赫赫有名的“替天行道”大旗，为了将水浒英雄好汉的这种炙热感情传达给游客，LOGO中的主体采用的深红色，既表现了炙热的情感，也避免了浅色所造成的轻浮。在水浒故里字的上方是代表信仰与图腾的旗帜，下方是承载这种感情的水泊。

泉城济南：济南旅游形象标识主体，由“泉”的古篆体演变而来。山、泉、湖、荷、柳有机融合，造就了济南典型的山水格局，同时也成为济南旅游形象标识的构成元素，山的俊雅热情，泉的清澈灵动，湖的明净包容，荷的纯洁高雅，柳的温柔婉约，无一不彰显泉城济南的旅游特色，塑造出山水相融、特色鲜明、底蕴深厚的魅力泉城旅游形象，从表现手法到色彩定位，从立意元素到涵盖意义，济南旅游形象标识犹如一幅优美的中国水墨丹青画，引领游客进入丰富多彩的旅游世界，在青山秀水、烟柳画桥中体会济南沉稳、儒雅与婉约的情怀，感受旅游带来的轻松、休闲、愉悦与心灵的静谧。

平安泰山：泰安市旅游标志设计突出泰山文化内涵，以大汶口文化标志“日、火、山”三元素为主题，以“红、黄、蓝”三原色为主调，利用中国书法的艺术形式，对传统文化进行了再创造，以极富动感的笔触，展现了泰安旅游的活力形象，形成了强烈的视觉冲击。

问题：

（1）谈谈山东旅游标示设计考虑到了旅游目的地的哪些因素。

（2）你所在地区的旅游标示和旅游宣传口号是什么？他们能否概括旅游目的地形象，发挥良好的营销作用？

（三）旅游目的地CIS战略

CIS，又称CI，即企业形象识别系统的简称，营销的重要手段之一，经历30余年的发展，已成为全球性的企业成功的制胜法宝，并逐渐成为一种成熟的、流行的、系统化的企业形象设计方法和传播工具，且已发展为完整的CIS战略。

1. 旅游目的地理念识别（MI）

旅游目的地理念是旅游目的地在独立经营和长期发展过程中，继承了旅游目的地优良传统，在适应时代精神要求的前提下，在实践中形成的代表旅游目的地信念、激发旅游目的地活力、推进旅游目的地管理与服务的团体精神和行为规程。旅游目的地理念识别设计是旅游目的地的独特价值观的设计，它体现了旅游目的地价值观、经营目的、经营方针，是旅游目的地一切行为的准则和出发点。

旅游目的地理念识别（MI）是指一个旅游目的地由于具有独特的经营哲学、宗旨、目标、精神、道德、作风等，而区别于其他旅游目的地。理念识别的要素中，旅游目的地的群体价值观是核心要素。

旅游目的地理念的识别应注意两个方面：

第一，统一性，即旅游目的地在对待理念的态度与行为的表现上应表里一致，上下一致、内外一致。

第二，独立性，即旅游目的地理念要有区别于其他旅游目的地的理念的特性。

【同步案例 5－4】

“美丽中国之旅”

2013 年 2 月，国家旅游局面向全球正式推出“美丽中国之旅”中国旅游整体形象，并在海内外持续开展了近百项宣传推广活动。为努力把“美丽中国之旅”打造成中国旅游核心品牌，形成持续宣传效应，今后一段时间，国家旅游局将围绕“美丽中国之旅”，统筹设计中国旅游主题年。

经过对各省区市旅游局（委）、驻外旅游办事处进行多轮征求意见和研究论证，综合各方面建议，国家旅游局最终确定了 2014 年旅游宣传主题：

1. 国内市场

宣传主题：“美丽中国之旅——2014 智慧旅游年”。

宣传口号：“美丽中国，智慧旅游”“智慧旅游，让生活更精彩”“新科技，旅游新体验”。

2. 境外市场

宣传主题：美丽中国——2014 智慧旅游年。

宣传口号：畅游美丽中国。

国家旅游局要求各地旅游局结合旅游业发展方向，以智慧旅游为主题，引导智慧旅游城市、景区等旅游目的地建设，尤其要在智慧服务、智慧管理和智慧营销三方面加强旅游资源和产品的开发与整合，促进以信息化带动旅游业向现代服务业转变，努力提升旅行社、旅游景区（点）、旅游酒店等旅游企业的现代科技管理水平和服务水平，创新发展模式，推动我国旅游业又好又快发展。

国家旅游局要求各地借鉴历年中国旅游主题年的成功经验和做法，充分发挥旅游主题年在市场宣传推广中的牵头作用，在旅游宣传品制作、广告投入、参展促销等方面加大对新媒体、新技术的运用，努力扩大中国旅游品牌的海外宣传覆盖面和影响力；要通过网络、手机应用程序等工具，努力为海外游客在信息收集、机票酒店预订、行程安排、游记发布、后期评价等方面提供智慧化服务；要集中宣传一批智慧旅游线路，并注重引导旅游目的地和企业面向海外市场开发智慧旅游产品。(徐万佳)

资料来源：人民政协网，2013－11－14.

问题：

（1）国家旅游局面向全球正式推出“美丽中国之旅”中国旅游整体形象的意义。

（2）旅游目的地如何向海外市场开发智慧旅游产品?

2. 旅游目的地行为识别（BI）

旅游目的地行为识别就是由旅游目的地组织及组织成员在内部和对外的生产经营管理及非生产经营性活动中表现出来的员工素质、旅游目的地制度、行为规范等因素构成的旅游目的地形象子系统。

BI 是旅游目的地形象策划的动态识别形式，有别于旅游目的地名称、标志等静态识别形式。BI 是 MI 的具体体现。

旅游目的地 BI 的设计是对管理者行为、员工行为、对外公关、促销、广告宣传等的设计活动，它的基本内容包括旅游地对内、对外各种活动的行为的设计。内部行为设计包括员工招聘、培训、管理、考核、奖惩，各项管理制度、责任制度的制定和执行，旅游目的地风俗习惯等；对外行为设计包括采购、销售、广告、金融、公益等公共关系活动。

3. 旅游目的地视觉识别（VI）

旅游目的地视觉识别是指由旅游目的地的基本设计要素及应用设计要素等构成的旅游目的地形象子系统。

基本设计要素主要包括：旅游目的地标志、名称、标准字、标准色、景物造型和口号等。

应用设计要素主要包括：旅游产品系列、旅游办公用品、旅游宣传制品、旅游环境、广告类、指示系统类、旅游装备与交通系统类、服饰用品类、餐饮用品类、客房用品类等。其设计规范不仅要做到标准化、统一化和艺术化，还应该做到全面化和特色化。

【知识链接 5－2】

旅游目的地 VI 策划的要素内容

1. 旅游目的地名称

如利用黄山的高知名度，安徽的屯溪市改名为黄山市（地级市）。

2. 旅游目的地标徽

如中国旅游标志采用出土文物“马踏飞燕”（“马超龙雀”）的实物形式。

3. 旅游目的地标准字体

可利用标准字体传达独特的旅游形象，标准字体可设计，也可直接采用名人题字。基本原则是在不影响旅游者的文字理解功能的前提下，尽量使用本地域和本民族的文字，如去过云南丽江的游客，一定会记得东巴的象形文字。

4. 旅游目的地象征性吉祥物

国际著名企业和主题公园都有自己的吉祥物来传达独特的个性，世界性的体育赛事也都会设计吉祥物形象。如中国的大熊猫表达了中国的形象，唐老鸭和米老鼠则传达了美国迪士尼的形象。

5. 旅游目的地象征人物

将真实的人物（主要是名人）与旅游目的地联系，使其成为目的地的象征性和符号化的人物，可增强旅游目的地的形象感召力，使人们在认知接触名人时想起旅游目的地，如香港迪士尼乐园邀请歌星张学友为形象大使，参加多项由香港迪士尼乐园策划的大型宣传活动。

6. 旅游目的地户外广告

如美国赌城拉斯维加斯的形象更是通过建筑形式设计与户外广告的结合而表达出来的。

7. 旅游目的地纪念品

如外国人总是喜欢购买中国的丝绸服装和中国字画，而丝绸和国画也成为中国目的地形象的一部分。旅游纪念品的地方性越浓厚、越独特，形象传播力也就越大。

8. 旅游目的地交通工具

如四川峨眉山上的人力交通工具——滑竿几乎成为该风景区独特的形象符号。

9. 旅游目的地人的视觉形象

如深圳华侨城主题公园开展了“我是一个景点”的活动，将园内的员工，从演员、服务员乃至清洁工都进行形象设计，与物质景观实体共同反映旅游形象。

10. 旅游企业的视觉形象

如世界著名的国际饭店如果坐落于某一名不见经传的地方，将会极大地提升该地的旅游形象。

三、旅游目的地整合营销传播策划

延伸阅读（5-3）
目的地宣传
可以简单有效

（一）旅游目的地整合营销传播

整合营销传播理论的先驱者舒尔兹教授指出：“整合营销传播

是以消费者为核心重组企业行为和市场行为，综合协调使用各种沟通方式，以统一的目标和统一的形象，发送统一的产品信息和服务信息，实现与消费者的双向沟通；迅速树立产品品牌在客户心目中的良好形象，建立企业和消费者之间的长期密切关系，从而更好地实现企业的目标。"

旅游目的地整合营销传播是将所有与旅游目的地产品和服务有关的信息加以管理的过程，使顾客接触整合的资讯，产生购买行为，并维持消费的忠诚度。旅游目的地整合营销的核心思想是将目的地营销有关的传播活动一元化。其内涵是：以旅游目的地所对应的目标旅游者为核心，重组区域内企业行为和市场行为，综合协调地使用各种形式的传播方式，以同一目标和统一的传播形象，传递一致的目的地形象信息，实现与目标旅游者的双向沟通，迅速树立旅游目的地在旅游者心目中的形象地位，建立长期关系，更有效地达到增加旅游有效需求和促进目的地经济与社会协调发展的目的。

【同步案例 5－5】

打响黄河文旅品牌——河南省发布沿黄十大文旅主题线路

大河网讯（记者 李中海）2020 年 7 月 5 日晚，为抢抓黄河流域生态保护和高质量发展机遇，擦亮河南文旅强省"名片"，即日起到年底，我省将举办"大河之旅·老家河南——河南黄河文化旅游系列主题推广活动"。此次活动整合了全省沿黄文化旅游资源，推出了一系列新产品、新体验、新玩法，各大景区积极配合推出了系列优惠政策。

一、"穿越五千年"华夏文明溯源之旅

以沿黄流域黄河文明为主题，以文化遗址类景观和博物馆为主，包括三门峡仰韶村遗址、虢国博物馆、灵宝函谷关、洛阳二里头夏都遗址博物馆、洛阳博物馆、龙门石窟、隋唐洛阳城国家遗址公园、千唐志斋博物馆、郑州黄河博物馆、商城遗址、黄帝故里、郑韩故城、河南博物院、大河村遗址博物馆、开封古城墙、开封博物馆、安阳殷墟遗址和中国文字博物馆等。

二、"大河安澜"水利水工研学之旅

以治水兴水为主题，推出水利水工的游学研学产品，包括黄河三门峡大坝、黄河小浪底大坝、嵩县陆浑水库、焦作嘉应观、郑州南水北调穿黄工程、封丘曹岗险工、开封禹王台景区和兰考东坝头等。

三、"黄河岸边古村落"探秘体验之旅

以"品乡村之美、享健康人生"为主题，推出沿黄乡村旅游精品线路，主要包括三门峡北营村、焦作一斗水村、孟州莫沟村、洛阳孟津卫坡村、新安石井寺坡山、济源水洪池村、五里桥村、郑州方顶村、新乡原武古镇和获嘉同盟古镇等。

四、"我是非遗传承人"黄河传统文化传承之旅

以"讲好非遗故事，弘扬黄河文化"为主题，推动黄河流域民间非遗项目的保护与传承，包括三门峡地坑窑院（窑洞营造技艺、民俗、澄泥砚、民间剪纸、捶草印花）、洛阳洛邑古城园区（河洛大鼓、孟津剪纸、皮雕等）、新安黄河澄泥砚、汉关紫砂、封丘豫剧祥符调、开封朱仙镇木版年画和汴绣展示馆等。

五、"慢行黄河生态廊道"自驾骑行之旅

引导自驾游协会、骑行协会等社群团体参与"慢行黄河生态廊道"活动，包括三门峡黄河生态廊道、函谷关涧河生态绿道、洛阳孟津黄河绿道、郑州黄河文化公园、开封黄河生态廊道和商丘黄河故道等。

六、"泛舟黄河"水上体验之旅

着力强化体验性、互动性，推出黄河系列亲水旅游项目，在三门峡黄河大坝乘游轮一路高峡平湖，体验船行柳梢之美妙；小浪底黄河三峡可实现中原看海，饱览"黄河之水天上来"的奇观；郑州市区最大的人工湿地——北龙湖湿地公园、封丘黄河湿地鸟类国家级自然保护区等地方，都是周末享受湖滨观鸟的好去处。

七、"老屋中的新时光"精品民宿体验之旅

主要包括三门峡卢氏秘境·山水隐庐度假综合体、焦作云上院子、济源小有洞天、巩义道遥谷和明月村山石舍、商丘芒砀小院等具有浓郁黄河风情的精品民宿打卡体验活动。

八、"黄河岸边潮生活"时尚生活休闲体验之旅

以三门峡天鹅湖旅游度假区、洛阳白云山旅游度假区、重渡沟旅游度假区、济源那些年小镇、郑州银基国际旅游度假区、二砂文化创意园区、樱桃沟足球小镇、开封清明上河园、七盛角和双龙巷历史文化街区等为主打产品，体验黄河文旅产品休闲和时尚。

九、"黄河味道"特色美食之旅

主要包括三门峡粉蒸肉、灵宝苹果、温县铁棍山药、济源官帽馍（鸡蛋不翻儿）、洛阳牡丹燕菜、孟津白鹤套肠、新安烫面角等、安阳滑县道口烧鸡、郑州烩面、新郑红枣、封丘卷尖、开封鲤鱼焙面等，体验舌尖上的黄河味道。

十、"点亮夜经济"沿黄城市休闲夜游之旅

包括洛阳洛邑古城、应天门光影秀、夜游龙门、云台山夜游（云溪梦谷）、郑州建业电影小镇、樱桃沟景区、开封鼓楼夜市、济源王屋老街等夜游体验活动。

围绕以上十大黄河文化旅游线路，河南省文化和旅游厅将以"大河之旅 老家河南"为主题，陆续举办网络大V主题采风活动，黄河文化旅行研学大会，"金夏有约，豫见黄河"直播推介，黄河大堤星空露营节，"黄河岸边是我家"采风写生，"情系老家 唱响黄河"群众演艺挑战赛，"大河上下"艺术摄影展，"悦读黄河"演讲、征文、微视频大赛，"颂黄河·迎国庆"系列宣传片展播季，"约惠一夏 行知大河"暑期文旅消费季10项主题活动；同时，郑州、开封、洛阳、安阳、新乡、焦作、濮阳、三门峡等黄

河沿线城市还将举办“大美黄河·醉郑州”短视频创作大赛活动、“多彩黄河 印象赞歌”艺术作品展、“古都夜八点”文旅消费品牌行动、殷商文化主题活动、“宿在黄河畔”美宿家体验活动、“从黄河之滨，到太行之巅”自驾旅游大会、黄河文明与太极文化研讨会、黄河沿岸杂技展示系列活动、三门峡黄河文化旅游节、黄河故道湿地花海徒步穿越活动。

资料来源：大河网，https://tour. dahe. cn/2020/07－07/680317. html2020－07－07.

问题：结合案例分析如何做好旅游目的地整合营销。

（二）旅游目的地整合营销传播的实施

1. 树立整合营销传播的观念

整合营销传播是整合基础上的全新思维方式和系统化的营销方法，在面对日益激烈的旅游市场竞争和快速变化的营销环境时，目的地营销组织应首先树立整合营销传播理念。整合营销传播的核心和出发点是消费者，旅游目的地组织的一切工作都要围绕着消费者进行，组织者必须借助信息社会的一切手段知晓什么样的旅游者到旅游目的地来，为什么来，有怎样的消费行为，建立完整的消费者资料库，从而建立和消费者之间的牢固关系。

2. 塑造旅游目的地的一致性形象

传统的目的地营销传播通常由各个利益相关者自行进行，传播的目的盲目，采取的手段也各自为政，因此向旅游目标市场传递的信息也是杂乱无章的。这样，旅游者对旅游目的地形象的认识就会出现很大偏差，造成旅游者对旅游目的地出行决策的不利影响。所以目的地营销组织就必须结合本身的资源及产品的特征和客源地消费者的需求特点，提炼出统一的、有鲜明个性的旅游目的地形象，即形象定位。目的地形象确定后，就要将以前分散化的各种营销活动有机地、合理地进行整合和统一，达到由于整合而产生的最大的协同效应，使旅游目的地达到。“一个声音，一个形象”，也使目的地组织的传播活动获得更大的协同效应。

3. 建立目的地整合营销传播执行机构

旅游目的地营销传播是在地区层次上进行的营销方式，地区代表区域内所有的旅游企业，以旅游目的地的整体形式加入旅游市场激烈的竞争中。由于整合营销传播涉及各个方面，每个方面的营销措施都会给目的地形象塑造带来影响。为保证整合营销传播活动全面、持久地实施，必须建立保证整合系统进行良好运行的组织机构——旅游目的地组织，代表旅游目的地各方利益，既组织设计和开发旅游目的地产品，并直接向目标市场进行促销，还提供一系列的支持活动促使目的地旅游利益相关群体更好地营销。

4. 构建旅游目的地营销数据库

客户数据库是支撑整合营销传播实施的基础，也是整合营销传播成功的关键。旅游目的地营销组织可以通过对数据库的利用获取和存储关于顾客的各种购买决策信息、消费行为的预期等重要的信息，以便确定目标市场及进行营销管理等。利用数据库可把有关的传播资源整合，如邮件、电话、直销、广告宣传、公关活动等，统一协调调度，选择更经济的方式，从顾客的角度来开展营销传播活动。

5. 建立可循环的目的地整合传播系统

通过以上步骤，旅游目的地可建立整合营销传播系统，再通过不断优化各个环节和过程，完成战略目标：增加有效的旅游需求和旅游与目的地经济、社会、环境等协调发展。

（三）旅游目的地形象促销策划

旅游目的地形象促销策划是指通过实施促销方案来向目标细分市场中的潜在旅游消费者提供重要信息，以突出旅游目的地在顾客心目中的形象，激发其旅游意愿，进而促使他们索取产品宣传册，或与当地的旅游代理商联系。著名旅游营销学家伯卡特和麦德里克将其概括为“送伞运动”，这个形象的比喻已为旅游业界广泛引用。

旅游目的地形象促销的工具主要有广告、人员推销、营业推广、公共关系等，这里重点介绍广告和公共关系在旅游目的地促销中的运用。

1. 旅游目的地广告策划

对于旅游目的地形象的传播，最理想的方式是通过广告来追求公众认同和建立品牌忠诚。从某种意义上说，广告是战略性的，销售促进是战术性的，旅游目的地在追求长远利益时更注重广告宣传，这一点与旅游形象塑造及传播的长期性是一致的。

广告宣传的费用昂贵，效果难以评估，因而旅游目的地应认真策划广告活动，以尽可能地提高形象传播的效果。首先，要明确广告宣传的主要目标，是建立公众对旅游目的地的形象感知，还是想促成短期的购买行为；其次，依据成本费用、产品定位、受众特征等因素，选择适当的广告媒体；最后，选取一条最易打动人心的信息，在合适的时间传递给目标市场。

旅游目的地广告促销中常用的广告宣传媒体有以下几种。

（1）电视广告。利用电视媒体宣传旅游目的地，大多以突出旅游目的地形象为主。电视是最普遍的大众宣传媒体，受众面广，对公众的注意力、吸引力较大，因其生动形象的特点，容易给受众留下深刻的印象。但同时电视广告的经济投入较大，因此应尽量选择权威性高且受客源地受众关注的电视台来投放，投放时间选择在公众聚焦的时间段，如新闻是观众首选的节目，可以在新闻播出前后的时间段插播旅游目的地形象广告片，可以取得较好的收视效果。目前体育节目也集中了不少公众的眼球，旅游宣传可以与体育节目联合。福州、贵州、云南、山西、阆中等地的旅游形象宣传片都连续在中央一套播出，给观众留下了深刻的印象，取得了很好的营销效果。

（2）宣传册。旅游宣传册即旅游目的地用来宣传其旅游资源、旅游产品和服务的小册子，是旅游营销者向目标顾客传递产品与服务信息的重要工具。旅游目的地营销者在利用旅游宣传册推广市场形象时，应做好以下三项工作。①确定目标受众。在设计旅游宣传册的具体内容之前，营销人员首先应明确宣传册的读者是谁。一般来说，旅游目的地营销者面临着两种选择：一是面向整个目标市场制作内容齐全的宣传册；二是针对不同的细分市场设计不同内容的宣传册。前者虽针对性不强，但操作起来相对简单，因而被众多旅游目的地采用；后者针对性强，但制作成本较高，适合于旅游目的地开发不同的细分市场时采用。②选择分发渠道。合理选择分发渠道对于充分发挥旅游宣传册的作用至关重要，因为宣传册只有到达目标受众手中，才会引起他们的反应。可供选择的旅游宣传册分发渠道主要有十种：直接邮寄、新闻媒体、旅行社、旅游企业总服务台或入口处、主要旅游景区（点）、市场、车站或码头、海外旅游代理商、旅游行政主管部门、驻外旅游机构以及外事机构。③设计附加利益。旅游宣传册除了设计精美外，还应给旅游者或潜在顾客带来一定附加利益，以使他们妥善甚至长久保存宣传册。可以预见，一份印有当地地区的宣传册与一份全部都是产品或服务介绍的宣传册相比，必定更具吸引力和保存价值。同样，如果在某个地区旅游者可以凭借宣传册在指定场所享受一定程度的优惠，甚至能免去个别景点的门票，也会收到很好的宣传效果。

（3）出版物。出版物是旅游目的地传播市场形象的主要工具，前面提及的广告媒体也属于这一范畴。从旅游形象传播的角度来看，可以将出版物分成五大类，即报纸、杂志、书籍、旅游地图和电子声像制品。其中，电子声像制品以其图、文、声并茂，信息量大等特点受到了旅游市场营销者的青睐；旅游交通图作为旅游者出游的必备物品，也成了旅游形象传播和宣传的重要渠道。

（4）网络媒体。随着网络信息时代的到来，互联网已经成为人们获取信息的重要渠道，网络营销已经成为旅游目的地开展营销活动的主要工具之一。利用互联网塑造和推广旅游形象，具有范围广泛、传播及时、更新快捷等特点，且能让目标受众获得全方位的感受。特别是移动互联网技术，为旅游目的地形象传播带来了新的机遇，携程、同程、去哪儿、驴妈妈、途牛等旅游电商巨头们在抢占用户和端口的同时，客观上为旅游目的地形象传播提供了廉价、可靠的传播渠道。

【知识链接 5-3】

旅游目的地如何进行网络营销

旅游这个行业是最需要口碑传播、体验传播的一个行业。而口碑传播与体验传播是最离不开网络这个环境的。很多研究调查机构对旅游者进行实地或电话的抽样调查，不约而同地显示了这样一个结论，互联网已经超过了“报纸”“杂志”“电视”等传统媒体，成为公众获取旅游信息的最重要的渠道。网络营销在旅游目的地营销中有以下方式：

(1) 构建旅游目的地网站，这是网络营销的第一步。

(2) 网络社区营销，网络不仅是一个媒体，更是一个有着整合、互动、参与功能的平台。

(3) 网络视频营销，网络视频营销是近年来一种新的网络营销形式，增长速度十分迅速，与博客营销一样，强调网民的互动性，需要精心的策划。

(4) 即时通信营销，即利用互联网即时聊天工具进行推广宣传的营销方式，尤其最近几年利用 QQ、MSN 等即时通信软件进行营销大有愈演愈烈之势。

(5) 新媒体营销，新媒体是近年来不断出现的一个新名词，只要与传统媒体有所区别，都可以称为新媒体，如手机媒体、交互式网络电视、移动电视、移动信息平台等。

资料来源：孙长胜．旅游目的地如何进行网络营销．中国营销传播网，http://www.emkt.com.cn.

【同步案例 5-6】

穷游网携手旅游局　启动年度目的地整合营销

近日，穷游网联合多家热门目的地旅游局持续发布各国为中国自助游游客量身定制的“上瘾当地的 10 大理由”。

9 月 5—30 日期间，近 20 家旅游局通过穷游网的平台展示了各国的独特魅力。澳大利亚旅游局的中国区总经理蒋乐天表示：“2015 年赴澳旅行的外国游客中，中国游客人数的增长以 22.2% 的增幅赶超美英。我们非常重视中国市场，希望能借助穷游的平台传递给中国游客（尤其是自由行爱好者）更丰富多元的深度旅澳资讯。除了著名的大堡礁和黄金海岸，被评为‘亚太最佳岛屿’的南澳袋鼠岛和‘乌托邦天堂’的豪勋爵岛兼具美食饕餮、野生动物和海底风光，且游客稀少，值得一去。”

有别于强调自然风光的澳洲，韩国旅游发展局着重推荐特色主题线路。韩国旅游发展局上海办事处首席代表韩和埈称：“如果是运动爱好者一定要去登山或滑雪；想体验韩国文化则可以住韩屋、逛传统市场；艺术爱好者们可以选择在三清洞、新沙洞等地感受文化艺术的魅力，让来韩国的游客们感受到丰富多样的旅行体验。”

这股“上瘾”热潮同时为该营销战役的线下重磅环节——10 月 15 日登陆上海的穷游粉丝嘉年华活动预热造势。穷游创始人兼 CEO 肖异表示：“出境游用户对旅行的认知一直在演变。为响应他们对探索世界那份欲罢不能的心情，我们在 2014 年提出了‘对世界上瘾’的新旅行态度，并将其贯穿在多项商业尝试和市场活动中，例如最世界·自由行商城、最世界榜单颁奖典礼等。该主题在穷游社群中积累了丰富的 UGC，拥有强大的号召力。借此次与目的地推广机构合作的机会，穷游希望为‘继续上瘾’的旅行者带来更多不一样的旅行灵感。”

资料来源：经济参考网，2016-09-20.

问题：

（1）穷游网举行的“上瘾当地的十大理由”活动对旅游目的地的促销宣传起到了怎样的作用？

（2）旅游目的地应该如何利用这些旅游类网站资源开展促销活动？

2. 旅游目的地公共关系策划

公关宣传无须向媒体支付高额广告费，且其新闻可靠性高于广告，因此，公关营销活动受到旅游目的地的重视。为塑造鲜明的旅游目的地形象，旅游目的地营销组织应注重开展以下三种公关营销活动。

（1）召开旅游说明会或新闻发布会。旅游说明会或推介会不仅能有效推广旅游目的地的旅游形象，而且有助于潜在旅游者了解旅游目的地的旅游产品、项目或节事活动，从而使旅游目的地接待人数迅速增加。召开旅游说明会应做好以下工作：一是明确信息传递的对象；二是要尽力取得新闻媒体的支持；三是具有一定规模，能对既定目标受众产生较大影响。

（2）处理与新闻媒体的关系。与形象传播广告相比，新闻的威信度更高，而且能为营销主体节约一大笔费用。为此，旅游目的地不仅要善于创造新闻，还要处理好与新闻媒体之间的关系。要及时发现新闻事件，促使编辑采用本地区的新闻稿；适时邀请旅游专栏作家、编辑、记者或电视节目制作人来旅游目的地做熟悉旅行，以激发他们宣传该旅游目的地的主动性和积极性。

（3）开展公共关系专题活动。旅游目的地公共关系专题活动是指旅游目的地为了某一明确目的，围绕某一特定主题而精心策划的公共关系专题活动。公共关系专题活动是旅游目的地与广大公众进行沟通，塑自身良好形象的有效途径。因此，国内外许多旅游目的地经常采用公共关系专题活动的形式来扩大影响，提高声誉。旅游目的地营销人员在举办活动时必须掌握一个基本原则：只可成功，不可失败。成功的专题活动有巨大的效应，同样，不成功的专题活动也会产生巨大效应，却是负效应。

【知识链接5-4】

旅游目的地公共关系专题活动

公共关系专题活动是为了向广大公众传递信息、引起新闻媒体的注意、提高旅游目的地知名度和美誉度的“公共关系特别节目”。

旅游目的地公共关系专题活动具有吸引力大、创新力强、影响力大的特点。旅游目的地开展公关专题活动时可在以下形式中选择：

①小型公共关系专题活动、大型公共关系专题活动、系列公共关系专题活动；

②公益性公共关系专题活动、社会工作公共关系专题活动、专业性公共关系专题活动、商业性公共关系专题活动、综合性公共关系专题活动；

③典礼型公共关系专题活动、喜庆型公共关系专题活动、会议型公共关系专题活动、展示型公共关系专题活动、新闻传播型公共关系专题活动、竞赛型公共关系专题活动。

（4）注重开展危机公关。危机公关是指在旅游目的地的信誉、形象等遇到突如其来的危机时，作为当事目的地所应采取的一系列的公关活动。危机公关对旅游目的地的形象、信誉和品牌都会产生巨大的影响，成功的危机公关可以“扶大厦于将倾”，而失败的危机公关则可以置旅游目的地于死地。能够有效地进行危机预防，而当危机发生时能够快速地切掉危险源的继续蔓延，将损失降到最低的公关活动就是成功的危机公关。作为一个成熟的旅游目的地，应该有一套处理危机的成熟机制，面对危机不仅能不被淹没，还能“险中求胜”，变“危机”为“契机”，百尺竿头更进一步。

【同步案例 5－7】

青岛“天价虾”事件：一座城市的危机公关

青岛“天价虾”事件近来备受网络关注，自国庆期间事件报道之后，此后十多天时间持续发酵。对于当地政府部门以及青岛民众而言，这样的事件显然会带来考验。过去一段时间，不少网友拿“天价虾”这个话题极尽调侃青岛这座城市，当地政府部门手忙脚乱，很多青岛民众也感到委屈，但在汹涌的民意面前似乎都毫无还手之力。

事件回顾：2015 年 10 月 4 日，有网友爆料称，在青岛市乐凌路“善德活海鲜烧烤家常菜”吃饭时遇到宰客事件，该网友称点菜时已向老板确认过“海捕大虾”是 38 元一份，结果结账时变成是 38 元一只，一盘虾要价 1500 余元。经游客报警之后，经过警察协调，埋单 1300 多元。

回顾青岛方面所作出的回应，最初有关部门调查事件，并及时弥补游客损失，此后市场监管局主要负责人被停职检查，不仅如此，被宰游客一度还被邀请担任青岛旅游监督员，但被当事人拒绝。最新的进展是，本月 20 日，这位被宰游客获得青岛企业家“青岛滩”的 5 万元慰问奖励金，对此，当事人表示，这笔钱用在自己身上于心不安，并把钱捐了出去。

面对这样一个事件，青岛的确挺努力，这可能是公众的普遍感觉。如何结束这样一个事件，甚至把这样一件坏事变成好事，无疑是这几天当地官员们思考的主要问题。从这段时间青岛的做法看，效果似乎并不明显，被宰游客拒绝做青岛旅游监督员获得网友支持，而青岛企业家送慰问金的做法则让很多人疑惑——这个人是什么身份，是否有政府背景，这些问题再次把青岛置于舆论的风口浪尖，尽管没有明确的答案，但青岛给城市所做的危机公关显然没有成功。

在网络舆论日趋发达的今天，一个负面公共事件会给一座城市形象带来致命的打击，“天价虾”事件火爆网络后，政府部门被动等待事件平息或者及时干预，都会影响事件后续发展。具体如何做，这需要技巧，前提是把事件的来龙去脉分析清楚。

回头看，偶然性因素无疑放大了这次事件，为什么是青岛而不是其他地方？有的人发出这样的疑问，事实上，在青岛之后，不少地方也爆出宰游客的新闻，每年黄金周都有类似的报道，但其影响力几乎都不及青岛，媒体在报道类似新闻的时候普遍提及青岛，不经意间那位游客在青岛的经历已经成为一个标志性事件。但实事求是地说，事件反响之所以如此大，并非只是事件本身导致的，舆论的反响有夸大的倾向。

但即便肯定事件背后有偶然性因素的作用，仍然需要开展危机公关，过去青岛的做法，无论是邀请被宰游客监督当地旅游，还是企业家的慰问，对于当事人而言，他没有充分理由接受这样的待遇，对于围观者来说，更能明了这其中的“猫腻”——当地愿意做出这样的反应，主要是试图扭转网络舆论，从而修复城市形象。在危机公关越来越常见的今天，过去有效的技巧如今可能失效，对于青岛而言，危机公关过程中要避免再生枝节，一些常规的措施，如组织力量整顿市场秩序，可能更能展现诚意。

资料来源：何小手，新民晚报，2015－10－27.

问题：

（1）在网络舆论日趋发达的自媒体时代，出现“青岛大虾”事件是偶然的吗？

（2）你认为处理类似负面公共事件的出发点和核心应该是什么？

（四）旅游目的地其他营销活动策划

1. 旅游节庆活动策划

课堂讲解5－1：旅游目的地其他营销活动策划

旅游节庆活动是将目的地的人—地感知要素和人—人感知要素有效整合的一种重要方式。因为一次主题鲜明的旅游节庆活动往往能在人们心目中构造一个积极的直观形象，而且会促进目的地的基础设施建设，从而迅速提高旅游目的地的知名度和综合接待能力。

节庆活动不仅能有效整合旅游目的地形象的构成要素，还可以促进旅游业六大要素的协调与发展，因而一个地区通常会组织多个节庆活动来塑造自身的形象。

（1）旅游目的地策划节庆活动要注意的问题。①以当地的地脉、文脉及社会经济条件为依托，定期举办某一特别节庆活动，使其成为本地区永久性、垄断性、制度化的旅游识别标志，即选择和策划标志性旅游节庆活动。②在不同的旅游季节推出形式各异的节庆活动，以提升旺季旅游地区的容纳能力，增强淡季旅游目的地的吸引力。如承德市在圣诞节、元旦、春节期间举办“承德冰雪节”。③积极与新闻媒体合作，在尽可能大的空间范围内介绍旅游节庆活动的丰富内容，把旅游区宣传成一个令人向往的旅游目的地。④多次举办同一主题的节庆活动，以塑造“××方面最理想的目的地”的主题形象，如滑雪、冰雕等。

【同步案例5-8】

首届中国牛仔节举办

首届中国牛仔节日前在河北丰宁京北第一草原举办，来自全国各地的260余名牛仔在这里策马穿越。牛仔节起源于加拿大和美国，此次丰宁牛仔节是国内首次举办的牛仔节，同时也是“2015丰宁马背嘉年华系列活动”的重要组成部分，旨在推进全民健身马术运动，推广西部马术、牛仔文化和丰宁满蒙草原文化。此次牛仔节由丰宁满族自治县人民政府主办，中国西部马术促进会参与承办。据了解，8月份丰宁将在每周末举办一次马术比赛，包括耐力赛、速度赛等。

资料来源：光明日报，2015-08-13.

问题：了解河北丰宁自然与人文资源状况，谈谈河北丰宁举办“2015丰宁马背嘉年华系列活动”对当地旅游目的地营销的重要作用。

（2）旅游目的地节庆活动的策划。旅游节庆不是一个短时的活动，而是一项需要长期经营、投入的旅游产品，需要精心策划。旅游节庆策划是一种创新，这种创新包括概念上的、形式上的和内容上的。所以旅游节庆活动的策划并没有固定的模式可循，但需要把握好如下几点。①抓住活动，创意创新。“生命在于运动，旅游在于活动”，活动便是对文化的活化，让原本静止的实务活跃起来。通过节庆活动，旅游者感到的是动感、热闹、欢腾，是活动过后的愉悦、健康、休闲和品位。同时要注意活动内容和形式的创新，要与节庆主题切合，具有较强的市场运作能力。②确定主题，做好文化。旅游的最终目的是寻求文化体验，而没有文化便失去了活动应有的内涵和感染力。节庆主题是对当地旅游资源的深度挖掘和创新利用。它要与旅游目的地所要表达的主题文化相贴近，与旅游目的地旅游形象相得益彰。③寻找元素、整合资源。景区的旅游资源是多维度的，包括物质的和非物质的、自然的和人文类的。景区可以利用的元素是广泛的，可以是已有的，也可以是创造的。如“西湖·西施故里荷花会”，撷取古诗“欲把西湖比西子”，巧妙地将自然类的资源、人文类资源（西施），物质和非物质文化（荷花会上所展现的地方戏曲、书画、美食）相结合，对于西施来说，西湖、荷花便是寻找来的文化元素。借题发挥，起到事半功倍的作用。④串联成线，做好安排。围绕主题，利用资源，设计多种类型和板块的节庆活动内容，形成包括演出、休憩、游览等在内的主题支撑系统。同时注意活动安排的顺序性。如杭州市连续举办数届的“相约西子湖”活动，便是以继承和发扬西湖人文精神为主题的文化活动，每年的活动安排都会精心组织、精心安排，使活动跌宕起伏、高潮不断，从多个侧面来阐述和表现西湖文化，深深吸引了海内外众多文化人士的热情参与和支持。⑤精心培育，塑造品牌。旅游节庆活动只有通过品牌化运作和管理，才能形成持久的综合效益，只有品牌化的旅游节庆活动才具有持久的生命力。品牌是唯一的、独特的，品牌的构建需要深入挖掘旅游目的地的文化内涵、创新文化的表现形式。如“杭州龙井开茶节”，将龙井茶文化融入开茶节节庆活动之中，扩大了龙井茶的品牌影响力和茶产地的旅游品牌，有效地延长了当地旅游产业链，收到了良好的社会效益。

需要注意的是，一个具有长久生命力的旅游节庆活动，必须围绕一定的主题和特色，把旅游节庆活动做成一项真正的旅游产品进行策划、包装和营销。同时，通过节庆活动的影响力将一般产品提升为品牌产品，即节庆活动产品化、节庆产品品牌化，达到产品增值、品牌提升的目的。

【同步案例5-9】

节庆在全域旅游建设中扮演什么角色？
——记中国（桐庐）休闲乡村旅游季节庆品牌的打造

近日，浙江省桐庐县旅委在全国旅游系统先进集体、劳动模范和先进工作者表彰大会上荣获“全国旅游系统先进集体”殊荣，桐庐全域旅游工作也得到国家旅游局的充分肯定。这其中，旅游节庆的贡献不可小觑。

桐庐境内有良好的生态环境、丰富的旅游资源和深厚的文化底蕴。早在2012年，该县就整合全域旅游资源举办中国休闲乡村旅游季系列旅游节庆活动，至今已举办五届，开展有各类活动100余场，参与游客近80万人次，曾被评为长三角地区最具影响力品牌活动，桐庐县因此也曾被中国人类学民族学研究会节庆专委会评为“最具魅力节庆城市奖”和“中国品牌节庆示范基地”。

一路走来，该县依托乡村旅游资源和历史人文底蕴，按照“春赏花、夏亲水、秋养生、冬美食”四季特色，以“创新性、引领性、体验性”为原则，以游客参与为主，借力借名，精心策划中国（桐庐）休闲乡村旅游季的每一届活动。常年坚持举办的有山花节、雪水云绿茶休闲旅游节、莪山“三月三”畲族文化节、环桐庐骑行赛、富春江亲水节、休闲乡村嘉年华，富春江慢生活体验节、乡村音乐节、江南时节等一系列独具地方特色的旅游节庆活动，场场受到当地群众和广大游客的欢迎。

一个好的旅游节庆，看似并不复杂，实则蕴藏着大量的运筹帷幄。在旅游节庆策划上，桐庐县注重以“旅游+”的创新思维，强化一、二、三产业与旅游节庆的融合，以节庆促产业发展，带动群众致富。阳山畈村因为每年三月举办山花节聚集人气，短短几年时间，村里农家乐、民宿迅速兴起，村民自种水蜜桃成为市场抢手货，年均产值1950万元，年增加效益30%。而随着雪水云绿茶休闲旅游节的持续举办，久居都市的亲子团队以及境外游客纷纷到桐庐摘茶、采茶、炒茶、品茶、买茶等，带动周边农家乐、民宿、村落景区的旅游消费，进一步提升了“雪水云绿”茶的知名度，促使该县乘势而上，相继建成了五大茶乡、十大茶村和四大茶体验基地，拉动全县茶产业总产值年均提升10%以上。

值得关注的是，阳山畈村和“雪水云绿”茶的成功并非个例。在桐庐，荻浦村、环溪村、芦茨村、新丰村等村都因旅游节庆的举办，带动了村落建设、促进了旅游业态的发展，从过去的“传统农村”变成了如今的“美丽乡村”，被国际休闲产业协会休闲乡村分会命名为“国际休闲乡村示范点”。

此外，通过连续几年圆满举办旅游节庆，桐庐县配套推出了“美丽乡村游、富春绿道骑游、慢生活体验游、烂漫山花赏花游、十里畲乡风情游、红色经典茶乡游”等一大批乡村旅游线路，培育了一大批立足市场的休闲乡村游产品，成为县内外游客的新宠。而业态越丰富，游客就越多，农民参与旅游的积极性也就越高。农旅融合发展呈现良性循环状态。

实践证明，旅游节庆绝不是“花架子”，而是沟通外界的桥梁和展示品牌形象的窗口，更是促进产业融合的引擎，山区群众发家致富的通道，能够真正推动全域旅游“共建共享”理念落到实处。

资料来源：潘慧琴，中国旅游报，2016－12－23.

问题：

（1）浙江省桐庐县节庆活动策划的主要特点是什么？

（2）浙江省桐庐县在节庆活动策划上有哪些创新？

【同步思考5－2】

你所在的地区有哪些旅游节庆活动？具体活动内容是什么？对本地旅游目的地营销起到了什么作用？你认为目前我国旅游目的地节庆活动策划存在哪些问题？

2. 旅游事件营销活动策划

旅游目的地事件营销是旅游目的地为提升知名度，利用或策划为社会公众关注的重要事件所进行的旅游形象宣传。成功的旅游事件营销，社会公众关注度高，在较短时间内可以使传播信息最大化，传播效果最优化，而且营销宣传成本较低，因而是旅游目的地形象宣传常用的方法。

（1）旅游事件营销的主要类型。

一是利用既定事件进行营销。一般来说，既定事件应是具有较大影响力的事件，如奥运会、世界杯足球赛等重大体育赛事、世博会等重大活动等。此类事件为社会公众所关注，利用这种关注度进行旅游目的地营销宣传可以有效扩大宣传覆盖面和提升影响力。利用既定事件营销宣传应进行充分的策划，以求最佳效果。

【同步案例5-10】

北京人“扎堆儿”张家口“洗肺”滑雪

12月以来华北地区一片雾霾红色预警中，张家口崇礼的蓝天可谓“晶莹剔透”，数据显示张家口地区的崇礼县、康保县、沽源县、赤城县、张北县、阳原县、蔚县、尚义县等空气质量基本是优良，其中崇礼县空气质量最好。这样的好天气吸引了不少北京躲避雾霾的家庭，人们可以在户外尽情玩耍，大口呼吸——北京市民称“洗肺”，“扎堆儿”去张家口“洗肺”成了近期朋友圈里被反复刷屏的热点话题，总会引来围观者的羡慕和热议。

还有的北京人索性在崇礼租房做起了生意，躲雾霾赚钱两不误。陈女士的老北京火锅店最近生意红火，热气腾腾的火锅是北京游客的首选，北京雾霾天气为她带来更多的客源。北京海淀区的一家雪具用品店也在崇礼开起了分店，店里的员工把到崇礼出差当作“洗肺”之旅，享受到了工作的乐趣。

崇礼各大雪场自上月中旬全部开门迎客以来，引来众多京城滑雪爱好者。记者采访发现，不少京城人组团来滑雪，停车场九成左右为京牌汽车。上周六早上刚过8时半，崇礼万龙雪场停车场已经停了近10辆大巴车和数十辆私家车，私家车基本挂着京牌。停车场工作人员告诉记者：“北京人开车来滑雪的，周末最多。室内停车场满员，室外停车场目前还可以停。”

不到9时，购票大厅和雪具大厅内也聚集了上百人。滑雪场雪道外面，一大帮滑雪装备齐全的人在集体合影留念，滑雪者李先生介绍说：“我们这次组团来了30多人。组团滑雪优惠，还是很实惠的。”

资料来源：陈晓红，燕赵都市报，2016-12-26.

问题：

（1）2016年12月突发雾霾对张家口旅游业有什么影响？

（2）针对该事件为张家口策划一个营销方案，旨在提高张家口地区冬季旅游竞争力。

二是策划事件进行营销。即有意识地策划一些重要事件（活动），以吸引媒体与公众的关注，达到旅游形象宣传的效果。由于既定事件利用的有限性及突发事件利用的不可预知性，旅游事件营销更多的是策划性的事件营销。这种策划可以说是“无中生有”，策划得好，可以取得很大成功。

策划事件进行营销，目前国内常见的有选美赛事、旅游节庆等，但真正成功的往往是少数，多数效果一般，并未达到预期目的，也有弄巧成拙的案例。

（2）旅游事件营销取得成功的关键。

一是市场调查。市场调查是旅游事件营销的基础性工作，事件营销创意策划并非是盲目地拍脑袋的结果，只有通过深入的市场调查，才能准确把握客源市场的需求特点，创意策划出有针对性的事件卖点和营销方案，提高事件营销的有效性。

二是找准卖点。事件营销能否成功，关键在于找准卖点。一方面，卖点要成为社会公众的关注点（当然也是媒体关注点）；另一方面，卖点要关联旅游目的地形象特点。通过卖点，将旅游目的地形象与公众的关注点结合起来，使公众通过对事件的关注来了解旅游目的地。

三是注重原创。旅游营销重在创意。创意最重要的就是原创，想别人没想到的，做别人没做过的。公众的关注是求新求异的，喜新厌旧的，只有原创，才易为公众所关注，才能吸引眼球，引起轰动。如果一味地模仿他人，即使是模仿别人成功的案例，也会由于公众关注度的递减效应，不易成功，甚至失败。

四是媒体参与。事件营销要达到预期效果，需要媒体尤其是主流强势媒体的介入参与，这是吸引公众关注的前提。媒体参与，一种是主动介入，媒体如果认为此事件有亮点、有卖点，有新闻价值，就会主动介入，甚至持续跟踪报道。一般来说，突发事件易引起媒体主动介入，旅游目的地在利用突发事件进行营销宣传时，要注意与媒体加强沟通，引导媒体有意识地进行正面的旅游形象宣传。另一种是邀请媒体参与，最好在事件营销的策划阶段，就邀请媒体合作，共同参与策划，以求取得最佳效果。

五是持续炒作。事件营销要达到吸引公众关注的效果，除了关注事件的公众数量这个因素之外，还取决于公众关注的持续时间。一般情况下，公众对事件的关注度是随着时间递减的，并容易受其他事件影响而转移。因此，事件营销策划要注重细节设计，不断制造卖点，以吸引公众的持续关注。事件结束后，还要善于利用已形成的影响力，结合其他营销方式对旅游目的地持续宣传。

3. 旅游目的地影视营销策划

旅游目的地影视营销是指通过影视作品对旅游目的地自然风光或历史文化进行营销策划和宣传，达到增强旅游者对旅游目的地的感知和印象，从而影响旅游者旅游动机和决策，推动旅游目的地旅游发展的一种营销活动。目前，旅游目的地影视营销对旅游业的推动作用越来越明显。

电影电视可以帮助潜在旅游者对于影片中所提及的旅游目的地通过移情作用和共感作用产生对旅游目的地的某种感觉认知和情感认知，从而产生旅游动机，最终促使旅游行为的产生。对于旅游动机，潜在旅游者可能是逃避日常生活，可能是朝觐情结，也可能是对于未污染环境的向往等。统计数据表明，在电视剧播出后，相关的旅游目的地旅游者数量均有明显上升。

旅游目的地影视营销具有以下特点。

（1）经济性。通过拍摄的电影电视传送旅游目的地形象和信息，经济适用，效率高。好莱坞电影《指环王》曾在新西兰拍摄，新西兰旅游理事会将《指环王》电影看作推广新西兰旅游业的绝好营销作品，并据此估算该电影放映后对新西兰形象披露所对应的经济价值达4100万美元。这还不算由于拍摄所带来的其他诸如就业、商业等经济价值。

（2）易记性。电影电视中出现的旅游地的形象总是和一定的电影电视情节相联系，当观赏者一说起电影电视必然会想起和这个电影电视相联系的拍摄地或背景地。据调查，观赏过电影《英雄》的观众，对在电影中出现的几个外景地九寨沟、桂林阳朔、敦煌雅丹魔鬼城等，73% 的受访者能够明确说出它们的名字，其余相当一部分知道那几个外景地的所在省份和大致方向。

（3）高品牌认同度。人们对于电影电视中的旅游地的发现、观赏、评价、接受、认同过程和一般的目的地营销工具不同，是在观赏过程中渐渐渗透接受的，旅游者不是作为一个被动者出现的，其对旅游地的接受是一个自动接受的过程，在这个过程中，发生了在心理学上被称为移情、共感的现象，即通过电影电视画面和情节，观赏者能够体验到电影电视故事中主人公的喜怒哀乐，和看见一般营销工具的推广内容不同，观赏者在心理上没有任何看见一般广告时的对抗性，这种心理上的无对抗性使得电影电视中的旅游目的地很容易获得观赏者的认同。认同度高，就容易使得旅游动机转化成为旅游行为，这也是在电影电视放映后相关的旅游目的地旅游者蜂拥而至的重要原因之一，即使是有负面消息的旅游地。

【同步案例5－11】

《打狗棍》热播将带火承德游

“打狗棍，专打疯狗、恶狗、汉奸狗、侵略狗！杆子帮，保家、卫国、兴邦！”一句热血豪情的话语，近来让无数观众为之动容。

热河抗战传奇大戏《打狗棍》10月14日起在北京、天津、安徽、重庆四大卫视同步开播，10月28日央视一套跟播，该剧开播一个月以来，无论各大卫视还是网络上都成为收视热门，观众看剧热情居高不下。截至11月11日，来自各大省级卫视黄金剧场电视剧的收视统计数据显示，《打狗棍》在天津、北京、安徽、重庆四大卫视的收视率分别为1.602%、1.465%、1.082%、0.649%，联合起来共占据市场份额12.59%，在中国第一影视门户网站爱奇艺网，也占据了电视剧风云榜第一名，《打狗棍》已成为2013年电视剧中最受关注、最火爆、口碑最好的热播剧，可谓火得一塌糊涂。

一、山庄外八庙，古街老字号，全面展现承德历史文化名城风貌

《打狗棍》的热播把全国观众的目光聚焦到承德。该剧由郭靖宇、肖绍权、戴俊卿三位土生土长的承德人领衔创作，饱含承德儿女对家乡故土的一片深情。三道牌楼下的两大热河家族戴家和那家的恩怨情仇以及热河儿女保家卫国的故事让全国观众热血沸腾，作为曾经的热河省会，承德的众多景点以及风土人情也在剧中逐一展现，成为该剧一大看点，不仅让老承德人回味，也让不少外地观众津津乐道。

很多网友在看了《打狗棍》后表现出对承德的浓厚兴趣，新浪微博网友@懒得登录

的若兮："每天都在看《打狗棍》，剧情好，演员演得好，真想去承德看看。"@阳光明媚–向日葵："承德我们去过，我们最近在看地图，研究平泉，兴隆。"深圳富士康公司的30多名员工在看过该剧后，也打算组团来承德旅游。

《打狗棍》播出至今，承德8县3区几乎都在剧中提到过，除了作为承德名片的皇家园林避暑山庄、外八庙，"老二婶"占山为王的鸡冠子山、钱四爷居住的双塔山等承德知名的自然景点都跟着火了。而火神庙、二仙居、三道牌楼这些承德人耳熟能详的名字以及宏盛堂大药房、商铺、杂货铺等将承德旧时的繁华热闹的景象展现得淋漓尽致，让人不禁联想到开封、洛阳、西安等中国著名的古城重镇，承德作为历史文化名城的形象第一次得到如此细致、立体、全方位的展示。炸丸子、蒸肉、鸡汤炖白菜、驴打滚、栗子羹等承德传统美食都在剧中出现，让人垂涎；地处溜、囊囊膪等方言土语成为观众茶余饭后的谈资；剧中，前清四品带刀护卫戴翰霆、王爷、格格等人物形象的设定，则印证了承德作为清代陪都的地位，皇室生活、皇家风范一览无余。《打狗棍》倾注了创作团队对家乡和上辈人的情感，承德的历史文化、风土人情都在剧中得到了深入的挖掘和全面的展示，对于承德的影响力和美誉度的提升作用不言而喻。

二、看传奇大戏，赏承德风光，体验式营销成旅游宣传新亮点

《打狗棍》热播之际，北京电视台影视剧中心官方微博@北京卫视剧集地开设了"风情冀旅""热河传奇"等话题，对在剧中出现过的承德景点景观做出简洁明了、生动活泼的介绍，又适时开展了"打狗棍传奇之旅·热血青年游承德避暑山庄"线上活动，向网友发放避暑山庄套票，活动得到了1万次以上的转发和近千条留言，让众多网友对承德游充满期待。微博网友@小mooo鱼er在活动微博发表评论："坚决支持，真的很想和家人一起去参观打狗棍的拍摄地和领略承德避暑山庄的美景。"@蜜桃空间："一直想去承德玩，这次看完《打狗棍》就更想去了！想去看看大杆子生活的地方呀！"

电影理论家Giuliana Bruno表示，观众观看电影并跟随主人公的旅行完成的是一趟可以被称为视觉体验的过程。近年来，体验式营销成为旅游行业宣传的新亮点，相较于传统灌输式营销，体验式营销使得旅游地的宣传展示更直观、更立体、更生动，影视剧集已经成为促进现实旅游产业发展的一大动因。冯小刚的《非诚勿扰》系列火了海南岛又火了日本北海道，徐铮的《泰囧》更让2013年度的泰国游风生水起，最近湖南卫视热播的综艺节目《爸爸去哪儿》，让拍摄地京郊灵水村从名不见经传的小山村成了大热的旅游景点，而在影视剧集产业发达的韩国，韩剧更是早就对韩国的旅游产业产生了巨大深远的影响。

承德作为著名的旅游名城，历来也是影视剧拍摄的热门地。据了解，改革开放以来，在承德取景拍摄的影视剧就有200多部，从早期的《垂帘听政》，到近年持续热播的《还珠格格》，都是在避暑山庄内实景拍摄的，让避暑山庄蜚声海内外。近年来，承德旅游也在打造影视基地方面下足了功夫。《打狗棍》的热播势必带火承德旅游，也对承德在未来的旅游营销方面产生了很大启示。

资料来源：承德旅游. http://www.cncdt.com/lykx/2014/05/5/2063.html，2014-05-15.

问题：

（1）你看过《打狗棍》这部电视剧吗？了解这部剧，谈谈该剧播出对承德旅游业发展的影响。

（2）为借助影视剧开展营销活动，旅游目的地政府或旅游企业应该做好哪些工作？

4. 旅游吸引物营销活动策划

旅游吸引物是指自然界和人类社会中，凡能对旅游者产生吸引力的各种事物和因素，它是旅游活动的客体。旅游吸引物可能是自然形成的，如黄山的云海、庐山的瀑布、泰山的日出等；也有可能是经由人类建造而成，如北京中华世纪坛、香港商业购物区等；还有可能是人类祖先留下的人文景观，如石棺、岩画、庙宇等遗迹。许多国家都认识到了自然旅游吸引物的价值，并建立了国家级或省（州）级公园来保护这些旅游吸引物；同时，人们对新的吸引物的需求永不停止，这就需要不断地进行旅游投资。

总之，旅游目的地营销者应该充分认识到目的地营销的重要性，必须进行慎重分析、周密策划，利用恰当的促销工具，开展有针对性的公关活动，充分提升旅游目的地的知名度与美誉度。

5. 旅游目的地新媒体营销策划

（1）短视频类营销。

以抖音、快手、微信视频号、B站、西瓜视频、好看视频、小红书等为主展开。由于旅游产品品种丰富，做出购买决策过程复杂、决策周期长，现实购买难以直接转化，产品和购买的路径不如其他产品顺畅，所以这类短视频更适合“种草”，是催生游客“种草”和打造地网红目的地的高效手段。作为旅游目的地主要营销主体，应该重点经营好几个主要的视频号，但不管是在哪个平台，都需要对自己的每一个账号进行清晰的定位，使用户更便捷的提取对自己有用的信息，使其具有一定的黏性，形成固定的粉丝群。

延伸阅读（5-4）
“旅游+直播”，开启旅游目的地新型旅游数字营销模式

（2）大数据营销。

旅游目的地营销最重要的是对客源市场的分析，要研究旅游者的构成，他们出游的动机，以及旅游者心目中对目的地形象的认知等。同时，旅游目的地需要了解现有游客的消费情况，包括目的地哪些景区、景点和活动项目在游客心目中最有吸引力，游客的住宿偏好是怎样的，游客选择何种交通方式前来，游客的购物偏好怎样，以及游客喜欢什么类型的娱乐活动，等等。

这些指标的研究分析就必须借助大数据，而真正的大数据应该由政府、即旅游目的地的主要营销者所掌握。大数据的来源和运用是主要问题，其来源可以有公共来源和商

业来源。旅游目的地政府部门应该设置与大数据有关的机构，将数据获取和分析作为常规工作职责，有专门的项目预算，建设旅游目的地完善的大数据的平台。

（3）充分利用各种网络平台。

互联网时代，“平台”成为了一个热门词汇，其具有很强的开放性和包容性，人们无时无刻都离不开互联网产品，每个人的生活都离不开至少二三平台，比如其中的社交类、电商类、短视频类、资讯类、社区团购类、点评类，等等。一般来说，新闻发布以微信公众号，头条号等为代表；服务提供以小程序为代表，如乌镇搭载在支付宝上的租赁、导览小程序，为游客提供更便利、高效的延伸增值服务；电商销售型以携程、飞猪等为代表，飞猪旗舰店双十一老带新社交裂变，优惠券刺激、分享有礼等多重玩法将店铺流量不断放大；内容种草以微信公众号和抖音为代表。

（4）开展旅游目的地实景直播。

直播，可以让旅游目的地插上翅膀，让更多的人关注，尤其是一场疫情，使很多行业的营销正悄然发生着变化。目的地直播，可以使身处异地的人们适时了解旅游目的地的实况，包括景区风景、景区概况、庆典活动、民俗活动、博物馆、特产美食、道路街景等，使人们可以借助直播这种形式，开启“云旅游”模式，成为旅游目的地的“云上”游客，为旅游目的地预热，这些“云上”体验可以助力他们日后会成为旅游目的地的现实游客。

任务实施

1. 将学生分成若干个实训组，每6～8位同学分成一组，每组确定1～2人负责，根据实训内容和项目需要进行任务划分，确保组织合理和每位成员的积极参与。

2. 要求学生了解学院所在地或学生家庭所在地旅游资源及旅游业发展状况，对学生进行旅游目的地营销策划培训。

3. 各实训小组选择“旅游目的地整合营销传播策划”或“旅游目的地营销策划”为题，在重点参与和体验“旅游目的地整合营销传播策划”“旅游目的地营销策划”的过程中，按照“实训要求”完成各项实训任务。

4. 各实训小组在实施“旅游目的地整合营销传播策划”“旅游目的地营销策划”的过程中，融入信息收集、处理、与人沟通、交流、合作、解决问题、创新能力和职业道德等的相关训练。

5. 各实训小组撰写“旅游目的地整合营销传播策划方案”“旅游目的地营销策划方案”。

任务评价

详见教材附录二、附录三。

策划案例

山西旅游“晋善晋美”策划案

一、山西旅游市场分析

（一）市场背景

山西位于我国中部，因位于太行山之西而得名，是中华文明的发祥地之一。五千年绵延不绝的中华文明给这块土地留下了大量瑰宝和丰厚的文化积淀。文物界流行着一句话：“地下的文物在陕西，地上的文物在山西。”山西宋辽金以前木构建筑占全国总量的75%，元代之前的木结构建筑占全国的近80%，国家级重点文物保护单位271处，占全国总数的11.5%，居全国第一，被誉为中华文明的“主题公园”和“古建艺术博物馆”。然而，资源不等于产品，更不等于经济效益，悠久的历史文化和丰富的人文遗产使山西成为得天独厚的旅游资源大省，却一度在旅游产品的开发和旅游品牌的营销上相对滞后。

在山西省资源型经济转型综合改革试验区的建设中，旅游业作为第三产业发展的引领产业，起着举足轻重的作用。山西省委、省政府把建设文化旅游强省确定为山西转型发展的重要战略目标，努力使山西成为中国著名且具有国际影响力的旅游目的地。在山西省旅游局局长席小军的带领下，山西省开始有计划、有策略地打造山西旅游品牌，以全新的思维开创旅游业发展的新局面。

（二）山西省旅游业现状分析

今年以来，山西各景区尤其是新兴景区，利用省城主流媒体进行宣传的景区比去年同期增加2倍以上。4月份山西海内外旅游者接待量达到去年5月份的七成多，旅游业已提前进入旺季。“这样的变化，得益于今年年初大力度启动的山西旅游品牌塑造年活动。”

“晋善晋美”作为山西旅游新品牌、新口号，迅速提升了山西旅游的对外形象。“晋善晋美”的旅游主题形象推广不久，品牌形象影响力逐渐扩大，在不断提升美誉度的同时，迅速打开了旅游市场。仅2012年春节黄金周期间，山西省接待海内外旅游者达375.49万人次，比上年同期增长16.72%。全省共实现旅游总收入17.07亿元人民币，比上年同期增长26.22%。前4个月，全省累计接待国内旅游者4403.97万人次，同比增长23.38%；实现国内旅游收入395.97亿元，同比增长30.52%；接待入境旅游者39.55万人次，同比增长21.99%。可见，“晋善晋美”品牌形象已经成为宣传山西旅游的一张“金名片”。

而且，山西省旅游资源总丰度居全国第一，旅游资源的整体优势度居全国第三。

（三）市场竞争状况分析

山西及周边省区旅游资源概览

省区	文物古迹	自然风光	民俗风情	特色旅游	备注
山　西	以五台山、恒山、云冈石窟为龙头的宗教建筑和以根祖文化为主题的古迹享誉国内外	名山、大川为主，兼有峡谷、瀑布、洞穴、泉水、湖泊、草原和黄土地貌	黄河、黄土、晋商三种文化共同孕育出绚丽多彩的民俗风情	避暑旅游“煤海探秘游”	地上文物大省
京畿地区	皇家建筑叹为观止，伟大工程闻名于世，宗教建筑缤纷齐集	地貌类型齐全，自然景观多样（山地、峡谷、湖泊、海滨）	燕赵故土，文化艺术一枝独秀	会展旅游 购物旅游	首都所在地，现代化大都市风貌明显
陕西	古都遗址、帝王陵墓、古石刻、名寺、古塔及革命史迹比比皆是	黄土地貌之塬、梁、峁、沟形态典型	黄河文化、关东文化孕育的陕北风情	黄土风情游	地下文物大省
河南	古建筑以石窟、寺庙、古塔、名人陵墓等为主	平原山区各占一半，既不多山也不多川	黄河文化、华夏文化孕育的中原风情	洛阳牡丹花会	中国历史博物馆
内蒙古	文物古迹历史久远，代表时代完整，宗教寺庙以喇嘛庙为主	自然景观（草原、沙漠、河湖等）组合多样	游牧文化为主的蒙古族风情	草原观光游 “那达慕”大会	红色旅游景观欠缺 塞外江南

山西及周边省区国家级重点风景名胜区一览

省区	名称	类别
山西	五台山风景名胜区 恒山风景名胜区 黄河壶口瀑布风景名胜区 永济五老峰风景名胜区 北武当山风景名胜区	四大佛教名山之一 五岳之一——北岳 瀑布景观 名山 名山

续表

省区	名称	类别
京畿地区	八达岭长城 故宫 明十三陵 颐和园 承德避暑山庄 秦皇岛	伟大工程（古代防御工程） 帝王宫殿 帝王陵墓 皇家园林 皇家园林 海滨城市
陕西	华山风景名胜区 临潼骊山风景名胜区 宝鸡天台山风景名胜区 秦始皇陵兵马俑	五岳之一——西岳 山地、园林、秦始皇陵 陵园 兵马俑
河南	洛阳龙门风景名胜区 嵩山风景名胜区 鸡公山风景名胜区 王屋山—云台山风景名胜区	佛教三大石窟之一 五岳之一——中岳 山地风光 名山
内蒙古	成吉思汗陵	帝王陵墓

山西及周边省区国家级历史文化名城一览

省区	城市
山西（五座）	大同、平遥、新绛、代县、祁县
京畿地区（六座）	北京、承德、天津、保定、正定、邯郸
陕西（六座）	西安、延安、韩城、榆林、咸阳、汉中
河南（七座）	洛阳、开封、安阳、南阳、商丘、郑州、浚县
内蒙古（一座）	呼和浩特

二、山西旅游业资源分析

近年来，山西旅游业发展迅速，得到了国家和各省市的重视。不管是“五千年华夏文明看山西”对山西丰富的历史文化旅游资源的高度认可，还是“人说山西好风光”中自然对山西以及人类的馈赠，这些珍贵的历史文化沉淀与自然景观交相辉映，成就了山西旅游的精彩纷呈，也使得山西拥有着其他省份所无可比拟的旅游资源优势。然而，山西省作为全国煤炭资源的重要输出地，一直以来却以“脏、乱、差”等形象存在于人们的印象中，这对旅游业的发展影响颇大，同时，这也在一定程度上促使山西省迫切需要发展旅游业以扭转这一形象。

目标分析：将山西建成我国文化旅游强省，成为中国新兴的山水避暑休闲胜地和国内一流、世界知名的文化旅游目的地。尽力做到旅游设施明显改善，服务体系基本健全，市场品牌效应凸显，产业素质大幅提高，产业效益实现倍增，产业作用显著增强。

三、品牌分析

（一）品牌个性内涵及精神意义

山西，一个韵味十足的千年省份，在这片土地上孕育了无数炎黄子孙，涌现了多少英雄豪杰、仁人志士。她是五千年中华文化经脉所在，是华夏儿女根之所系。

山西拥有丰厚的历史文化遗产。从南到北，数量众多的世界文化遗产、国家级风景名胜区景点，构筑了山西当之无愧的“中国古代文化博物馆”之美称，解读着“华夏文明的摇篮”。中央电视台“晋善晋美”广告片一经播出，让三晋儿女心潮涌动。山西是中华儿女的精神寄托；从佛教圣地大佛石窟、庙宇殿堂古建瑰宝到黄河之魂太行神韵、关圣故里晋商家园，在这里停留的每一天，都会让人感受到心灵的悠然。

为进一步提升山西旅游新品牌的影响力，助推山西旅游产业发展，今年，我省旅游局还加大了在互联网上的宣传推广力度，并通过系列“晋善晋美”品牌活动，让中外游客从山西传统文化、民俗、人文、建筑、地理风貌特征等不同方面分别感受“晋善晋美”的深刻内涵。

据悉，2012 年山西旅游启用的新口号“晋善晋美”赋予了山西旅游全新品牌内涵，其取义于“尽善尽美”的谐音。“晋善”蕴含了山西人善良、朴实、诚信的品格；“晋美”褒奖了代表着山西五千年历史文化的历史景观与壮美的自然风光、传统的民俗艺术，以及新兴的城市发展、和谐的生活、美好的未来。

从旅游资源特点来讲，“善”和“美”是人类在旅游体验中所追求的两种体验。一般来说，观光旅游强调美的追求，比如名山大川、历史古建筑等。“善”是一种人文精神，在山西就可以体验到中国古代文明、华夏文明“善”的境界。所以说“晋善晋美”是比较高层次地概括了旅游资源和旅游产品的特点，并同时照顾到了视觉体验和精神体验。

（二）品牌营销战略

1. 营销重点分析

以山西旅游资源的优势为市场突破口，通过深入挖掘自身丰富的特色文化资源、不断推进旅游与文化的深度融合，积极参加国际国内各种旅游会展推介活动，塑造一个鲜明的、具有个性的山西旅游品牌。将山西省独具魅力与特色的旅游品牌以全新面貌展现在世人面前。

2. 品牌定位

晋善晋美，取义于“尽善尽美”的谐音，同时源于“晋”不仅代表山西，更有晋升的意思，以此表达出一种山西会越来越美好，来山西旅游的游人体验也会越来越好的期许。

致力于把山西厚重的人文——“上善”与山西自然天成——“大美”进行融合，将山西的悠久人文与自然景观予以统一完美阐释。

四、广告推广战略

（一）推广目标

配合网络的广告片投放和网络媒介组合的推广，以“晋善晋美”新口号、新形象为契机继续传播造势，从舆论层面广泛推广山西旅游，以此提升山西旅游品牌在全国乃至全球范围内的公众层的认可度、美誉度 。

（二）推广主题：“体验·晋善晋美”

围绕“晋善晋美”的主题口号，提出“体验·晋善晋美”的专项推广主题，从“晋象”“晋风”“晋膳”三个方面体验山西厚重的人文底蕴和丰富的文化遗产，让此次活动成为“晋善晋美”品牌口号在整个推广活动之中成为公众从发现山西善与美到认知、体验、认同的互动、分享、再传播的过程！

（三）推广传播受众

1. 重点传播受众

（1）全国各地的旅游爱好者。

（2）国内经济发达城市的城市白领驴友及自驾游爱好者。

（3）全国网民以及全世界关注山西、热爱山西的友人。

2. 次重点传播受众

（1）旅游行业主管机构。

（2）媒体人士。

（3）第三方旅游评论专家及意见领袖。

（4）摄影爱好者。

（5）文化名人。

五、活动推广策略及创意执行

策略 1：广告宣传片以“最炫山西风”为主题，紧紧围绕“晋膳”“晋风”“晋象”三个关键词，提炼山西在人文风光、民俗、饮食方面所公认的上善与大美，后续配合“我要去山西”的网络线上活动以及对各阶段的互动活动进行结果公示，新闻巩固拔高造势，让活动主题紧扣“晋善晋美”。

策略2：发挥意见领袖的舆论引导号召力，以纸媒为宣传平台，宣传“晋善晋美”，展现山西特色，吸引目标受众。

策略3：投放广告平面作品，配合线上舆论力量，引起话题，宣传造势。

六、“体验·晋善晋美”专题活动执行创意

整体活动将以“体验·晋善晋美”为主题的综合门户网站（建议在新浪网）专题推广宣传造势，以此掀起山西旅游、晋善晋美的年度推广热潮。具体传播主题规划如下。

（一）以“最炫山西风”为主题，拍一段小宣传片

宣传片分为“晋膳篇”“晋风篇”“晋象篇”，每篇着重表现山西在这三个方面独有的特色。以一些具有山西特色的人文景观或者风土人情为背景，各行各业的人们配合着《最炫民族风》的音乐跳舞。然后将这些视频上传至优酷，在人人网、微博等社区转发，引起话题，造成一定影响，形成一次病毒营销。在宣传片结尾处加入“我要去山西”的彩蛋，之后在微博发起“我要去山西”活动，活动详情@我要去山西微博。具体内容为每个人拍一张自己的照片，手中举着一张纸，上面写“我要去山西”并将照片上传。在微博上写一段关于“我要去山西”的任何想说的话，发到微博并@三个或三个以上好友，关注@山西旅游官方微博，满足以上条件的便可以参与抽奖，有机会获得免费游山西大奖。中奖者需要把在山西的照片、感受等发到微博或论坛。

（二）“最炫山西风”网络宣传片脚本

1. 片场4分钟。

2. 制作方式：DV拍摄。

3. 创作说明：通过对山西民俗、名胜、饮食的宣传推广，宣传山西形象，进一步提高山西的知名度，为“我要去山西”活动做铺垫。

广告主题语：最炫山西风。

• 广告创意：通过各个行业的人在具有山西特色的人文景观前一起伴着“最炫民族风”跳舞，吸引网民注意，形成一次病毒式营销，提高知名度，进而推进“我要去山西”活动，为进一步宣传山西做铺垫。

• 广告基调：全片体现一种欢快的气氛，打造一次轻松愉快的广告宣传效果。让消费者对山西的人文景观产生深刻的印象。

● 分镜头脚本：

分镜头脚本一览

镜号	景别	画面内容	广告词（台词）	音乐效果
1	近	大大的“山西面食馆”招牌前，两个戴厨师帽的厨师和三个穿同一面食馆服装的店员跟着音乐跳起舞	晋膳	音乐起↓…
2	远	“山西陈醋”招牌前，镜头1的演员不变，又加入了五个陈醋店员，大家跟着音乐跳舞		
3	远	三个穿着刺绣肚兜、马甲，腰里别着钱袋的演员在卖各种刺绣的长街上跟着音乐跳舞	晋风	
4	远	镜头3的演员依然不变，加入五个穿印着年画衣服的年轻人跟着音乐跳舞		
5	远	镜头4的演员不变，加入七个穿着节日盛装的演员，分别扮演的是踩高跷、跑旱船、舞狮、舞龙、渔翁戏海蚌、沈老爷坐轿中的角色，跟着音乐跳舞		
6	近	四个穿着民国初年少奶奶服装的少妇在大红灯笼高高挂的大院里跟着音乐跳舞	晋象	
7	远	平遥古城高高的城墙前，21个游客模样的人成梯形排列，跟着音乐跳舞		
8	远	云冈石窟前镜头7的演员保持队形不变，跟着音乐跳舞		
9	远	五台山寺庙的台阶上，镜头8的演员依然跟着音乐跳舞		音乐止
10	远	壶口瀑布前，所有参演的演员共50位，以5×10的队列一起跟着音乐跳舞		
11		以黑色画面为底，出现“敬请期待‘我要去山西’有奖参与活动，活动详情见山西旅游局官方微博和山西旅游官网”		

在《时尚旅游》杂志中邀请旅游专栏的作家或编辑体验并写一篇关于“晋善晋美——山西游记”的专题，重点突出山西“晋膳”“晋风”“晋象”三个方面。（例子：见附1）

做一系列平面作品，晋膳篇、晋风篇、晋象篇。内容是“文案+图”。文案选取比较新颖的话题，如我为什么不穿越，因为在山西我找到了……类似这样的文案。将这些平面上传至微博、各大论坛、社区，邀请论坛或社区内较有名气的人进行转发或评论。并雇用一部分粉丝进行转发或评论，评论内容可以是：广告也可以这样做……。在网络上引起话题。

晋膳篇：我为什么不减肥。

玉盘珍馐，是你秀色迷人的诱惑，悠远的香气涂抹在晋的边角，荡远流长。历史残噬了晋的风貌，但晋的菜品的味道却在历史的沉淀下越发弥香，温暖着游荡于晋山水之间的游民。太美味，所以不减肥。

晋象篇：我为什么不穿越。

金戈铁马，是你傲然立世的雄姿，冲霄的号角激荡在晋的苍穹，挥散不去。历史削弱了晋的色彩，但晋的金元的古城却在历史的风刃下越加坚韧，震撼着游略于晋古迹的雅客。太古代，所以不穿越。

晋风篇：我为什么不嘻哈。

锦衣霓裳，是你闭月羞花的音容，娇柔的身影投射在晋的萧墙，亭亭玉立。历史辜负了晋的美丽，但晋的刺绣的绚丽却在历史的漂白下越发的耀眼，吸引着游玩于晋民间的男子。太喜爱，所以不嘻哈。

七、广告媒介战略

媒介选择与组合：网络媒体（微博、视频网站、社区论坛等）和纸媒（杂志）

媒介排期：

媒介排期一览

媒介形式	媒介名称	规格	发布时间	频率	大约费用	广告说明
网络	优酷	4min	2012. 7. 15—22	全天	0	发布“最炫山西风”宣传视频
	新浪	旅游首页焦点图	2012. 9. 10—15 2012. 9. 16—20 2012. 9. 21—25		54 万元	配合平面广告 三篇分别投放
	新浪微博	—	2012. 7. 15—30		3 万元	转发宣传片并宣传“我要去山西”活动以及幸运儿后续报道，平面广告的发布和宣传，舆论转发
	天涯社区	—	2012. 7. 15—30		7. 5 万元	
	人人网	—	2012. 7. 15—30		7. 5 万元	转发宣传视频、平面广告
杂志	《时尚旅游》	一篇 3000 字游记软文	2012. 7. 30	一期	45 万元（3 页）	邀请旅游专栏的作家或编辑体验并写一篇关于“晋善晋美——山西游记”的专题

八、广告预算分配

宣传片费用：

拍摄宣传片，费用为10万元。邀请知名博主共15名转发，费用为3万元。

幸运儿旅游费用：

共抽取10人，每人可带同伴一名共20人，费用为20万元。

专栏作家体验费用：

作家体验旅行费用2万元+游记软文45万元。

论坛发布者和灌水顶贴：

网络静态平面制作共三幅，3000元。邀请知名博主转发共10名，费用为5000元。雇佣水军顶贴、分享、转发，每条预算为1元，一天一万条（天涯与人人网各5000条），连续15天，共15万元。

新浪旅游专栏：

旅游首页焦点图发布三篇平面作品+文章。共15天，费用为54万元。

机动费：20万元。

总共费用：13万元+20万元+45万元+2万元+15.5万元+0.3万元+54万元+20万元=169.8万元

九、广告效果评估

（一）广告传播效果测定

利用网络媒体受众的广泛性，应用“病毒传播”，从利用新浪微博15个拥有万人粉丝的知名博主转发宣传片，并有论坛1万条的连续15天顶贴的方式，实现轰炸式造势效果，让更多的人关注山西旅游。同时，利用这次活动，向游客展现山西旅游的特色，带动旅游热，实现“晋善晋美”口号的广泛传播，提高山西旅游品牌的知名度与美誉度。

（二）广告经济效果测定

预计山西省接待海内外旅游者将增加一倍，全省共实现旅游总收入比上年同期增长10个百分点。

（三）广告社会效果测定

使人们更多地了解山西的风景民情，增加对山西的印象，带动山西全面发展。

总结：在“晋善晋美”的大主题下，分别从“晋膳”“晋风”“晋象”三个小标题展开活动。通过“最炫山西风”视频引起人们对山西的关注，进而通过“我要去山西”活动引爆人们对山西旅游的热情。同时借助网络媒体BBS、SNS，以及第一门户网站新浪网的旅游专栏的三个平台和传统媒介杂志的文章配合图片的宣传进行较为立体的整体宣传模式。广泛开展以“晋善晋美”为主题的活动，展现山西五千年历史文化的历史景观与壮美的自然风光以及独具特色的优秀传统民俗艺术。

附录一　旅游营销策划书的内容

1. 封面

一个美观的封面会给人留下深刻的第一印象，具有强烈的视觉效果，从而对策划内容的形象定位起到帮助作用。封面设计的原则是醒目、整洁、切忌花哨，至于字体、字号、颜色则根据视觉效果具体考虑。

封面应该提供如下信息：策划书的名称、委托方、策划机构或策划人的名称、策划完成日期及本策划适用时间段、编号。

2. 前言

前言一方面是对策划内容的高度概括性表述，另一方面在于引起阅读者的注意和兴趣。前言的文字不能太长，一般不要超过一页，字数应该控制在500字之内。前言的具体内容包括：接受委托的情况，如：×××公司接受××公司的委托，就××年度的广告宣传计划进行具体策划；本次策划的重要性和必要性；策划的概况，即策划的过程及要达到的目的。

3. 目录

策划书的目录和其他书籍的目录起到的是相同的作用，它涵盖了全书的主体内容和要点，读过后应能使人对策划的全貌、策划人的思路、策划书的整体结构有一个大体的了解，并且为使用者查找相关内容提供方便。目录实际上就是策划书的简明提纲，策划者应该认真编写。

4. 概要提示

概要是对营销策划书的总结性陈述，使阅读者可以通过概要提示对营销策划内容和策划结论有非常清晰的概念，便于阅读者理解策划者的思路、意图和观点。通过概要提示可以大致理解策划内容的要点。概要提示的撰写同样要求简明扼要，篇幅不能过长，一般控制在一页纸内。另外，概要提示不是简单地把策划内容予以列举，而是要单独成一个系统，因此其遣词造句都要仔细斟酌，要起到一滴水见大海的效果。

5. 正文

正文是营销策划书中最重要的部分，具体包括以下几个方面的内容。

（1）营销策划的目的。主要是对本次策划活动所要实现的目标、宗旨进行全面的描述，也是本次营销策划活动的原因和动力。从而使整个方案的目标、方向非常明确、突出。

（2）市场状况分析。市场策划应以旅游市场状况分析为出发点，主要包括：宏观环境分析（政治、经济、文化、法律、科技等宏观环境分析）、旅游产品分析（本企业产品的优势、劣势，竞争力，在旅游消费者心目中的地位，在市场上的销售力和占有率等）、竞争者分析（竞争者产品的优势、劣势，竞争产品的营销状况，竞争企业的整体情况等）、旅游消费者分析（年龄、性别、职业、消费习惯、文化层次等）。

（3）市场机会与问题分析（SWOT 分析）。主要是归纳上面市场状况分析的优势与劣势、机会与问题，进行具体深入的分析，然后找出旅游企业存在的真正问题和潜力。只要找准了市场机会，策划就成功了一半。

（4）确定营销战略。这是营销策划书中最重要的部分之一，该部分应清楚地表述旅游企业所要实行的具体战略，进行全局性的、方向性的部署，包括目标市场战略、市场营销组合战略等。

（5）确定营销组合策略。企业根据自己的营销目标和资源状况，针对目标市场的需要对自己可控制的营销策略（产品、价格、渠道、促销）进行优化组合和合理的综合运用。

（6）确定具体行销方案。针对营销中问题点和机会点的分析，提出达到营销目标的具体行销方案。行销方案主要由制订活动步骤、具体安排、预算构成。主要说明活动的主题、目的、内容、时间、地点、人员安排、预算等。

（7）评估流程。评估流程是对营销活动是否按时完成，以及营销活动开展的方式是否正确等问题的具体描述。也可以由是否完成了营销目标，以及目标市场是否满意来决定。

6. 预算

这一部分记载的是整个营销方案推进过程中的费用投入，包括营销过程中的总费用、阶段费用、项目费用等，其原则是以较少投入获得最优效果。用列表的方法标出营销费用也是经常被运用的，其优点是醒目易懂。

7. 进度表

把策划活动起止全部过程拟成时间表，具体到何日何时要做什么都标注清楚，作为策划进行过程中的控制与检查参考。进度表要尽量简化，在一张纸上拟出。

8. 人员分配及场地

此项应说明具体营销策划活动中各人员负责的具体事项及所需物品和场地的落实情况。

9. 结束语

结束语在整个策划书中可有可无，主要起到与前言的呼应作用，使策划书有一个圆满的结束，不致使人感到太突然。

10. 附录

附录的作用在于提供策划客观性的证明。因此，凡是有助于阅读者对策划内容理解、信任的资料都可以考虑列入附录。附录的另一种形式是提供原始资料，如消费者问卷的样本，座谈会原始照片等图片资料。附录也要标明顺序，以便阅读者查找。

附录二　任务评价表

任务评价表

<table>
<tr><td colspan="3">任务小组及成员：</td><td colspan="4">专业及班级：</td></tr>
<tr><td>考核项目</td><td>分数</td><td>考核内容</td><td>学生
自评</td><td>小组
评价</td><td>教师
评价</td><td>分项
成绩</td></tr>
<tr><td>学习态度</td><td>∑10</td><td>准备充分、积极完成任务、遵守纪律、分工合理、团队融洽</td><td></td><td></td><td></td><td></td></tr>
<tr><td>思维创新</td><td>∑15</td><td>视角独特、具有前瞻性、切实可行、有新意</td><td></td><td></td><td></td><td></td></tr>
<tr><td>营销策划方案</td><td>∑60</td><td>资料来源真实、分析透彻、内容全面准确、结构合理、策划方案新颖有创意、营销策划程序完整、格式规范（见附录一所示）</td><td></td><td></td><td></td><td></td></tr>
<tr><td>策划方案效果</td><td>∑15</td><td>符合实际、可操作性强</td><td></td><td></td><td></td><td></td></tr>
<tr><td colspan="6">总成绩
∑100</td><td></td></tr>
<tr><td>教师
评语</td><td colspan="6">签名：
年　月　日</td></tr>
<tr><td>学生
意见</td><td colspan="6">签名：
年　月　日</td></tr>
</table>

附录三　旅游营销策划案评价标准

旅游营销策划案评价标准

类别	评价标准	权重	得分	
格式与结构	摘要	是否简明扼要地反映案例报告内容	∑20	5
	参考文献、注释	标注格式是否规范		5
	写作水平	语句是否流畅，病句、错别字情况		5
	标题、目录	标题是否能反映文章内容或论题的范围，目录是否完整		5
内容部分	市场分析	1. 企业的目标和任务 明确确定企业市场营销策划方案的重要目标	∑20	4
		2. 市场现状 提供足够信息，真实反映实际情况		4
		3. 主要竞争对手及其优劣势 明确界定竞争对手，并利用理论工具进行优劣势分析		4
		4. 外部环境分析 明确企业必须应对确定的外部要素是什么		4
		5. 内部环境分析 展示具体数据，以确定目前和预计的市场份额		4
	营销策略	1. 营销目标 在销售额，利润，和/或客户的满意程度中列出目标	∑40	10
		2. 目标市场描述 对目标市场旅游消费者的决策过程的每个阶段进行描述		10
		3. 市场定位 针对目标市场，市场定位准确、合理，并能够体现差异性、排他性的原则		10
		4. 营销组合策略 描述旅游产品、价格、渠道和促销策略		10

续表

类别	评价标准	权重	得分	
内容部分	行动计划	1. 活动日程安排 在日程表中明确说明营销活动中各项活动的安排及关系	∑20	10
		2. 评估程序 使用售后顾客调查来确定他们的满意度，评估方法不存在偏见		10

主要参考文献

[1] 贺学良，王华．酒店营销原理与实务［M］．北京：中国旅游出版社，2012.

[2] 高杰．酒店营销策划［M］．北京：北京交通大学出版社，2014.

[3] 刘晓琳，曲春蕾．酒店市场营销［M］．北京：中国旅游出版社，2012.

[4] 严伟，葛怀东．旅游饭店市场营销［M］．上海：上海交通大学出版社，2010.

[5] 钱炜，李伟，谷慧敏．饭店营销学［M］．北京：旅游教育出版社，2004.

[6] 李学芝，宋素红．旅游市场营销与策划［M］．大连：东北财经大学出版社，2012.

[7] 崔莉，杜学．旅游交通管理［M］．北京：清华大学出版社，2007.

[8] 威可多·米德尔顿．旅游营销学［M］．向萍，译．北京：中国旅游出版社，2005.

[9] 任鸣．旅游交通实务［M］．北京：北京大学出版社，2010.

[10] 尼尔·沃恩．饭店营销学［M］．程尽能，等，译．北京：中国旅游出版社，2001.

[11] 吴金林．旅游市场营销［M］．北京：高等教育出版社，2004.

[12] 梁智．旅行社运行与管理［M］．4 版．大连：东北财经大学出版社，2010.

[13] 陈永发．旅行社经营管理［M］．2 版．北京：高等教育出版社，2008.

[14] 刘晓杰．旅行社经营与管理［M］．北京：化学工业出版社，2007.

[15] 詹姆斯·L 伯罗．市场营销［M］．崔苏卫，等，译．北京：电子工业出版社，2009.

[16] 蔡洪胜．旅游市场营销［M］．北京：清华大学出版社，2010.

[17] 王琴．旅游市场营销实务［M］．北京：化学工业出版社，2010.

[18] 路娟．市场营销理论与实训［M］．北京：北京大学出版社，中国农业大学出版社，2011.

[19] 陆朋．旅游市场营销策划［M］．北京：中国物资出版社，2011.

[20] 周晓梅．旅游景区服务与管理［M］．天津：天津大学出版社，2011.

[21] 彭淑清．景区服务与管理［M］．北京：电子工业出版社，2010.

[22] 马勇，等．旅游市场营销管理［M］．大连：东北财经大学出版社，2002.

[23] 李洪波．旅游景区管理［M］．北京：机械工业出版社，2004.

[24] 朱智．旅行社运营管理实务［M］．北京：国防工业出版社，2011.

[25] 彭石普. 市场营销理论与实训 [M]. 北京：北京师范大学出版社，2011.

[26] 谷慧敏. 旅游市场营销 [M]. 北京：旅游教育出版社，2006.

[27] 苏日娜. 旅游市场营销 [M]. 北京：机械工业出版社，2008.

[28] 唐·约翰逊. 旅游业市场营销 [M]. 张凌云，等，译. 北京：电子工业出版社，2004.

[29] 王纪忠. 旅游市场营销 [M]. 北京：清华大学出版社，北京交通大学出版社，2011.

[30] 沈杨. 旅游市场营销与管理 [M]. 北京：人民邮电出版社，2011.

[31] 王瑜. 旅游景区管理实训教程 [M]. 北京：机械工业出版社，2009.

[32] 檀小舒，陈樱. 旅游市场营销与策划 [M]. 厦门：厦门大学出版社，2015.

[33] 中国旅游营销网，http：//www. aatrip. com/.

[34] 中国酒店网，http：//www. 17u. net/hotel/.

[35] 环球旅讯，http：//www. traveldaily. cn/.

[36] 承德新闻网，http：//www. chengdechina. com/.

[37] 360 百科，http：//baike. so. com/doc/7758293 - 8032388. html.

[38] 中国旅游报数字报，http：//www. ctnews. com. cn.

[39] 百度文库，http：//wenku. baidu. com/view/c49b86ec6294dd88d0d26b4a. html.

[40] 道客巴巴网，http：//www. doc88. com/p - 908565643121. html.

策划编辑：段向民
责任编辑：孙妍峰
责任印制：钱　宬
封面设计：武爱听

图书在版编目（CIP）数据

旅游市场营销策划 / 李学芝，宋素红主编 ；王一鸣等副主编. — 3版. — 北京 ：中国旅游出版社，2023.9
"十四五"职业教育国家规划教材
ISBN 978-7-5032-7220-2

Ⅰ.①旅… Ⅱ.①李… ②宋… ③王… Ⅲ.①旅游市场—市场营销学—高等职业教育—教材 Ⅳ.①F590.82

中国国家版本馆CIP数据核字（2023）第184338号

书　　名：旅游市场营销策划（第三版）

主　　编：李学芝　宋素红
副 主 编：王一鸣　王馨慧　李海梅　王建宇
参　　编：李胜艳
主　　审：李永臣
出版发行：中国旅游出版社
（北京静安东里6号　邮编：100028）
http://www.cttp.net.cn　E-mail：cttp@mct.gov.cn
营销中心电话：010-57377103，010-57377106
读者服务部电话：010-57377107
排　　版：北京旅教文化传播有限公司
经　　销：全国各地新华书店
印　　刷：北京明恒达印务有限公司
版　　次：2023年9月第3版　2023年9月第1次印刷
开　　本：787毫米×1092毫米　1/16
印　　张：16
字　　数：306千
定　　价：49.80元
I S B N　978-7-5032-7220-2